CAHIERS DES ÉTATS

DE

NORMANDIE

SOUS LE RÈGNE DE HENRI III

DOCUMENTS RELATIFS
A CES ASSEMBLÉES

RECUEILLIS ET ANNOTÉS

Par Ch. de Robillard de Beaurepaire

TOME II

(1582-1587)

ROUEN

CHEZ CH. MÉTÉRIE

LIBRAIRE DE LA SOCIÉTÉ DE L'HISTOIRE DE NORMANDIE

11, RUE JEANNE-DARC, 11

M DCCC LXXXVIII

CAHIERS

DES

ÉTATS DE NORMANDIE

D.V

Seine Inférieure. 12
B(14)

ARTICLES

DE

REMONSTRANCES

Faites en la Convention des Trois Estats

DE NORMANDIE

Tenue à Rouen, le dixième jour d'octobre et autres iours ensuyvans mil cinq cens quatre vingts et deux

Avec la Responce et Ordonnance sur ce faite par le Roy, Sa Majesté estant en son Conseil,

Tenu à Paris, le huitième jour de décembre ensuyvant audit an.

AU ROY.

Et à Monseigneur de Carrouges, gouverneur, l'un de ses lieutenans generaux en Normandie, et à Nossieurs les Commissaires depputez de sa Majesté à tenir l'Assemblée des Estats dudit pays à Rouen, le dixiesme octobre et autres jours ensuyvans, mil cinq cens quatre vingts et deux.

Les trois Estats de vostre pays de Normandie font les très humbles supplications et remonstrances qui ensuyvent.

PREMIEREMENT.

Le dit pays estre réduit en telle désolation par les trois fléaux de Dieu, peste, famine et guerre, représentée par les voleries du soldat, dont Dieu en ceste année les a voulu toucher, que rien ne leur reste d'esperance après la miséricorde divine, que le secours de la vostre, que tous d'un consentement ils implorent devant Dieu avec l'humilité à eux possible.

I.

Les Ecclesiasticques vous remonstrent très humblement que cy devant pour satisfaire au contract fait avec vostre Majesté à Melun, et tousjours luy tesmoigner l'extresme désir qu'ils avoyent de subvenir à icelle, souz la protection et bras fort duquel il a pleu à Dieu les commettre, ils s'estoyent estudiez vivre avec telle parsimonie que vostre Majesté et le peuple en demeurast entièrement satisfait, et vostre Majesté subvenue en ses affaires, esperant que entretenant de leur part comme ils ont fait le contenu en iceluy, aussi leur seroit la foy de vostre Majesté entretenue, et toutes fois ont depuis esté faites sur eux tant de diverses et excessives levées, la levée de la gendarmerie s'est tellement desbendée sur le pays, à cause de laquelle ils sont privez de leurs dismes, que pour le jourd'huy ils sont contraints supplier et supplient très humblement vostre Majesté, ou les descharger de bonne partie de ce qu'ils avoyent promis fournir par le dit contract, ou bien, pour leur donner temps de respirer, faire cesser toutes autres levées extraordinaires et levée desdits soldats effrénée.

AU ROY.

Le Roy, à son grand regret et pour la necessité de ses affaires, a esté contraint faire la levée des deux décimes extraordinaires, espère néanmoins que pour l'advenir

Dieu luy fera la grâce de pouvoir soulager le Clergé, ce qu'il fera si tost que ses affaires le permettront.

II.

La Noblesse aussi dudit pays participante aux misères des dits Estats et ne cédant en rien au désir que leurs prédécesseurs ont eu de servir vostre Majesté, la supplient très humblement les vouloir, à l'exemple de ses louables progéniteurs, conserver parmy tant de misères, en ce qui leur a esté cy devant octroyé de priviléges, prérogatives et immunitez, sans permettre que par les impots cy dessouz mentionnez, ils soyent rendus, comme de fait ils sont, contribuables.

Sa Majesté n'a jamais esté en autre volonté que de conserver de tout son pouvoir et maintenir les priviléges et immunitez de la Noblesse, laquelle aussi doit mettre en considération que cest Estat ne se peut maintenir, sans le secours que sa dite Majesté doit avoir de ses subjets.

III.

Le tiers Estat, joint avec eux lesdits de l'Eglise et Noblesse, recreu et élanguy d'infinies vexations et tailles presque insupportables, supplie très humblement vostre Majesté ne vouloir tant s'eslongner de sa naturelle bonté : qu'au lieu de plusieurs et de tant de démonstrations qu'elle a donné vouloir entendre à soulager son paouvre peuple, et leur faire recevoir le fruit de ses promesses et paroles royales, leur faire cy après payer, au Royaume que Dieu luy a donné, une double voire triple charge, auquel ils ne peuvent qu'une fois l'an recueillir les fruicts et moisson de la terre, introduisant un prétendu moyen de bailler le sel par impost qui, outre le prix de unze livres cinq sols la mine, auquel les impositions nouvelles l'ont fait monter, encores qu'ils le peussent avoir pour quinze sols en plusieurs lieux de vostre dite province, leur apporteroit l'incommodité des contraintes, mengeries, sur-taux des villages, inégalitez, procez, ruines, qui proviennent journellement des départements de vos tailles, implorant doncques très humblement vostre piété et clémence, vous suppliant vouloir diminuer lesdites impositions mises sur ledit sel, et du tout estaindre ledit moyen d'impost, inventé par hommes indignes d'estre naiz souz vostre obéissance et règne.

Au Roy. Et persistent les Commissaires à l'advis par eux donné l'an passé sur pareil article : assavoir, que le sel ne soit plus baillé par impost.

Il a esté satisfait au contenu de cest article par le cayer respondu en l'année précédente, et sera tellement pourveu à l'impost du sel, que ceux dudit païs, ny autres des subjets de sa Majesté, en conservant ses droits, n'en recevront incommodité ny occasion de plainte.

IIII.

OUTRE ces maux supplient très humblement sa Majesté de tourner ses yeux à la considération des ruines que ont apporté et apportent les impositions nouvelles mises sus en la province, lesquelles n'ayans au commencement produit leurs mauvais effets, ne seurent lors les supplians obtenir que certaines diminutions d'icelles. Mais maintenant qu'ils voyent le paouvre peuple au lieu de continuer sa manufacture se disposer à désespoir, l'un chargé d'ans mendier avec ses enfans sa vie, l'autre encores jeune exercer le brigandage, autre suyvre les troupes de gens de guerre et pirates, ou quitter la province, d'ailleurs la navigation, péculière à icelle, et bastimens de navires, tant utiles à sa Majesté pour ses embarquemens, commencer à se délaisser par le marchand, et par ce

moyen le pays se remplir de pleur, désolation et ruine. Ils
supplient très humblement sa Majesté vouloir non les faire
seulement jouir de la modération prétendue révocquée et lors
accordée ausdits Estats et eschevins de Rouen, en ce qui est
de l'entrée des grosses denrées, réappréciation du Domaine
forain, papier, cartes et tarots, mais du tout les descharger
d'iceux. Ensemble de la traicte domaniale, apportans lesdits Edits triple charge sur chacune desdites marchandises.
Pareillement, de celuy des prunes, qui est de seize sols huit
deniers pour cent, et presque moitié de leur valeur : les
denrées comprinses ausdits Edits apportans seules l'argent
en ce Royaume, et ruine au traffic de cette province, veu
qu'elles ne sont introduites ès autres maritimes.

Au Roy. Et donnent les Commissaires advis à sa Majesté que le traffic (qui est le seul moyen de peupler ledit pays d'argent) commence à manquer à cause des impositions ayans cours audit pays, mesmes celles qui ne sont encores exécutées aux autres provinces.

Il a esté pareillement suffisamment respondu à semblable article au cayer de ladite année précédente, que la nécessité des affaires du Roy, et grandes despences qu'il a à supporter, le contraint contre son intention et bonne volonté qu'il porte à ses subjets, continuer lesdites impositions qui ont lieu ès autres provinces de son Royaume, lesquelles il fera cesser sitost que Dieu aura pourveu de quelque soulagement aux affaires de cest Estat. Et dès à présent, diminue la dace des pruneaux, qui est de seize sols huit deniers pour cent, à huit sols et quatre deniers.

V.

Et d'autant que le vin pour la traicte qui s'en faisoit cy-devant par la rivière de Saine et havres de Normandie, avoit accoustumé d'apporter à la province desnuée de bleds infinis commoditez d'argent et entretien du traffic avec l'Angleterre, Flandre et autres lieux, qui commence à cesser à cause des impositions y mises par lesdits Edits de revaluation, traicte domanialle et nouveaux dix sols, plaise aussi à sa Majesté supprimer lesdits dix sols tournois, ou du moins les réduire à cinq.

AU ROY.

Ne leur peut pour les raisons susdites, estre fait plus grande diminution sur ledit subside du vin, que celle portée en la responce des derniers cayers, qui est chose qui se lève en toutes les autres provinces du Royaume.

VI.

Encores provient une extresme ruine au peuple de ladite province, de l'imposition nouvelle d'un sold pour livre sur la drapperie, le traffic de laquelle estoit ià dimuné de moitié, à cause des dix sols qui se mirent puis peu d'années sur la pièce blanche de vingt aulnes, et pareils dix sols lorsqu'elle se porte à la taincture, outre les droits précédens. Et maintenant, en conséquence de ladite imposition, l'apport de voyde, garence, pastel, cochenille, alun, savon, brésil et huille convenables à la confection desdits draps, sur lesquels sa Majesté prend grans droits, commence à se perdre, donc ne puist résulter autre chose sinon cessation de la manufacture des deux tiers du paouvre peuple, en enrichissement des subjets d'Angleterre, qui baillent leurs draps à trop meilleur marché que ceux du pays à cause des impositions ne les pourroyent drapper. Aussi, que comme l'on peut tesmoigner à vostre Majesté, le droit d'un sold pour livre qu'on luy a voulu faire croire de tout temps deu, n'avoit esté introduit que pour les guerres d'Angleterre, et jamais estably en ladite province, qui au lieu d'iceluy ayma mieux accorder aux prédécesseurs de vostre Majesté le quatriesme qu'elle prend sur le vin, avec le droit de viconté, que souffrir chose si pernitieuse. Au moyen de quoy lesdits Estats requièrent très humblement vostre Majesté estre deschargez de ladite imposition d'un sold pour livre, ou bien desdits droits de quatrièsme et viconté accordez par icelle.

Cest impost de douze deniers pour livre est général par tout le Royaume et droit domanial, à ceste cause le Roy ne peut les en descharger, toutes fois faisant apparoir que le quatriesme du vin, et autres menus boires, avec le droit de vicomté, ont esté establis au lieu dudit droit, sa Majesté y pourvoirra.

VII.

Requièrent aussi très humblement vostre Majesté que, puisque il a pleu à Dieu luy donner si saincte inspiration que de vouloir réduire les officiers au nombre ancien, et rendre plus que nul de ses prédécesseurs remarquable sa bonté envers son peuple, qu'il luy plaise considérer comme il est possible qu'il vive entre tant d'officiers rongeant leur entière substance, comme receveurs des tailles, collecteurs et sergens des villages, controolleurs des tiltres, lieutenans généraux des Bailliz en chacune viconté, adjoints d'enquesteurs et autres non encores establis audit pays, sans la dace des procez, aussi les clercs des greffes, et greffiers des présentations et parroisses, procureurs communs et iceux revocquer. Et pour le regard d'aucuns Présidens Eleuz, Assesseurs des vicontez, y comprins Ponthoise, Advocats subalternes de vostre Majesté, non receuz avant le dixiesme du present mois d'octobre, et offices dont n'y a créations ou édits vériffiez, en declarer nulles les provisions faites ou à faire, à ce que le pays soit libre du mal que leur installation pourroit apporter.

AU ROY.

Attendu que sa Majesté a disposé des deniers provenans de la création desdites offices, et fait estat du reste en ses très urgens et importans affaires, il n'y peut aucunement toucher, toutes fois en remboursant, trouve bon les suppressions, selon ce qu'il en a par cy devant ordonné.

VIII.

Supplient aussi très humblement vostre Majesté avoir pitié de tant de misères que souffre ledit pays du passaige et séjour de la gendarmerie qui ne s'est contentée de vivre à discrétion et rançonner le peuple, rendant plusieurs fuitifs, mais a remply iceluy de feu, de sang, de violement et désolation si extresme que l'air retentit d'oüir pleurs d'icelluy, ne sachant à qui avoir recours sinon à vostre Majesté, souz la deffence duquel Dieu l'a voulu commettre : Et à ceste occasion, soit qu'il plaise à vostre Majesté advouer la levée desdits gens de guerre ou non, et, afin que aucuns villages qui se sont exemptez participent à quelque charge, au soulagement des autres affligez, Il vous plaise leur permettre de faire dresser estappes, et pour contenir lesdits gens de guerre faire observer les ordonnances mentionnez aux Estats de Bloys, et adjouter à icelles, que doresnavant les capitaines auront roolle des demeures et naissances, noms et surnoms sans desguisement de leurs soldats, qu'ils délivreront à leurs fourriers qui seront tenus les employer par nom et surnom en leurs esticquettes des logis, sans qu'ils en puissent délivrer deux à un soldat à peine de mort, ni en loger plus de deux ou trois à chacun logis, et desdits roolles bailleront lesdits fourriers journellement coppies aux commissaires depputez pour la conduite des compaignies. Aussi que les levées d'hommes qui se feront en Normandie, seront faites par capitaines de la province, de valleur et moyens pour y avoir recours en cas de contravention de leurs soldats aux Ordonnances. Et avant que commencer leur levée auront temps et lieu prescript par le gouverneur pour icelle, sans qu'ils seuffrent estre suyvis de soldats et goujars surnuméraires.

Au Roy. Et persistent les Commissaires à l'advis par eux donné pour les estappes, sur pareil article du cayer de l'an passé, attendu le grand désordre qui augmente notoirement de jour en jour.

Est trouvé bon pour obvier à l'oppression des subjets, que estappes soyent faites et dressées pour le passage des compagnies des gens d'armes, et bandes de gens de pied, qui se lèveront de l'auctorité et commandement de sa Majesté et non autrement. Et si aucunes autres passent, les Gouverneurs et Juges des lieux y pourvoyent par punition exemplaire suyvant les anciennes Ordonnances. Et afin de pourveoir cy-après au désordre, cognoistre et remarquer ceux qui en pourroyent faire, passant par le pays souz l'auctorité dudit seigneur, Est enjoint aux cappitaines et chefs commandans aux gens de guerre, leurs mareschaux des logis et fourriers, sur peine de punition corporelle, laisser en chacune ville, ou village, où ils auront logé, un roolle contenant les noms, surnoms et demeurances tant desdits cappitaines, chefs, que soldats qui y auront logé, afin que plus aisément l'on puisse pourveoir à la punition contre ceux qui auroyent délinqué, et avoir recours sur leurs biens, lesquels, dès à présent, sa Majesté a déclarez affectez au dommage et interests des offencez.

IX.

Et par ce que plusieurs desdits Estats, tant Ecclesiastiques, Nobles, que du tiers Estat, ayans cy devant esté chargez de tutelles, pour asseurer les biens de leurs mineurs, n'en estre responsables, auroyent mis leur argent à rente en vos receptes génaralles des aydes et maisons de villes, lors que le party d'en prendre a esté ouvert, Aucuns y sont contraints par les Juges des lieux, mesmes y auroyent plusieurs paouvres veufves, communautez et autres, fondez sur la foy de vostre Majesté et publicque, mis ce que Dieu leur avoit donné de substance, et touttefois leur est denié le revenu d'un an entier ou environ, ne pouvant par ce moyen plusieurs veufves et orphelins subvenir à la nécessité de leur paouvre vie, Il plaise à vostre Majesté avoir pitié d'eux en ceste extrémité qui ne reçoit délay, et ordonner ce qui leur est deu estre incontinent acquitté. Et à ceste fin, comme chose plus privilégée que les acquits de dons et pensions, ordonner que nulle assignation se lèvera doresnavant sur lesdites receptes, que lesdites charges et gaiges d'officiers ne soyent préalablement payez, quelques mandemens de messieurs les intendans de vos finances, ou trésoriers de l'espargne qui puissent venir au contraire; Avec deffence à nos seigneurs, vos chanceliers ou garde des seaux, d'en sceller aucuns, aux trésoriers de France les vériffier, receveurs acquitter, ny Chambres des comptes les allouer.

AU ROY.

Il y a esté respondu sur semblable article, au cayer précédent.

X.

Et comme le traffic de marchandise bien entretenu est ce qui rend plus prospères les provinces, et que l'on voit la création des prieur et consuls y avoir apporté infiny fruict; Il plaise à vostre Majesté, conformément à leur Edit, les conserver en ce qui leur est attribué, et ils ont tousjours depuis eu de jurisdiction, de laquelle, souz couleur d'un patent, naguères obtenu souz le nom de monseigneur l'Admiral, et faux donné à entendre qu'ils délivroyent congez aux maistres de navires d'aller traffiquer au Brésil, Guignée, et autres lieux, qui ne se trouvera, l'on veut malicieusement leur subtraire le pouvoir de juger les differens qui proviennent à raison des polices d'assurances, cause presque principale de leur érection.

AU ROY.

Attendu l'opposition formée par les Prieur et consuls pour la congnoissance des polices d'asseurances, sur laquelle ils sont renvoyez à sa Majesté par arrest de la chambre lors de la publication de l'Edit.

XI.

SE plaignent aussi les marchans de ce que, outre infinis vexations qu'ils souffrent, les Juges et officiers de la table de marbre les veulent puis peu de jours et contre toute coustume assubjettir à ne pouvoir rien emballer, ou enfoncer qu'ils ou du moins leurs huissiers n'y soyent présens, encores qu'il y ait visiteurs en chacun bureau. Aussi veulent forcer les maistres de navires leur demander congez, duquel travail inaccoustumé ils supplient sa Majesté les vouloir descharger.

AU ROY.

Auparavant que de pourveoir sur le contenu en cest article, seront veuz les anciens reiglemens de la justice de l'Admirauté, pour après en ordonner ainsi que de raison.

XII.

REMONSTRENT aussi à vostre Majesté lesdits marchans que les exactions et levées d'aucuns fermiers sont montées à tel excez, que de vouloir au préjudice de la liberté des foires octroyées audit païs, faire payer les imposts mis sur les marchandises, au cas que estant chargez elles ne sortent le Royaume dans quinze jours de l'expiration des foires, qui seroit chose impossible, à cause de la contrariété des vents, et autres légitimes empeschemens qui peuvent survenir. A ces causes supplient qu'ayans vuidé dans le temps accoustumé les limittes et franchises desdites foires, temps ne leur soit prescrit pour sortir hors dudit Royaume. Aussi ordonner que lesdits fermiers ne pourront faire payer l'imposition foraine ausdits marchans transportans les marchandises de ville en autre, dans le Royaume, comme de Rouen à Bordeaux, Thoulouze, Calais et autres lieux ainsi qu'il a esté jà ordonné pour Lyon, par ce qu'ils rapporteront, suyvant la coustume, certifficat de leur descharge dans le Royaume, et que les marchandises ayant payé l'entrée ne payeront la sortie ainsi que de tout temps il est accoustumé. Supplient aussi sa Majesté que pour éviter aux exactions que lesdits fermiers désirent introduire, et que souvent le pauvre marchand est contraint souffrir pour n'estre distraict de son ressort et plaider ailleurs, qu'il vous plaise ordonner qu'ils ne pourront en cas d'appel du maistre des ports tirer les marchans en vostre conseil, sinon en tant qu'il feust question de plus de cinquante escus sol, et, au dessouz, que la court des Aydes en prendra congnoissance comme de tout temps accoustumé.

Au Roy. Et sont les Commissaires d'advis souz le bon plaisir de sa Majesté, que au lieu de quinzaine, il soit donné temps de six sepmaines aux marchans pour vuider leurs marchandises hors le Royaume. Et au cas que le temps ne seroit, lesdits marchans se pourvoirront au plus prochain bureau, et que où ne seroit question que de la somme de cinquante escus, les fermiers seront tenus, en cas qu'il soit appelé du maistre des ports, plaider en la cour des Aydes, à Rouen.

Le Roy entend que ses Ordonnances ayent lieu, et qu'il

n'y soit fait aucun abbus pour lesdites marchandises qui se transportent de province en province, et en cas de contravention enjoint aux Juges à qui la congnoissance en appartient d'en informer. Mais quand aux marchandises qui se chargent durant les foires franches pour sortir hors le Royaume, au lieu de quinze jours qu'ils avoyent, sa Majesté accorde un mois sans fraude, à la charge d'advertir le prochain bureau du séjour que feront pendant ledit mois lesdits navires chargez, de huit en huit jours, le fermier ou son facteur. Aussi, pour pourvoir au soulagement des marchans, les appellations des jugements donnez par les maistres des ports non excédans six escus deux tiers pour une fois payer, ressortiront en la court des Aydes, et s'il est question de plus grande somme, ressortiront en nostre conseil jusques à ce que par nous en soit autrement ordonné.

XIII.

Et d'autant que l'an passé, à la requeste très humble desdits Estats, il vous pleust ordonner que nulle levée de deniers se feroit après la convocation d'iceux, sans appeler du moins ceux qui auroyent porté le cayer dernier, si la nécessité n'estoit si urgente. Et touteffois sans s'en estre présenté, a esté depuis sur eux assis et levé sommes si excessives, que le plus du tiers Estat en demeure ruyné : comme ne ayant prémédité telle surcharge, ils supplient très humblement vostre Majesté, leur vouloir garder sa foy et parolle, qui comme de très chrestien et l'un des plus grans roys de la terre doit estre inviolable : et à ceste fin de nouveau leur promettre, conformément aux prévilèges dudit pays, Que nulle levée de deniers se fera après la séance desdits Estats sans convocation d'iceux, quelque nécessité qui puisse venir, ne pouvant icelle estre si grande que le désir que vos subjets ont de subvenir à vostre Majesté ne la surpassé, et que, en cas d'icelle, temps d'un mois leur soit donné pour les convocquer et y pourvoir.

Au Roy. Et persistent les Commissaires à l'advis par eux donné sur mesme article du cayer de l'an passé, horsmis qu'au lieu de quinzaine mentionné audit article, ils peuvent avoir temps d'un mois.

Il a esté suffisamment respondu au cayer précédent.

XIIII.

Qu'il plaise à vostre Majesté révocquer les traictes de bled, dont ià se sent audit pays nécessité extresme.

Au Roy. Et sont d'advis les Commissaires souz le bon plaisir de sa Majesté, que les deffences soyent réitérées, veu la nécessité.

Les deffences ont esté faites de transporter bleds, et sera informé des contraventions par les officiers des lieux qui en advertiront sa Majesté.

XV.

Et d'autant que par ordonnance de vostre Majesté, est donné temps aux contribuables à la taille, de payer six sepmaines après les termes escheuz, Néantmoins plusieurs receveurs, pour tirer dons du paouvre, délivrent commissions avant le temps, aux sergens qui mangent le peuple, ils supplient vostre Majesté leur deffendre la délivrance desdites commissions, du moins avant le temps d'un mois après ledit terme escheu.

Et que le semblable se face pour les décimes, sans se pouvoir prendre à autres que à ceux les auront recueillies.

Au Roy. Et ce pendant lesdits Commissaires ordonnent aux receveurs et sergens de garder l'Ordonnance, sur peine de suspension de leurs offices.

Les Ordonnances seront observées pour le soulagement du peuple: et deffend sa Majesté aux receveurs, sergens et tous autres d'y contrevenir, à peine de suspension de leurs offices.

XVI.

Supplient aussi sa Majesté, suyvant sa promesse, ne permettre que aucun bois, terres vaines, vagues, marests et communes, cy après se vendent ou fieffent, et rendre celles qui ont esté vendues racheptables : Mesmes faire dresser recherche d'infinis dégasts qui se font en vos forests par les officiers d'icelles.

Au Roy. Et cependant pourront ceux qui ont advertissement desdites malversations, se retirer par devers messieurs les Commissaires depputez par le Roy pour la réformation générale.

Sera pourveu de Commissaires suffisans et capables, pour pourveoir au contenu de cest article, et ce pendant sera mandé aux Commissaires qui ont esté cy devant depputez à cest effect, d'envoyer leur procez verbaux par devers le conseil : Aussi trouve bon sa Majesté, que si lesdits des Estats ont quelques mémoires particuliers concernans ce fait, ils les mettent par devers sondit conseil, pour y estre veuz : Et donné reiglement pour le bien du service de sa Majesté et du public, en procédant à l'alliénation des terres vaines, vagues et marests qui restent à bailler.

XVII.

Et particulièrement supplient vostre Majesté, les habitans du bailliage de Costentin, que les deniers revenans bons de la ferme du pied fourché, sur laquelle sont assignez les gaiges des presidiaux du lieu, soyent employez à la réparation des ponts et passaiges dudit bailliage. Et que l'adjudication d'icelle ferme se face par devant les juges des lieux, et pareillement supprimer entièrement le nouveau siège vicontal establi à Saint-Lo, comme inutil et estant en charge au peuple.

Au Roy. Et ont les dits Commissaires ordonné que les dits deniers seront employez ausdites réparations suyvant l'Ordonnance.

Le Roy accorde le contenu en cest article, fors qu'il entend que les fermes soyent baillées par les trésoriers de France ainsi qu'il est accoustumé. Aussi pour le désir que sadite majesté a de bonifier la dite ville de Saint-Lô, il y a estably le siège vicontal, à quoy il ne peut desroger.

XVIII.

Supplient aussi les habitans de la généralité de Caen, ordonner qu'ils seront payez sur la recepte générale du dit lieu, de trois mil trois cens trente trois escus un tiers à eux accordée, l'an mil cinq cens quatre-vingts, pour employer au remboursement des officiers surnuméraires de la dite généralité, dont sa Majesté se seroit aydée en la dite année.

Au Roy. Et sont les Commissaires d'advis souz le bon plaisir de sa Majesté que lesdits deniers soyent remplacez.

Les affaires ne permettent que l'on puisse pourvoir au remplacement de la dite somme, pour l'année prochaine.

XIX.

Et par ce que lesdits habitans de Caen ont cy devant obtenu de vostre Majesté six deniers sur minot de sel pour l'entretenement de leur université, qui tourneroit à la foule generalle de tout le peuple de Normandie, lesdits Estats supplient votre Majesté révoquer le dit octroy, sinon pour le regard du grenier de la dite ville seulement.

Au Roy. Et sur la requeste présentée par les déleguez de Caen, par laquelle ils consentent la continuation du dit octroy, les Commissaires ont ordonné que la coppie de la dite requeste sera insérée au bas du cayer, pour leur estre pourveu par le Roy, selon son bon plaisir.

Attendu que l'entretenement de la dite université regarde le bien commun du païs, sa Majesté ne veut déroger à la dite levée, destinée à cest effet.

XX.

Et d'autant que cy devant auroyent les habitans de Charlesval et autres villages des eslection et bailliage de Gisors, esté deschargez des petites tailles et crues, en considération des batimens entreprins et logis de Court qui s'y faisoyent, supplient très humblement les habitans du dit bailliage que à la descharge d'iceluy, les dits villages soyent comprins au département des dites tailles et creues.

Au Roy. Et sont les Commissaires d'advis souz le bon plaisir de sa Majesté, que les habitants des dits villages doyvent contribuer comme les autres.

Accordé qu'ils soyent comprins aux tailles, pour le soulagement du pais.

XXI.

Aussi lesdits Estats supplient très humblement sa Majesté déclarer nulles certaines commissions décernées, afin de contraindre les tenans fiefs au dit pays de bailler leurs adveux et par le menu : contre les uz et coustume ancienne de la dite province. Pareillement revoquer toutes commissions extraordinaires, et faire procéder à la révocation du regallement nouvellement introduit des tailles, par ce que les trois années expirent la présente année, et que le tout soit remis à l'ancienne coustume.

AU ROY.

Pour le regard des fiefz que tiennent les sieurs, satisferont suyvant les Ordonnances et provisions cy devant expédiez à cest effect. Mais pour les arrière fiefz tenus et mouvans d'eux, le Roy voulant principallement gratiffier la noblesse, en conservant ses droits, dont une grande partie se pert, et est occupée par autres à faute d'adveuz et desnombremens : *Accorde deux ans de délay, pendant et dedans lesquels seront tenus bailler les dits adveuz et desnombremens complets, par le grand et par le menu, à compter du jourd'huy, pendant lequel temps, ceux qui pourroyent avoir esté saisis par faute de bailler les dits adveuz et desnombremens par le menu desdits arrièrefiefz tenus et mouvans d'eux, auront main levée. Et quant au régallement des tailles, le Roy trouve bon que ceux du païs advisent aux moyens propres pour y procéder au soulagement des paouvres et des surchargez le mieux que faire ce pourra.*

XXII.

ET par ce que la Justice mise de Dieu ès mains de vostre Majesté, pour la plus insigne marque royalle le fait et puist faire resplendir par dessus toutes choses en terre, Et touteffois ne se puist dire si sincèrement administrée par ceux à qui l'avez commise, que les loix, vrays liens des monarchies, n'en soyent relaschez et tombent en mespris, Les dits Estats supplient très humblement vostre Majesté, que pour les conserver en la jouissance du bien et soulagement qu'ils se promettent des présentes remontrances, il vous plaise la remettre en l'intégrité et splendeur que de ses louables progéniteurs il a receue.

AU ROY.

Sera pourveu, au contenu de cest article.

XXIII.

ET pour responce à la demande faite ausdits Estatz au nom de vostre Majesté par mondit seigneur de Carrouges, et nossieurs vos dits Commissaires, Lesdits Estats vous ayans représenté leur affaiblissement et condition si desplorable, supplient très-humblement vostre Majesté, que, si jamais eux ou leurs pères ont fait chose qui ait trouvé grâce devant ses yeux, il vous plaise se contenter pour l'année prochaine des offres qui ensuyvent. Protestans en foy de très humbles, très obéissans et fidèles subjets, ne penser pour leur paouvreté et tant de maux soufferts aysément fournir à icelles.

Sur les xxiij, xxiiij, xxv, xxvj, xxvij, xxviij, xxix, xxxi, xxxij, xxxiij, xli, xlii, xliii et quarante quatriesme articles.

Le Roy, pour l'urgente nécessité de ses affaires, ne peut rien quitter des sommes portées par les lettres de commission, envoyez aux Estats du païs, pour la levée de l'année prochaine : Sur toutes lesquelles sommes sa Majesté (néanmoins pour gratifier le païs, et donner moyen de faire le remboursement des offices nouveaux ainsi que il a esté cy devant permis) faict don audit païs de quarante mil escus. Assavoir, vingt six mil six cens soixante six escus deux tiers à la généralité de Rouen, et treize mil trois cens escus un tiers à celle de Caen, pour estre les dits deniers employez aux effects où ils sont destinez. Et sera tenu le trésorier des réparations satisfaire à ce qui a esté ordonné par la responce des précedens cayers à peine de privation.

XXIIII.

Premièrement offrent à vostre Majesté pour le corps principal de la taille, sept cens trente deux mil huit cens quarante livres tournois, vallans deux cens xl. quatre mil deux cens quatre vingts escus, somme que sa Majesté cognoist excéder ce qui se lève ès quatre premières principalles provinces de ce Royaume. Sur laquelle somme ils la supplient très humblement vouloir gratifier le dit pays de la somme de soixante mil escus, pour convertir au remboursement de tant d'officiers inutils qui les griefvent.

XXV.

Et quant pour le parisis terme et chose si odieuse, que rien ne pourroit advenir à vos subjets de Normandie qui plus leur donnast de tristesse : il vous supplient très humblement le vouloir du tout abolir et estaindre en ladite province : jurans tout sainctement à vostre Majesté, que à la première respiration qu'il plaira à Dieu et à vous leur donner de leurs calamitez, ils seront prests de porter et fournir pour le service de vostre Majesté sommes si grandes que leur promptitude et libéral secours en demeurent à jamais remarquables.

XXVI.

Pour les réparations des villes et Chasteaux du dit pays, accordent à vostre Majesté la somme de douze mil deux cens quatorze livres. Et la supplient que par le trésorier des dites fortifications leur soit baillé estat de l'employ d'icelle.

XXVII.

Pour les gaiges de tous les vibaillifs du dit pays, cinq mil cent dix escus sol, qui sont les gaiges accoustumez d'iceux, non comprins l'augmentation que vostre Majesté ne jugeroit raisonnable faire payer ausdits Estats, en ayant receu la finance ainsi qu'il a ià accordé par le dernier cayer. Aussi à la réservation de cent soixante six escus deux tiers, que montent les gaiges de Jean de S. Léger, cy devant prévost, qui ne fait aucun exercice du dit office.

XXVIII.

Accordent pareillement cinq cens quatre vingts treize escus un tiers, pour les gaiges du prévost du Perche, à prendre sur les contribuables du dit conté.

XXIX.

Pour les postes, mil escus.

XXX.

Pour les gaiges et taxations des officiers ès généralitez de Rouen et Caen, à cause du principal de la taille, qui montèrent l'an passé dix mil quatre cens soixante dix escus quinze sols huit deniers, telle somme qu'ils se trouveront encor monter, rabattus les gaiges de ceux qui ont esté remboursez.

Sa Majesté veut que les deniers qui reviendront bons des gaiges des officiers supprimez, soyent employez avec les autres deniers, destinez au remboursement des autres, dont la suppression est accordée.

XXXI.

Pour autres gaiges du prévost de Chateau-Neuf, trois cens soixante seize escus deux tiers.

XXXII.

Pour les gaiges des officiers du dit Chasteau-Neuf, trois cens cinquante huit escus un tiers.

XXXIII.

Pour les creuës de deux cens et cent mil escus, supplient en estre deschargez, et par conséquent des taxations ordonnez aux officiers pour icelles.

XXXIIII.

Pour les taxations des six Commissaires, unze cens soixante six escus deux tiers.

XXXV.

Pour les taxations des déléguez et fraiz de la convention

des Estats, neuf cens quarante six escus, lesquels ils supplient estre mis ès mains du trésorier des Estats.

XXXVI.

Pour les fraiz communs du dit pays, deux mil escus.

XXXVII.

Pour la solde et entretenement de la garnison du Chasteau de Caen, dix huit cens soixante six escus deux tiers.

XXXVIII.

Pour les estats et pensions de messieurs les trois gouverneurs, six mil quatre cens escus.

Le Roy accorde le contenu èsdits articles, touteffois faut adviser, sur le trente quatriesme article, aux taxations des Commissaires qui ont esté ceste année en plus grand nombre que six, pour bonne occasion.

XXXIX.

Pour le payement des gens de guerre mis en garnison ès villes baillez en appennage à monseigneur frère du Roy, supplient les déléguez des baillages d'Evreux et d'Alençon en estre deschargez.

AU ROY.

Il a esté respondu au cayer précédent, et ne se peut rien changer.

XL.

Pour le remboursement des chevaux et harnais fournis par aucuns particuliers pour charier l'artillerie, et munition de guerre du camp de Saint Lo, en l'année mil cinq cens soixante et quatorze, seize cens quatre vingts neuf escus.

Il est aussi respondu au dit cayer précédent.

XLI.

Touchant les dix huit mil escus demandez par sa Majesté, pour le remboursement des offices d'audienciers, controolleurs et secrétaires, attendu que sa Majesté en a touché l'argent, et qu'ils ne sont trouvez fort utiles, et aussi en grand charge au peuple, supplient très humblement en estre deschargez, et avec l'instance à eux possible, le requierent abolir du tout l'augmentation du seau, monté à si haut prix, que souvent le paouvre dénué de moyens de le payer, ne puist recourir à sa Justice.

XLII.

Pour le taillon, vingt sept mil cinq cens quatorze escus un tiers trois sols.

XLIII.

Pour les gaiges des officiers à cause du dit taillon, quatorze cens quatre vingts escus deux tiers un sol, sur ce touteffois à déduire ce que se trouvera monter les gaiges des dits officiers remboursez.

XLIIII.

Pour les gaiges du receveur général du dit taillon, quatre cens seize escus deux tiers.

Supplians les dits Estats très humblement sa Majesté, prendre de plus en plus asseurance de leur très humble servitude et obéissance.

Fait en ladite convention des Estats tenue à Rouen le quinzième jour d'Octobre, mil cinq cens quatre vingts et deux.

Signé GOSSELIN.

A Messieurs les Commissaires ordonnez par le Roy, pour assister à la convention des Estats du pays de Normandie.

Les déléguez des trois Estats des bailliages de Caen et Costentin, vous remonstrent que ceux de la généralité de Rouen, qui sont en plus grand nombre qu'eux, empeschent et contredisent la continuation de la levée de six deniers pour minot de sel, commencée à faire sur le pays de Normandie, destinée pour le restablissement et décoration de l'université de Caen, Combien que par lettres patentes de sa Majesté, vériffiez en la chambre des Comptes, court des Aydes et Bureau du dit pays, sa Majesté ait ordonné l'effet d'icelle comme estant nécessaire pour l'utilité commune de tout le dit pays : Ne voulant les dits déléguez d'icelle généralité de Rouen, permettre qu'il soit aucune chose employé au cayer de leurs doléances, du consentement que les supplians apportent de suyvre la volonté de sa dite Majesté, portée par les dites lettres patentes.

A ces causes il vous plaise ordonner que, nonobstant le dit contredit des depputez de la généralité de Rouen, le consentement à la dite levée d'iceux supplians, et l'instance et requeste très humble qu'ils en font pour si juste occasion que celle pour laquelle elle est destinée, elle sera employée au dit cayer, pour par sa Majesté, sur lesdits contredit et consentement, ordonner ce qu'elle advisera estre à faire, et vous les obligerez à prier Dieu pour vous.

Signé, DELAGREVERIE, Abbé,
COLLARDIN, LE PONTEREL, et LA MÉPÉE.

Et plus bas est escript :

Il est ordonné que la coppie de la présente requeste sera incérée au bas du cayer des Estats, pour estre pourveu aux supplians ainsi qu'il plaira à sa Majesté ordonner.

Fait en la convention des Estats du pays de Normandie, le seizième jour d'Octobre mil cinq cens quatre vingts deux.

Signé, LIGEART.

A Nosseigneurs les Commissaires depputez par le Roy, pour la convention des Estats du pays de Normanddie.

SUPPLIENT humblement les déléguez du tiers Estat des Vicomtez et Eslections du Pont-audemer, Pont-lévesque, Conches, Bretheuil, Neufchastel et Beaumont le Roger. remonstrans que par les procurations à eux baillez pour assister aux présens Estats, pour et ès noms de tous les habitans de chacun des dites Vicomtez, entre autres choses les dits déléguez sont chargez de supplier sa Majesté, et vous nos dits seigneurs, de vouloir continuer en chacune desdites Vicontez le bureau d'Eslection, composé d'un Esleu, Receveur, et Greffier seulement, pour y administrer Justice, faire le département et réception de la taille, ainsi qu'il a esté fait par le passé.

CE considéré nos dits seigneurs, il vous plaise pour le bien, utilité et soulagement des habitans des dites Vicomtez et Eslection, ordoner que le cayer des présens Estats sera chargé de la supplication et remonstrance des dits déléguez, et vous ferez Justice.

Signé, DE GENEVILLE, COIPEL,
DU TEMPLE, PILLOIS, et QUATRE SOLS.

Et plus bas est escrit :

SOIT la présente requeste communiquée aux depputez des Estats. Fait ce quatorziesme jour d'Octobre mil cinq cens quatre vingts deux.

Et encor plus bas estoit escrit :

Les déléguez des dits Estats disent qu'il y a Edit du Roy

et arrest sur ce ensuivy, partant se pourvoyent les supplians par devers sa Majesté ainsi qu'ils adviseront bien estre.

Fait le quinzième jour d'Octobre mil cinq cens quatre vingts deux.

Signé, DE LA VAL, et GOSSELIN.

Et encor plus bas est escrit :

Les Commissaires ont ordonné que les supplians se pourvoirront par devers le Roy, et que coppie de la présente requeste sera incérée au bas du dit cayer.

Fait par les Commissaires du Roy tenans la convention des Estats du pays de Normandie le seizième jour d'Octobre mil cinq cens quatre vingts deux.

Signé, par les dits sieurs Commissaires, LIGEART.

Les Commissaires tenans la présente convention, ayant veu la responce que les déléguez des dits Estats ont faite, à la proposition et demande à eux faite de la part du Roy : par laquelle accordent seulement luy payer pour l'année prochaine mil cinq cens quatre vingts trois, la somme de deux cens quarante quatre mil deux cens quatre vingts escus, pour le principal de la taille, avec le taillon et deniers ordinaires accoustumés d'estre levez chacun an sur le païs, ainsi que le tout est à plein mentionné au présent cayer de leurs doléances. Supplians très-humblement sa dite Majesté, les vouloir descharger du parisis et des creues de trois sols, et dix huit deniers : ensemble, des dix huit mil escus demandez pour le remboursement des offices d'Audienciers, Controolleurs et Secrétaires nouvellement créés, à cause de leur impuissance et extresme pauvreté. Après que les dits commissaires ont sur ce fait ausdits déléguez plusieurs remonstrances à ce requises et nécessaires pour le service de sa dite Majesté, et que sur icelles (s'estant rassemblez pour en adviser) ils ont dit ne pouvoir rien changer de leur première résolution.

Iceux Commissaires ont ordonné que département, levée et assiette sera actuellement faite de toutes et chacunes les sommes de deniers demandées par sa dite Majesté, et mentionnées ès lettres de commission pour ce expédiées, selon la forme portée par icelles, réservé desdits dix huit mil escus pour le remboursement des dites offices de Audienciers, Controolleurs et Secrétaires, desquels le département et levée sera sursis jusques à six sepmaines du jourd'huy, pendant lequel temps les dits déléguez se retireront par devers sa dite Majesté, pour entendre sur ce sa volonté, ce qui a esté prononcé publiquement ausdits déléguez en l'assemblée des dits Estats.

Fait à Rouen par les Commissaires du Roy tenans la convention des Estats du païs de Normandie, le seiziesme jour d'Octobre mil cinq cens quatre vingts deux.

Signé, par les dits sieurs Commissaires, LIGEART.

Et plus bas est escrit :

Le Roy estant en son conseil a veu, entendu et meurement considéré le contenu en ce présent cayer de remonstrances, sur chacun article desquelles sa Majesté a fait les responces cy dessus y apposées : telles que le bien de ses affaires et l'affection qu'il porte au soulagement des dits Estats le désire.

A Paris le huitiesme jour de Décembre mil cinq cens quatre vingts deux.

Signé, HENRI

Et plus bas, PINART.

A Messieurs, messieurs les Commissaires députez par le Roy, à tenir la Convention des Estats de Normandie.

Supplie très humblement la noblesse du dit pays, et vous remonstrent que anciennement la dite noblesse estoit curieuse et songneuse de se trouver aux Conventions particulières qui se font en chacun des dits Bailliages, pour conférer tous ensemble, pour adviser des remonstrances qui sont à faire, tant à la Majesté comme à vous nossieurs : Toutefois depuis quelques années en ça, il s'est tellement négligé qu'il ne s'est trouvé en la dite Convention et assemblée, que bien peu de la dite noblesse, voire en si petit nombre que de deux, trois, quatre, ou dix au plus.

Ce considéré nosdits sieurs, il vous plaise ordonner que pour l'advenir les dits de la noblesse de chacun bailliage et Viconté seront tenus de comparoir et assister en l'élection qui se fera de ladite noblesse pour assister ausdits Estats, sur peine d'amende arbitraire, telle qu'il vous plaira adviser : Laquelle sera convertie aux pauvres des parroisses, où seront demeurants lesdits deffaillans, et afin que aucun de la dite noblesse n'en prétende cause d'ignorance, sera vostre ordonnance envoyée aux Baillifs ou leurs lieutenans des dits Bailliages, pour le faire sçavoir à la dite justice, et ce faisant vous ferez bien.

Signé, DESANZAY, Charles DORGLANDE, Jacques LE ROY, Barthélemy PILL AVOYNE, Léon FROTTÉ.

Les dits Commissaires ayant égard au contenu de la présente requeste, ont ordonné que lors qu'il sera question de procéder à l'élection d'un Gentilhomme, pour comparoir aux Estats, Que les Gentilshommes de chacune Viconté, seront tenus d'y comparoir, suyvant l'injonction qui leur en sera faite par le Baillif du lieu, ou son lieutenant, sur peine de dix livres tournois d'amende, laquelle sera appliquée aux pauvres. Et afin qu'ils n'en prétendent cause d'ignorance, ont enjoint ausdits Baillifs ou leurs lieutenans de procéder à la lecture de la présente ordonnance, les assises tenantes.

Fait en la Convention et assemblée des dits Estats, tenue à Rouën le vingt deuxième jour de Novembre mil cinq cens quatre vingts et un.

Par les sieurs Commissaires.

Signé, LIGEART.

EXTRAICT DES REGISTRES DU CONSEIL D'ESTAT.

Sur la requeste présentée par aucuns Gentilshommes, et autres particuliers du Bailliage de Caen et Costentin, ayans acquis des terres vaines et vagues, bois tronquils et abroutils, et le droit de tiers et danger des Commissaires députez par sa Majesté, suyvant les commissions sur ce expédiez, tendant à fin que nonobstant la provision accordée par sa dite Majesté aux paroisses où sont assignez les terres vaines et vagues de les retirer en remboursant les acquéreurs et s'en approprier, il feust ordonné que, à faute le dit remboursement, les dits adjudicataires jouiront plainement et paisiblement desdites choses à eux adjugées, sans qu'ils puissent estre cy après remboursez, Attendu qu'ils sont fondez sur la foy publicque, et sur la fermeté et stabilité desdites commissions deüement vérifiées, et des adjudications follement faites. Par vertu d'icelles a esté ordonné, qu'il sera signifié au Procureur desdits Estats du dit pays, et autres qu'il appartiendra, qu'ils ayent à satisfaire au dit remboursement dedans six mois pour toutes préfixions et délays, lesquels passez et expirez par faute de ce faire, sa Majesté les a dès à présent exclus de la dite grâce et permission de remboursement, voulu et ordonné que lesdits adjudicataires jouiront desdites portions acquises, Suyvant le contenu de leurs contracts, adjudication et lettre de Commission expédiez pour cest effet.

Fait à St Maur des Fossez, le cinquième jour d'Aoust mil cinq cens quatre vingts un.

Signé, GUYBERT.

Collation faite à l'original en parchemin cy dessus transcrit par moy Guillaume Herambourg, premier Huissier en la chambre des Comptes de Normandie, establie à Rouen, ce jourd'huy vingt quatrième jour de Novembre mil cinq cens quatre vingts et un, le contenu auquel, requeste de messire Jacques de Matignon, Chevalier de l'ordre du Roy, et mareschal de France, stipullé par maistre Thomas Plantou, j'ay signifié à honorable homme maistre Jean Gosselin, Procureur des Etats du pays et duché de Normandie, en parlant à sa personne, à ce qu'il ait à fournir et satisfaire au contenu du dit original, et ce dedans le temps y limité.

Autrement et à faute de ce faire, le dit sieur de Matignon entend jouyr du contenu en iceluy. Fait l'an et jour dessusdit, présence de Claude Bréant et autres.

Signé, HERAMBOURG.

A Rouen. Chez Martin le Mesgissier, libraire et imprimeur du Roy, tenant sa boutique au haut des degrés du Palais. M. D. LXXXIII. Avec privilège du dit Seigneur. — Rémprimé d'après l'exemplaire de la Bibliothèque Nationale.

ARTICLES

DE

REMONSTRANCES

Faictes en la Convention des Trois Estats

DE NORMANDIE

Tenue à Roüen, le quinzieme jour de Novembre, et autres jours ensuyvans, mil cinq cens quatre vingts trois.

Auec la Responce et Ordonnance sur ce faicte par le Roy, sa Majesté estant en son Conseil,

Tenu à S. Germain en Laye, le dix huitieme jour de Décembre ensuyvant audit an.

AU ROY.

ET A MONSEIGNEUR DE CAROUGES, *Chevalier des deux ordres de sa Majesté, Conseiller en son conseil d'Estat : Cappitaine de cent hommes d'armes de ses Ordonnances, et l'un de ses Lieutenans généraux au gouvernement de Normandie, et à Nossieurs les Commissaires députez de sa Majesté, à tenir l'assemblée du dit pays, en ceste ville de Rouen, le quinzieme jour de Novembre, et autres jours ensuyvans mil cinq cens quatre vingts trois.*

SUPPLIENT et remonstrent très humblement les gens des

trois Estats du dit pays assistans en la présente convention, Qu'il plaise à sa Majesté prendre de bonne part les très humbles recommandations et remonstrances contenues en ce présent cayer, et sur icelles leur accorder les provisions requises et nécessaires, comme venantes de la part de ceulx qui sont très humbles et très obéissans subjets et serviteurs de sa dite Majesté.

ET PREMIÈREMENT

I.

Se complaignent grandement les dits Estats de ce que on veoit de jour en jour et de plus en plus toutes choses se passer directement au contraire et préjudice de leur chartre et privilège, et contre l'espérance que sa Majesté leur avoit donnée par les responces aux derniers cayers, ce qu'ils estiment prouenir d'autant que sa Majesté ne fait lire en sa présence leurs remonstrances. Si supplient lesdits Estats qu'il plaise à sa Majesté d'oresnavant faire lire en sa présence et de leurs députez, le cayer desdites remonstrances, et les ouyr sur chacun article d'iceluy, y respondre et ordonner ce qu'elle jugera estre raisonnable, et par après faire effectuer ce qu'elle aura ordonné pour le bien et soulagement de ses subjets.

AU ROY.

Le Roy a bien et particulièrement entendu la lecture du présent cayer des remonstrances desdits Estats, comme ensemblement des autres qui luy ont esté présentez de leur part les années passées, sur lesquelles sa Majesté leur a toujours pourveu le plus équitablement et favorablement qu'il luy a été possible, mesmes pour la conservation de leurs chartre et privilèges.

II.

Pour preuve de ce que dessus, dient lesdits Estats quant à l'Estat ecclésiastique (néantmoins les remonstrances reiterez d'an en an) que on veoit les eveschez, abbayes, prieurez, et autres prelatures Ecclésiastiques, ausquelles on devoit pourveoir de personnes de bonne vie et doctrine, pour se pouvoir acquiter deuëment de leurs charges, estre transportées aux gens laiques, femmes et enfants qui en perçoyvent le fruit et revenu, sans qu'il soit distribué selon la disposition du droit divin, et par mesme moyen les aumosnes, fondations et institutions concernantes la piété et religion sont en tout délaissez. Qui est cause que les maisons et bastimens sont du tout ruinées, et les pauvres, n'y trouvant le secours qu'ils avoyent accoustumé, périssent de faim, estant le peuple si nécessiteux qu'il ne leur peult ayder, qui est chose de grand scandale en l'église de Dieu. Suppliant très humblement sa Majesté vouloir commander l'exécution du concile provincial, dernièrement tenu à Rouen, et faire garder et entretenir les Ordonnances sur les résidences des ecclésiasticques, et eslection d'iceux.

Au Roy. Et sont les Commissaires d'advis qu'il plaise à sa Majesté faire effectuer les Ordonnances faictes sur le fait des nominations et residence des Ecclésiasticques.

L'intention du Roy est de remplir les bénéfices qui vacqueront en sa disposition, de personnes capables et de la qualité requise, ainsi qu'il se veoit à présent par effet, et que sa Majesté a tesmoigné par les dernières provisions qu'elle en a faites, comme c'est aussi son intention de continuer, et est sadite Majesté és termes de donner un bon règlement pour la résidence des ecclésiasticques par la résolution qui se prendra en l'assemblée qu'elle a faite en ce lieu, des Princes et seigneurs de son conseil, et des

Commissaires que elle a envoyez en l'année dernière, et présente, par les provinces de son royaume.

III.

Quant aux tailles lesquelles sont acreües à diverses années jusques à la somme de quatre millions de livres pour toute la France, dont ceste province estoit excessivement cottisée, à la quatriesme partie ou peu près, au lieu de les avoir modérées, et réduites au temps du feu Roy Loys douziesme, ou quelque autre somme modérée, et avoir deschargé le peuple de toutes creües extraordinaires mises sus à diverses fois, et pour occasions qui jà sont cessées, comme sadite Majesté en avoit esté requise, et sur ce déclaré et fait démonstrance d'en avoir bonne volonté, et que doresnavant il ne se feroit aucune levée sans le consentement desdits Estats, suyvant leurs chartres et privilèges, Néantmoins en l'année présente par les levées qui se sont faites, l'on a plus que triplé ledit corps de la taille, sans avoir eu aucun esgard aux remonstrances que feirent les depputez desdits Estats estans par devers sadite Majesté, lorsque les lettres patentes furent expediées pour faire lesdites levées : à l'exécution desquelles l'on a procédé avec telle rigueur, que sans avoir compassion du peuple, ni pour la peste dont ils sont affligez universellement par toute la province, ni pour la famine, dont ils sentent jà beaucoup d'effects, ni pour le ravage des gens de guerre, ils ont esté contraints vendre et mes-vendre, et se desnuer de tous moyens, et abandonner le tout aux Sergens et Commissaires, à quoy ils supplient très humblement sa Majesté avoir esgard et faire cesser lesdites levées extraordinaires.

AU ROY.

Sa Majesté ne désirant rien plus que de pourvoir aux charges, foules et vexations, que souffroyent ses subjets, par les diverses levées de deniers qui se faisoyent sur eux et en divers temps, a advisé pour leur bien et soulagement de ne faire plus que une seule levée et par une seule commission, qui est celle qui a esté expédiée pour la tenue desdits Estats, ainsi qu'il est plus à plain déclaré par icelle, dont sadite Majesté espère que ses subjets se trouveront grandement deschargez. N'entendant par ceste forme, sa Majesté former aucune conséquence, qui empesche qu'à mesure que Dieu luy donnera les moyens, elle ne descharge ses peuples d'année en année de ce qu'elle pourra, et oste les crües par ce moyen, et les diminue de ladite somme contenue en une seule ligne, comme elle en a très bonne volonté : n'ayant rien en plus grande affection que cela.

IIII.

Sadite Majesté avoit aussi par lesdites responces aux cayers précedens, donné espérance de coupper pied à une infinité de nouvelles inventions, impositions, daces, et érections d'offices. Et de fait avoit déclaré les inventeurs ennemis du public, et criminels de leze-majesté : et néantmoins on les voit de jour en jour redoubler, faire nouveaux édicts, encores plus pernicieux que les premiers, regrater et ronger ce par où l'on avoit passé.

Au Roy. Et neantmoins sont les dits Commissaires, d'aduis : qu'il plaise à sa Majesté retrancher le grand nombre d'Officiers, et n'y pourvoir plus pour l'advenir.

Sadite Majesté a desjà cy devant pourveu pour la suppression et réduction de plusieurs offices, mesmes de ceux de judicature, qui demeurent supprimez par mort, Avec déclaration que ceux ausquels il faudra pourvoir, seront gratuitement baillez à personnes dignes et capables de les exercer, Et est encores sadite Majesté sur le poinct de pourveoir à autres semblables suppressions et réductions d'offices, qui sont à charge au peuple : selon la résolution qui en sera prinse en ladite assemblée. Ne désirant rien plus sa Majesté que de donner en ce, et en toutes autres choses, à ses peuples et subjets occasion de voir et cognoistre qu'elle fait ce qu'elle peut pour leur bien et soulagement, et se deslibère en ladite assemblée de se faire représenter particulièrement toutes lesdites daces et impositions, tant anciennes que modernes, pour y pourveoir, eu esgard à la nécessité de ses affaires, le plus au soulagement de ses subjets que faire se pourra.

V.

Aux Greffiers des parroisses, ou corps des parroisses, qui sont Greffiers à force, on leur prétend faire payer de rechef le tiers, d'autant qu'ils avoyent payé la première fois, combien que telles offices ayent esté déclarées supprimez, au moyen du payement qui en a esté fait par lesdites parroisses. Suppliant pour ces causes très humblement sadite Majesté, de casser et révoquer la commission décernée pour cest effet.

Au Roy. Et sont les dits Commissaires d'avis qu'il plaise à sa Majesté se contenter de la finance qu'il a receue desdites offices, attendu qu'en aucunes parroisses lesdits Greffiers ont esté remboursez suyvant la responce du septiesme article du cayer de l'année dernière, et en autres ont nommé homme vivant et mourant, et en ce faisant revoquer les commissions pour ce expediées, et surceoira la levée de deniers où le payement n'aura encores esté fait.

Lesdits Greffes des parroisses, comme tous autres Greffes sont domaniaux, et baillez pour estre tenus en domaine, touteffois sa Majesté est après à adviser en cela ce qui se pourra aussi faire, pour le soulagement de sesdits peuple et subjets.

VI.

Et toutes les considérations susdites bien considérées ne sont seulement au désavantage et charge des particuliers, sur lesquels on prend les deniers : mais retournent finalement à la ruine des subjets de sa Majesté, de tous les trois Estats, et encores un grand mal qui se commet au maniement desdites inventions, et qui fait que on les redouble de jour en jour, c'est que la vingtiesme partie des deniers qui en proviennent n'entrent aux coffres de sa Majesté, et n'est convertie pour ses affaires, mais pour remplir les bourses et rassassier l'avarice insatiable d'aucuns faiseurs de partis, lesquels feignent estre bons serviteurs de sa Majesté, et la vouloir secourir en ses affaires, luy font à bonnes enseignes secours et advance de quelque cinquante mil escus, sur un party dont ils tirent cinq cens mil escus deubz peu de temps après.

AU ROY.

La nécessité des affaires de sadite Majesté l'a cy devant contrainte de faire quelques partis pour recouvrer deniers dont elle auroit promptement besoin, mais ç'a esté avec beaucoup moins d'intérest et plus douce condition que plusieurs n'estiment. Et est aussi sur le point de descouvrir les lézions des partis et contracts qui ont esté cy devant faits au préjudice de son service, pour y pourveoir comme il appartiendra.

VII.

Et outre pour l'exécution desdites inventions, on ne se sert pas des juges ordinaires des lieux, car on estime que ayant pitié de leurs compatriottes, ils révèleroyent à sa Majesté l'abbus qui s'y commet souz couleur desdits partis. Et partant que l'affaire ne se porteroit pas bien : on y envoye des commissaires extraordinaires qui ne sont de la province, aussi affectionnez au service des partizans que à celuy du Roy, lesquels ne sont de rien esmeuz, et cependant les fraiz de leur commission reviennent encores en charge sur le peuple, lequel est par eux et ceux qu'ils commettent pour l'exécution de leurs mandemens, traicté en toute rigueur, le plus souvent accompagnez d'une injustice, comme de fait pour l'exécution de tout ce que dessus font encores de présent lesdits commissaires par les villes de ladite province, assez et par trop cogneuz à un chacun.

AU ROY.

En cottant et déclarant particulièrement qu'il ait esté commis abus, malversation ou exaction par lesdits Commissaires, sadite Majesté en fera bonne et prompte justice, avec réparation et satisfaction des parties intéressées.

VIII.

Partant est derechef très humblement suppliée sadite Majesté, avoir pitié et compassion de ses pauvres subjets : faire cesser toutes lesdites inventions, et plusieurs autres dont lesdits Estats ont fait remonstrances par les cayers des années précédentes, et revoquer tous Edits, commissions expediées pour cest effet, Autrement toute occasion est ostée à l'advenir de requérir et remonstrer, voyant que au lieu d'obtenir quelque remède ou soulagement aux maux dont on se plaint, on les redouble et augmente journellement.

AU ROY.

En pourvoyant suyvant la responce au quatriesme article, sa Majesté advisera aussi sur la révocation desdites commissions.

IX.

La Noblesse dudit pays en considération des services que ses ancestres ont faits aux Roys vos prédécesseurs, et mesme de ceux que sa Majesté a receuz et reçoit journellement d'icelle, Supplie très humblement sa Majesté la vouloir maintenir en ses franchises, droits et privilèges, comme estant le bras droit des corps de son Estat, et la continuer en l'exemption de laquelle elle a de tout temps jouy, Mesmes dès lors de l'érection de ceste monarchie, qui est de toutes charges, subsides et impost, chose de quoy elle ne peut estre exempte : si ce n'est son bon plaisir relascher les subsides mis sur le vin, sel, draps et autres denrées. Attendu que c'est ausdits Nobles à qui cela importe le plus, d'autant que ce sont ceux qui achaptent la plus grande partie et quantité desdites denrées. Et aussi recognoissans que sans le tiers Estat qui les dispence d'exercer l'estat mécanique, ils ne se pourroyent maintenir en l'exercice de leur vocation : Partant elle supplie très humblement sa Majesté, vouloir soulager ledit tiers Estat du trop grand fardeau qui l'acable pour les intollérables tailles et subventions qui l'ont tellement desnué de son moyen, que mesmes ladite Noblesse en sent les effets de sa pauvreté, d'autant qu'elle ne peut estre payée de ses rentes seigneurialles à elle deuës, ni mesme trouver personne pour labourer et prendre à ferme les terres et biens d'icelle, pour leur trop grande pauvreté. Ce qui apporte à la Noblesse telle incommodité que leurs dites terres, au moins la pluspart, sont demeurées inutiles et à non valeur, tant pour lesdits grans subsides dessusdits, que pour la continuelle levée des gens d'armes qui s'est faite dans le pays, pour la contagion de peste si fréquente en iceluy, que mesmes pour la stérilité de tous biens, tant de la précédente que de la présente année, de sorte que, si ce n'est le bon plaisir de sa Majesté avoir pitié d'icelle pour cest effect, et dudit tiers Estat (comme leur estant le mal esgal et commun) elle seroit enfin contrainte par nécessité métamorphoser ses vertueux exercices en estats mécaniques, rendant par cest inconvénient le corps de cest estat manchot de son bras droit, qui apporteroit deux grans maux en ceste monarchie, pour estre desnuée de ce qui est plus nécessaire à la maintenir, Sçavoir est, l'argent et la force qui sont les principaux fondemens du bastiment de la monarchie et de la manutention d'icelle, chose qui incite ladite Noblesse à supplier très humblement sa Majesté la vouloir maintenir en ses libertez et franchises, et descharger ce pauvre tiers Estat, afin que en luy donnant le moyen de subvenir au payement des tailles, aydes, et subcides, il puisse cultiver les terres de ladite Noblesse, et mettre ses possessions en valeur. Protestant icelle Noblesse employer ses biens, ses moyens et sa vie pour le service de sa Majesté, suyvant le désir et volonté qu'elle a tousjours eüe.

AU ROY.

La volonté de sadite Majesté a tousjours esté, et est de maintenir la Noblesse dudit pays ainsi que celles des autres provinces de son royaume, en leurs prévilèges, franchises, et libertez : Et en ce que touche les impositions mentionnées au présent article, elles sont génerallés par tout ce dit royaume, et ont esté mises pour la nécessité urgente des affaires de sadite Majesté, laquelle les diminuera : Et a ià résolu de faire pourveoir au réglement du sel mis par impost, en sorte que son peuple ne s'en trouvera surchargé.

X.

REMONSTRE d'avantage ladite noblesse à vostre Majesté que plusieurs personnes roturiers estans une foys pourveuz d'estats ou anoblis par argent, non pour leur valleur et vertus, voire le plus souvent estans trouvez indignes, et non capables par l'obéissance deuë à vos jussions et commandemens, osent estans pourveus ausdits Estats tant s'eslever, que de prendre le grade et degré deu aux seuls gentils hommes, et en toutes leurs actions et escrits se qualifier escuyers, au grand préjudice de ladite noblesse : laquelle supplie très humblement sa Majesté, que deffences soyent faites aus dessusdits de n'user plus de telles qualitez s'ils ne sont gentils hommes de race et de famille. Ains se contenteront ceux qui ont esté anoblis par argent de se qualifier affranchis pour leur temps seullement, sans que ledit privilège tourne à leur posterité : Nonobstant l'arrest qu'ils ont obtenu au contraire le   jour d'avril mil cinq cens quatre vingts. Qu'il plaira à sa Majesté revocquer pour ce regard, sans qu'ils puissent user de ce terme d'Escuyer ny de noble, et que ceste qualité ainsi acquise par argent, ne les pourra empescher d'estre contribuables aux charges communes. Autrement leur affranchissement tourneroit au prejudice et dommage du pauvre peuple, qui ne seroit de petite conséquence, attendu que ce sont les plus riches qui par leur ambition et commodité achaptent ceste qualité.

Au Roy. Et sont les Commissaires d'advis qu'il plaise à sa Majesté faire derechef deffences à toutes personnes se quallifier escuyer, s'ils ne sont nobles de race, sur peine de cinquante escus d'amende pour la première fois, applicable moitié au Roy et l'autre moitié au dénonciateur.

Sadite Majesté trouve bon et confirme l'advis des Commissaires mis sur ce présent article.

XI.

SUPPLIE de rechef très humblement ladite Noblesse, qu'il

plaise à sa Majesté les faire jouyr du fruit de ses Ordonnances sur les deffences qu'elle a faites pour le port d'armes et de la chasse, afin qu'elles soyent estroitement gardées et observées, enjoignant aux visbaillis dudit pays y tenir la main, sur peine de privation de leurs estats.

Les Commissaires sont d'advis, sous le bon plaisir de sa Majesté, qu'il soit enjoint aux visbaillis, sur peine de privation de leurs estats, de faire garder les Ordonnances faites tant sur le port d'armes, que de la chasse, et de rapporter les diligences sur ce faites à la première convention.

L'advis desdits Commissaires mis sur cest article, sera suyvi et effectué.

XII.

Comme par semblable supplient très humblement sa Majesté, vouloir revocquer certaine Commission adressée à aucuns Commissaires, pour la recherche des comptes des hospitaux et leprosaries de ce pays, et en délaisser la cognoissance aux Juges, Mayres, et Eschevins à qui elle appartient de toute ancienneté, pour en estre les deniers employez suyvant l'intention des fondateurs, et non ailleurs.

Au Roy. Et sont les Commissaires d'advis sous le bon plaisir de sa Majesté, que les deniers provenans du relicqua des comptes soyent applicquez aux pauvres des lieux, et aux réparations, et que les recepveurs qui en ont fait la recepte par ordonnance desdits Commissaires soyent contraints par corps de les rendre, et outre révocquer les commissions desdits Commissaires, ou du moins que les appellations d'eux ressortissent à la Court de Parlement.

Sadite Majesté revocque lesdites Commissions expédiées pour ladite recherche, et veut au demeurant que l'advis desdits Commissaires ait lieu, et soit exécuté, en attendant la résolution qu'elle est après de prendre, pour faire un bon réglement sur le faict desdits hospitaux et maladreries qu'elle fera après garder et observer.

XIII.

Remonstrent d'avantage lesdits Estats que le plus grand mal qui soit en la républicque, provient de ce que par la multiplicité d'Officiers de nouvelle création d'iceux, l'Estat de la Justice est tellement altéré, qu'elle ne peut estre en son intégrité exercée. A ceste cause, supplient très humblement sadite Majesté remettant sa Justice en son intégrité et splendeur antienne, vouloir désaprésent revocquer tous Edits faits de nouvelle création d'offices, réduisant le tout en l'ordre qu'il estoit anciennement : Signamment les offices d'adjoints enquesteurs, Clers de Greffe, Greffiers des présentations és paroisses, Assesseurs, Gardenottes, Sergens traversiers aux forests, Sergens des tailles et Gabelles, et autres semblables qui ne sont qu'à la ruine, foulle et détriment du peuple, et au deshonneur de la Justice, à laquelle tant s'en faut qu'ils puissent apporter ornement, que du tout ils la rendent en mespris et scandalle, sauf à ceux qui ont brigué tels honneurs à recouvrer leur récompense comme ils adviseront bon estre.

AU ROY.

Il y est satisfait par la responce faicte sur le quatrième article du présent cahier.

XIIII.

Pareillement supplient très humblement sa Majesté, faire cesser toutes évocations cy devant octroyez à tous propos, et pour toutes causes indifféremment, et vouloir maintenir lesdits Estatz en ses libertez et privilèges, à ce qu'ils ne soyent distraits de leur naturelle jurisdiction suyvant la chartre Normande.

AU ROY.

Sadite Majesté n'a accordé et n'entend cy après accorder aucunes évocations sans grande cognoissance de cause, et par l'advis de son Conseil, après qu'elles seront trouvées justes et raisonnables et suivant ses ordonnances : Estant son intention que lesdits Estats soyent conservez en leurs privilèges, et que les ordonnances sur le fait et réglement de la justice soyent observées.

XV.

PAREILLEMENT y a plusieurs personnes prevenues de crimes attroces, lesquels pour éviter l'exécution des mandemens de prise de corps sur eux décernés, obtiennent lesdites évocations, qu'ils font signifier aux Juges tant de première instance que d'appel, avec inhibitions et deffences d'attempter, qui est cause que par après il ne se fait plus aucune poursuitte, qui rend les crimes impugnis. Aussi plusieurs détenus prisonniers sont enlevez des prisons au moyen desdites évocations par personnes incognues, s'attribuant qualité de Sergens combien qu'il n'y ayt appel intériecté par lesdits prisonniers de sentence capitale, infamie, ou de torture, ausquels cas seullement par les Ordonnances les prisonniers doyvent estre menez et conduitz aux consiergeries des Cours souveraines, et par ce moyen, l'instruction des procez est interrompue et du tout délaissée, et qui pirs est, le plus souvent ne sont lesdits prisonniers ainsi enlevez représentez au dit grand conseil, ny chambre de l'Edit, mais délaissez en liberté par l'intelligence desdits prétendus sergens. Pour à quoy remédier plaira à sa Majesté ordonner que les Juges pourront procéder à décreter prise de corps, sur charges et informations à eux rapportez : et lesdits decrets mettre ou faire mettre à exécution, Nonobstant lesdites lettres d'évocation et procéder à l'instruction du procès, nonobstant et sans préjudice de l'appel, ès cas où il est permis par les Ordonnances. D'avantage qu'aucuns prisonniers ne seront transportez en ladite chambre de l'Edit et grand conseil, qu'ils ne soyent appellans de sentence de mort, infamie ou torture, conformément aux Ordonnances, et où il y aura appel èsdits cas, par ceux de ladite religion prétendue réformée, et qu'il sera besoin de mener les prisonniers au grand conseil, et chambre de l'Edit, que la conduite en sera adjugée par le Juge ordinaire publicquement au rabais, et que si les impétrans desdites évocations ne sont représentez trois sepmaines après icelles obtenues, ou un moys au plus, Ils deschargeront de l'effet d'icelles, et sera passé outre à l'instruction et jugement des procès par les Juges ordinaires.

XVI.

Et d'autant que aucuns se pourvoyent par requeste à ladite chambre de l'Edict, et grand Conseil et obtiennent par un simple donné à entendre commission d'envoyer le procez audit grand Conseil ou chambre de l'Edict, Ains inhibitions et deffences aux Juges de passer outre à l'instruction des procez, et ordinairement se prennent relief d'appel en la chancellerie du Parlement à Paris, pour pareil effect, supplient très humblement sa Majesté ordonner que l'on n'aura aucun esgard à telles lettres et évocations ny autres, sinon qu'elles soyent expédiées souz le grand sceau de sa Majesté.

Les Commissaires sont d'advis, qu'il plaise au Roy faire observer son édit de pacification : et que l'instruction et jugement des procez soyent faits en première instance, par les juges ordinaires, et qu'aux évocations qui seront octroyées soit employé : Que, au cas que les impétrans ne soyent prisonniers actuellement, suyvant que subjets y sont par les ordonnances, ne pourront s'esjouyr de l'effet d'icelles.

Sur les remonstrances faites par les Commissaires qui

ont dernièrement esté en ladite province de Normandie, sa Majesté a fait proposer le contenu de ces deux articles en l'assemblée qui se fait en ce lieu, avec l'advis de laquelle sadite Majesté pourvoirra au contenu desdits deux articles.

XVII.

Supplient aussi très humblement sa Majesté remettre en mémoire que luy et ses prédécesseurs ont tousjours juré et promis en foy et parole de Roy, que la Chartre aux Normans seroit inviolablement gardée et observée, laquelle a esté de nouveau validée et confirmée, au moyen de quoy ils ne peuvent estre traictez devant juges estrangers, ne par devant autres que leurs Juges ordinaires chacun en leur ressort. Neantmoins, puis quelque temps ils ont esté grandement travaillez par commissaires extraordinaires et estrangers, et specialement par un nommé M. Jean Bodin, de Paris, lequel s'estoit saisi des chartres, tiltres et droictures que les Ecclésiastiques, Gentils hommes, et habitans de ceste province ont aux forests, lesquelles il taschoit de emporter en ladite ville de Paris, sans l'arrest et saisie qui en fut faite par l'autorité de la Court de Parlement, depuis lequel temps sadite Majesté a plusieurs fois promis que ledit Bodin et autres Commissaires ne reviendroyent et travailleroient lesdits habitans. Mesmes resentement le sieur Primat de Lyon avoit confirmé ladite promesse, à laquelle lesdits habitans s'estoyent asseurez, joint d'avantage que par Edict du mois de Janvier dernier, sadite Majesté a créé plusieurs officiers en ses forests, avec ampliation de pouvoir ordonner que lesdits prétendans droits en icelles prendroyent confirmation et payeroyent finance. Néantmoins ledit Bodin est revenu avec sadite prétendue commission, qu'il dit estre renouvelée, lequel veut recommencer à troubler, molester et travailler lesdits habitans, ce qu'ils ne pourroyent souffrir et endurer au préjudice de leur dite chartre, révocation et promesse dessusdite. Si supplient très humblement sa Majesté faire cesser ledit Bodin, et cependant jusques à ce que le présent cayer ait esté veu par icelle, requièrent instamment à vous Messeigneurs les Commissaires, ordonner que dès à présent ledit Bodin s'abstiendra de l'exécution de sadite commission. Protestans lesdits habitans de ne comparoistre aucunement devant luy, jusques à ce qui leur ait esté sur ce pourveu et fait droit : Obéissant et se submettant à toute justice et réformation qu'il plaira à sadite Majesté leur estre faite par leurs juges légitimes et naturels. Et outre qu'il soit enjoint représenter tous les tiltres et enseignemens à luy baillez.

AU ROY.

Sur pareille instance que lesdits Estats auroyent autres fois faite, il fut ordonné qu'ils cotteroyent et déclareroyent particulièrement si ledit Bodin avoit mal versé en sa Commission, et en quoy : Ce qu'ils pourront encores faire pour leur estre pourveu, Ne pouvant sans cognoissance de cause sadite Majesté révoquer la Commission qui luy a esté baillée, qui est fondée sur bonnes et justes considérations, sans toutes fois tirer à conséquence, ny préjudicier à ladite Chartre Normande, que sadite Majesté entend estre gardée.

XVIII.

Qu'il plaise à sa Majesté laisser aux habitans des bonnes villes, la nomination accoustumée des maistres gardes et contregardes, ssayeurs, et autres officiers monnoyeurs, au lieu de les rendre (comme l'on prétend) héréditaux, parce que lesdites charges pourroyent tomber à enfans, femmes, et autres peu expérimentez et de mauvaise vie, et par ce moyen se peupler le pays de fausse monnoye.

Au Roy. Et sont neantmoins les Commissaires d'advis qu'il plaise à sa Majesté entretenir les privilèges desdites villes pour le faict de la nomination des officiers desdites monnoyes, attendu que, par ladite nomination, ils en demeurent responsables.

Il y sera pourveu en faisant la réduction et suppression des offices, que sa Majesté entend faire.

XIX.

Aussi, requièrent sadite Majesté, conserver le pays en la jouissance des Gaulges et mesures d'iceluy, nommément du sel, sans les vouloir assubjetir à se régler sur l'estallon de la ville de Paris. Submettant par ce moyen à icelle sa province de Normandie, qu'elle a voulu conserver en ses privilèges : et à ceste fin déclarer nulles toutes poursuites qui se feroyent au contraire.

Au Roy. Et sont les Commissaires d'advis qu'il plaise à sa Majesté conserver les habitants dudit pays en la jouissance desdits Gaulges et mesures, attendu qu'il se trouve y avoir tare de la dixième partie, venant au profit de l'adjudicataire, et au dommage du peuple.

Le Roy ne peut changer l'estallon des mesures de ses greniers à sel, qui est général par tous les greniers de ce royaume : mais sadite Majesté ordonne, que par l'un des Trésoriers de France, faisant ses chevauchées, sera informé s'il y est commis aucun abbus pour y estre pourveu ainsi qu'il appartiendra, et le plus au contentement desdits Estats que faire se pourra.

XX.

Percistent aussi lesdits Estats à supplier sa Majesté d'oster du tout l'impost du sel, qui n'engendrera moins de maux, mais beaucoup plus grans à son peuple, que les surtaux et collection des tailles, dont naissent mil et mil procez et ruines aux pauvres habitans des villages, la justice n'estant si aisément obtenue des officiers, qu'elle ne leur couste plus qu'une triple taille : délaissant chacun en sa liberté d'en prendre pour sa provision, autant qu'il luy en sera nécessaire, attendu mesmes les surcéances cy devant octroyez dudit impost, à plusieurs Vicontez dudit pays, suyvant l'advis des trésoriers généraux en iceluy.

Il y est respondu par la responce au neufiesme article.

XXI.

Et par semblable les descharger de toutes amendes qui pourroyent avoir esté taxez par les Commissaires, par faute d'avoir prins ledit sel par impost.

Au Roy. Et sont lesdits Commissaires d'advis qu'il plaise à sa Majesté descharger les supplians tant dudit impost de sel que desdites amendes.

En pourvoyant comme il est cy devant déclaré au faict et réglement de l'impost du sel, il sera pourveu ausdites amendes : et cependant les contraintes pour lever ce qui est ià jugé, sont surcizes.

XXII.

Qu'il plaise à sadite Majesté, descharger les habitans dudit pays, des grandes et nouvelles impositions mises sur ledit sel, attendu la charté d'iceluy, et n'en faire plus de party : ains la réduire au prix, et en estat qu'il estoit du feu Roy Henry.

AU ROY.

XXIII.

Et d'autant que sadite Majesté a promis par l'article quatriesme du dernier Cahier, faire cesser les impositions si tost que Dieu auroit pourveu de quelque soulagement aux affaires de cest estat : Ses subjets la supplient de considérer ledit soulagement, ne pouvant venir que par la grâce qu'il recevra de Dieu, pourvoyant au soulagement de son peuple, lequel avec l'Eglise et Noblesse, sont tellement chargées par les desmesurées impositions, mises nouvellement sur toutes sortes de denrées, que nul à présent ne peut presque vivre du revenu de ses fruictions : et peu à peu chacun tumbe en ruine, perdant le moyen de plus en plus de subvenir à son prince. Mesmes lesdites impositions revenans plus à la commodité d'aucuns particuliers que bénéfice de sa Majesté, et à ceste occasion supplient très humblement icelle, faire cesser lesdits nouveaux imposts.

AU ROY.

Si tost que les affaires de sa Majesté le permettront, et que les rentes qui sont constituées sur ledit sel et autres choses, seront rachaptées, sera pourveu à la modération desdites impositions mises sur ledit sel, lesquelles l'on a esté contraint de mettre par tous les greniers du Royaume, subjets au droit de gabelle.

XXIIII.

Et là où il ne plairoit à sadite Majesté, d'un coup les faire toutes oster, du moins luy plaise les diminuer et faire cesser les contraventions des fermiers d'iceux à ses Ordonnances, vexations et pilleries, qu'ils exercent sur ses subjets, és façons qui ensuyvent. Premièrement en ce que de tout temps estant usité que les marchandises ayans payé les droits d'entrée soyent quittes à la sortie, ils leur font encores payer les droits de sortie, et aux marchandises qui ont payé les droits de la traite domaniale, le droit de nouvelle réapréciation, contre la teneur desdites lettres de sa Majesté veriffiées en la cour des Aydes, et à ceux qui transportent les marchandises dans le Royaume d'un lieu en autre, pareil droit que si elles sortoyent d'iceluy, contraignans les marchans en consigner en leurs mains les deniers sans en bailler en chacun bureau acquit. Au moyen de quoy le pauvre marchand ne peut faire apparoir du tort qui luy est fait, est ruiné et perd courage de plus naviguer, bastir navires et s'employer au traffic. Si supplient lesdits marchans qu'il soit ordonné que les fermiers bailleront acquit de ce qu'ils prendront, et pour quelle marchandise en chacun bureau. Lequel bureau ne pourront avoir fors que aux ports, ponts et passages és limites de ce Royaume, et spécialement leur estre deffendu d'en tenir dans la foire de la Guibray, qui est au cœur de ceste province, et qu'au lieu de ce qu'il avoit pleu à sa Majesté ordonner sur l'article douziesme du précédent Cahier, vouloir ses Ordonnances avoir lieu, lesquelles ne sont autrement désignez, et dont souvent l'une abrège l'autre, il plaise à sadite Majesté par exprès accorder déclaration du contenu en cest article, avec deffences aux fermiers d'y contrevenir, et de l'entretenement d'icelles permettre toute jurisdiction et cognoissance par appel à la Cour des Aydes dudit pays, sans restraindre les sommes au dessus desquelles ils ne puissent cognoistre : ou bien du moins jusques à la somme de cent escus du droit d'imposition prétendue par lesdits fermiers, par ce que plusieurs estans estrangers ou empeschez à leur petit traffic, ne se peuvent pourvoir au conseil pour y avoir justice, que sa Majesté leur doit sur le lieu, sans entrer en despence extresme, et discontinuation de leurs affaires.

Au Roy. Et neantmoins les Commissaires sont d'advis que tant pour l'entretenement du contenu ès lettres patentes de sa Majesté, verifiées en la Cour des Aydes, concernant la nouvelle réapréciation, que pour lesdits acquits, les fermiers seront tenus bailler quittances tant des deniers qu'ils recevront, que de ceux qui seront mis en leurs mains par forme de consignation.

Sadite Majesté veut que les fermiers qui se trouveront avoir abusé de leurs fermes par exactions ou autrement, soyent chastiez et punis exemplairement, et au demourant trouve bien l'advis des Commissaires qui sera suivy.

XXV.

Aussi veulent les officiers de la table de marbre assubjettir contre toute coustume les marchans à ne pouvoir rien charger sans les appeller ou leurs Huissiers, encores qu'il y ait visiteurs en chacun bureau, et outre veullent que l'on prenne congé d'eux et le font payer, qui seroit rendre l'Estat de marchandise (qui requiert liberté) plus serf et misérable que tout autre. A ceste occasion requièrent lesdits marchans estre permis de débatre à ladite court des Aydes lesdites subjetions : et y faire voir les anciens reiglemens et coustume de l'Admirauté, lesquels sa Majesté par le dernier cayer, article onziesme, a promis faire voir.

Au Roy. Et sont d'avis les Commissaires qu'il plaise à sa Majesté faire voir le règlement, suyvant qu'il luy a pleu déclarer sur l'onziesme article du cayer de l'année dernière.

Faisant apparoir par lesdits marchans desdits anciens réglemens, sadite Majesté les fera voir en son conseil, et pourvoir sur le contenu en cest article, ainsi qu'il appartiendra par raison.

XXVI.

Qu'il plaise pareillement à sadite Majesté pourvoyant à la licence dont usent aujourd'hui plusieurs pirates, s'advoüans de grands et armans et victuaillans leurs navires souvent aux havres de Grace et Fescamp, la Hogue et autres lieux, deffendre aux Gouverneurs et Officiers de sadite Majesté, de laisser sortir aucuns navires qui ne leur soit apparu de marchandise suffisante chargée en iceux pour le traffic, et lieu porté en leurs congez, et qu'au retour desdits navires, ils ne leur donnent délivrance et congé de descharger, qui ne leur soit apparu de leurs voyages et justification par acquits de leur loyal traffic, et que visitation s'en fera à leur partement et retour par lesdits Officiers, appelez deux des Consuls ou Eschevins, ou à faute d'iceux, deux des mieux famez habitans des lieux, qui à ce seront de temps en temps esleuz, qui signeront registres desdites visitations, à faute desquelles faire ainsi que dessus, seront les dessus nommez tenus en leurs propres et privez noms, du mal qui en pourra advenir.

Il est enjoint aux Juges de l'Admirauté de garder les Ordonnances, sur peine de suspension de leurs estats.

Il y est satisfait par la responce des Commissaires, et commandera sa Majesté à monsieur l'Admiral de tenir la main à l'exécution desdites Ordonnances.

XXVII.

Aussi qu'il plaise à sa Majesté ne limiter contre la coustume, temps de faire sortir hors de ce Royaume les marchandises acquittées en foire, par ce que souvent coullent deux mois que temps propre pour sortir ne se présente, et les marées en ceste province ne sont telles que les navires puissent tousjours sortir des havres quelque bon vent qu'il y ait, à cause de la basse eauë, ce qui n'advient en Bretaigne.

Il a esté satisfait au contenu de cest article, par la responce faicte par sa Majesté sur le douziesme article du cayer de l'année dernière.

Idem.

XXVIII.

Par semblable, plaira à sa Majesté revocquer toutes lettres de marque, nommément d'un appelé Yon Olivier, marchand de Bretaigne, lequel a jà receu comme il est à estimer des maistres de navires Allemans, Hostrelins, et du pays bas, plus que ne peut monter sa prétendue perte, lesquels tous il met en arrest, taxans aucuns à quatre vingts et cent escus, autres à plus sans en bailler quittance, ny estre conterollé par aucun en ce que dessus, du moins qu'il soit ordonné que lesdites lettres ne se pourront praticquer és rivières, havres, et terres fermes du pays, où les navires auront attaint franchise, et que ledit Olivier rendra compte à la cour des Aydes audit Rouen, de ce qu'il a jà prins et exigé, autrement en bref ne se trouvera estranger qui vueille fréter navires pour venir en ceste province.

Au Roy. Et néantmoins lesdits Commissaires sont d'advis, sous le bon plaisir de sa Majesté, que ledit Olivier ne pourra faire arrest sur aucuns navires estans entrez és ports et havres, et qu'il soit par luy rendu compte de ce qu'il a receu par devant les Juges de l'Admirauté.

Sa Majesté n'a accordé aucunes lettres de marque qu'avec très grande cognoissance de cause : mais afin qu'il n'en soit abusé, sadite Majesté suyvant l'advis des Commissaires, ordonne que ledit Olivier ny autres qui auront obtenu sesdites lettres de marque, ne pourront faire arrest sur aucuns navires, estans entrez és ports et havres de ce Royaume. Et seront tenus de rendre compte par devant les Juges de l'Admirauté, de ce qu'ils auront receu, pour veoir s'ils seront satisfaits et récompensez de leurs pertes.

XXIX.

Aussi se plaignent lesdits Estats, de ce qu'au lieu que sa Majesté leur doibt la Justice, l'on leur fait payer pour le seau somme desmésurée, n'ayant encores remboursé les secrétaires, controolleurs et audienciers, assignez sur l'augmentation du prix dudit seau, ni icelle revocquée, suyvant que sadite Majesté avoit promis, encores que pour cest effet ayent esté levez ceste présente année dix huit mil escus au moyen de quoy ils supplient sa Majesté, ou faire dès maintenant cesser ladite augmentation et rembourser lesdits secrétaires, ou bien faire rendre audit pays ce que, pour leur suppression, a esté levé.

AU ROY.

Pour l'urgente nécessité des affaires du Roy, sa Majesté a esté contrainte s'aider desdits dix huit mil escus. Entendant néantmoins sadite Majesté pourvoir au remboursement desdites offices, et par conséquent à la diminution de l'augmentation mise sur le sel.

XXX.

Supplient en outre lesdits députez des Estats, qu'il plaise à sa Majesté ordonner que les receveurs collecteurs de nouveau érigez en chacune parroisse, ne seront exempts d'estre assis aux tailles, et pourront estre haussés, selon la faculté de leurs biens, et que les parroisses où il n'y en a encores de pourveuz en demeurent deschargées.

Au Roy. Et sont lesdits Commissaires d'advis, sous le bon plaisir de sa Majesté, attendu que lesdits Receveurs collecteurs ont deux sols pour livre, pour la levée des deniers, qu'ils doyvent estre assis à la taille, ainsi que les autres, selon leur puissance.

Le Roy est après pour pourveoir sur le faict desdites offices de Receveurs Collecteurs.

XXXI.

Combien que par le sixiesme article du Cahier dernier sa Majesté ayt assez entendu le grand et pernicieux dommage et ruine qu'apporte en ceste province le droit d'un sold pour livre mis sur la drapperie, qui est cause que ladite marchandise commence à cesser en cedit pays, dont s'esjouissent et enrichissent les voisins estrangers, n'ayans tel tribus en leur pays, néantmoins n'y a encores esté pourveu. Si supplient très humblement lesdits Estats pour les considérations susdites, et autres amplement desduites au dernier Cahier, qu'il plaise à sa Majesté abbatre et abolir ledit impost, comme par trop dommageable au public, à tout le moins réduire et modèrer comme le prix du seau des draps.

AU ROY.

Il ne se peut faire pour le présent autre responce sur cest article, que celle qui fut faite l'année dernière, sur le sixieme du Cahier des Remonstrances desdits Estats, espérant faire revoir les taxes et impositions faites sur ladite Drapperie, et y pourveoir le plus au soulagement de ses subjets que faire ce pourra.

XXXII.

Comme pareillement ils supplient très instamment faire quelque modération sur le subside du vin, et le reduire à v. s. ts., à tout le moins il plaise à sa Majesté ordonner aux fermiers qu'ils ayent à marquer le muy ou pousson lors qu'ils seront payez, et qu'estant ainsi marqué comme le drap, l'on le puisse faire charrier, changer et descharger sans en faire aucun payement qu'une seulle fois.

AU ROY.

Sadite Majesté ne peut faire plus grande diminution dudit subside du vin que celle qu'elle a faite cy devant, ainsi qu'elle a fait responce par le cinquième article du Cahier de l'année dernière. Et pour le surplus sera l'Édict pour la perception dudict droict suyvi et gardé sans que les fermiers en puissent abuser sur peine de concussion.

XXXIII.

Pour éviter au désordre et à la licence des gens de guerre marchans par pays, plaise à sa Majesté restablir et remettre sus les estappes en chacune viconté comme estant l'ordonnance d'icelles très sainte, et au très grand soullagement du peuple. Suppliant très humblement monseigneur le Gouverneur et messeigneurs les Lieutenans audit gouvernement que doresnavant lesdites estappes soyent dressées sans laisser vivre les soldats en désordre comme ils ont cy devant fait.

Se pourveoyent les supplians par devers monsieur le Gouverneur.

Sadite Majesté par la responce mise sur le huitième article du Cahier de ladite année dernière a accordé et trouvé bon l'establissement desdites estappes, pour les gens de guerre, qui se léveront de son commandement et autorité. Pour l'exécution de quoy, s'adresseront lesdits Estats à monsieur de Joyeuse, gouverneur dudit pays, ou pour son absence aux lieutenans généraux dudit gouvernement.

XXXIIII.

Percistent pareillement à la requeste cy devant faite à sa Majesté à ce qu'il luy plaise révocquer l'octroy fait aux habitans de Caen de six deniers tournoys pour minot de sel, pour l'entretenement de leur université, attendu qu'il tourne à la foulle géneralle de tous les autres habitans dudit pays. Sauf à eux à le lever sur le grenier de ladite ville seulement et autres de ladite généralité qui le voudront consentir.

Il a esté pourveu sur cest article par la responce faite par le Roy sur le cayer de l'année passée.

Il y est satisfait par la responce des Commissaires.

XXXV.

Qu'il plaise pareillement à sa Majesté faire casser et révocquer l'Edit de nouveau fait du parisis sur les rapports des espices des Conseillers tant en la Court de parlement que autres jurisdictions royalles, comme estant du tout à la foulle et detriment du public.

AU ROY.

Il y sera advisé.

XXXVI.

Et d'autant qu'aucuns se disans privilégez ou de la suite de la cour, obtiennent ordinairement lettres de committimus, pour, en vertu d'iceux attirer ceux de ceste province aux requestes du palais à Paris, encores que l'héritage ou rentes et censives par eux demandées soyent assis en cedit pays, ce qu'ils font afin que travaillans les pauvres gens de ce pays, ils leur passent adveu de la somme par eux demandée, encores qu'elle ne leur soit deuë. A ces causes supplient très humblement sadite Majesté, qu'il soit deffendu à toutes personnes de quelque qualité, ou pour quelque prétexte que ce soit, de n'attirer ceux qui sont responsables au Parlement de Rouen aux requestes du Palais à Paris. Et que venans les huissiers du grand conseil, ou autres exploicter lesdits committimus, il soit permis les constituer prisonniers.

Au Roy. Et neantmoins les Commissaires sont d'advis que sa Majesté doibt faire garder l'Ordonnance de Moulins pour le faict des committimus en chacun parlement et chambre des requestes sans que ses subjects soyent travaillez d'un parlement en autre.

Sadite Majesté trouve bon et confirme l'advis des Commissaires qui sera suivy ; ayant naguères fait expédier ses lettres de déclaration pour régler ceux qui doyvent jouyr desdits committimus.

XXXVII.

Remonstrent lesdits Estats qu'ils ont esté advertis que l'on prétend envoyer Commissaires en ce pays pour le régallement des tailles, chose qu'ils n'ont jamais requis, mais seulement le regallement général des tailles, avec les autres provinces de ce Royaume, afin que ce pays (cottisé à presque la quatriesme partie combien qu'il ne face la douziesme) fut deschargé d'une bonne partie du corps de la taille. A quoy lesdits Estats persistent, et supplient très humblement sadite Majesté, de laisser la cognoissance de la cottisation des tailles par les parroisses aux Esleus dudit pays, et celles des particuliers aux asséeurs qui peuvent avoir meilleure cognoissance des biens et facultez de leurs voisins plus que nuls autres.

Au Roy. Et sont lesdits Commissaires d'advis qu'il plaise à sa Majesté révocquer les commissions, si aucunes ont esté expédiées.

Sadite Majesté suyvant l'advis desdits Commissaires, accorde la révocation des commissions qui pourroyent avoir esté expédiées pour le regallement desdites tailles : n'ayant sadite Majesté, en faisant expédier sesdites commissions, pensé faire autre chose que le soulagement de ses subjets.

XXXVIII.

Qu'il plaise à sa Majesté, ayant esgard à la grande et extresme pauvreté des contribuables à la taille, leur donner et accorder temps de payement de six sepmaines après le terme escheu. Et ne permettre aux receveurs, sergens et commissaires desdites tailles, user de la rigueur qu'ils ont accoustumé de les faire payer dedans la huictaine, d'autant que c'est un subjet ausdits coureurs de faire plusieurs exactions sur le peuple, qui n'a pas besoin d'estre tellement précipité. Aussi qu'ils seront tenus faire les contraintes et exécutions sur les asséeurs et collecteurs, sans se pouvoir adresser à qui bon leur semble.

AU ROY.

Sadite Majesté désirant oster toutes occasions de charge et vexations de ses subjets, considéré aussi que la commission a esté envoyée ceste année plus tard qu'elle n'avoit accoustumé, Accorde pour ceste dite année, qu'au lieu de la huictaine, ils ne puissent estre contraints de payer, sinon dans la fin du premier mois de chacun quartier de ladite année.

XXXIX.

Par semblable il plaise à sa Majesté ordonner que la séance des Estats de ce pays de Normandie sera termée à l'advenir au dixiesme octobre, comme elle fut l'an passé, afin que les députez pour porter le cayer, ayent temps competent pour porter ledit cayer par devers sa Majesté, et en obtenir responce avant le département des tailles, et que les mandemens pour convocquer lesdits Estats, soyent envoyez un mois aux bailliz avant l'assemblée d'iceux, et au surplus que ledit cayer et responce seront publiés aux assises.

Au Roy. Et ont lesdits Commissaires enjoint au greffier des Estatz de faire diligence d'aller ou envoyer en Court, six sepmaines avant la tenue desdits Estats, pour retirer les lettres closes nécessaires adressantes aux Bailliz pour la convocation d'iceux, et ce aux despens dudit pays.

Sadite Majesté accorde que la tenue et scéance desdits Estats soit faite d'oresnavant le quinziesme jour d'octobre par chacun an, et que les lettres pour la convocation d'iceux soyent envoyées un mois auparavant sans qu'il soit au reste rien innové pour le fait dudit Cahier et responces.

XL.

Reitèrent pareillement lesdits déléguez la requeste qu'ils feirent l'an passé pour la traite des bleds afin qu'ayans esgard à la rareté et charté de grains qui sont en ce pays, et au petit nombre qui s'en est cueilly en l'Aoust dernier, il plaise à sadite Majesté deffendre ladite traite, et, si aucune Commission en avoit esté donnée, la revocquer.

Au Roy. Et sont lesdits Commissaires d'advis attendu la pénurie et charté des grains ceste année en la province, qu'il plaise à sadite Majesté accorder le contenu en cest article.

Accordé.

XLI.

Supplient aussi que la partie d'un nommé le Cappitaine Alain d'Andely, dont est fait mention és lettres patentes de Commission levée durant ceste présente année, demeure arrestée, d'autant qu'il se trouverra que ledit Alain n'a eu pour la garde du chasteau d'Andely aucuns soldats, requérans qu'il soit informé par le visbailly, ou autre juge du lieu, si le donné à entendre dudit Alain est véritable.

AU ROY.

Accordé.

XLII.

Supplient sa Majesté qu'il luy plaise suyvant sa parole royale, rabatre sur le principal de la taille la moitié de la vingtiesme partie d'icelle : d'autant que le pauvre tiers Estat a esté contraint iceluy franchir et rentré aux coffres du Roy.

Au Roy. Et néantmoins lesdits Commissaires sont d'advis qu'il plaise à sa Majesté proroger le temps aux supplians, de fournir par eux homme vivant et mourant.

Es parroisses èsquelles a esté nommé homme vivant et

mourant, et qu'il n'est decédé, sa Majesté entend qu'ils joüissent dudit affranchissement.

XLIII.

Et pour conclusion, en faisant et donnant responce par les gens des trois Estats de Normandie, à la demande que vous, Monseigneur, et vous, Messieurs les Commissaires, leur avez faite de la somme de sept cens cinquante neuf mil huit cens quatre vingts douze escus quinze sols huit deniers, tant pour le principal de la taille, creuës, taillon, qu'autres deniers à plain déclarés és lettres patentes de sa Majesté, expédiées pour la tenuë et séance des présens Estats, avec une creuë de dix huit deniers tournois pour livre sur le total de ladite somme.

Remonstrent iceux déléguez et supplient très humblement icelle Majesté, considerer la misère et extresme pauvreté en quoy le pauvre peuple de Normandie est à présent constitué, pour les grandes sommes de deniers à luy insupportables èsquelles il a esté cy devant taillé, avoir esgard aux grandes et excessives sommes de deniers levées ceste presente année, par forme de creuës, imposts, subsides et érection d'offices, ventes de communes et nouveaux annoblis. Considérer aussi les grandes et contagieuses pestes et maladies communes qui ont esté et sont encores de présent universellement par toutes les villes, villages et contrées dudit pays : la grande cherté et stérilité des bleds et autres grains et fruits en iceluy, le passage et ravage des gens de guerre, à l'occasion de quoy plusieurs sont morts et périz, et la pluspart d'iceux destruits. Mesmes que lesdites pestes et maladies sont advenues à ceux qui estoyent quelque peu aysez, et soustenoyent les autres pauvres habitans, et par conséquent plusieurs personnes rendus fuitifs, ont délaissé leurs héritages, et leur pays, et les autres tombez en mendicité et misérable pauvreté : Lesdits déléguez rendans très humblement grâces à Dieu le créateur, et à sa Majesté, du bon vouloir qu'elle a de soulager son peuple, mettans en considération les affaires de sadite Majesté : Espérans qu'à l'advenir il les deschargera d'un si grand faiz, luy accordent les parties qui ensuyvent, C'est à sçavoir :

Pour le principal de la taille, trois cens vingt cinq mil sept cens six escus deux tiers.

Pour les crues de deux cens et cent mil escus, soixante treize mil deux cens quatre vingts quatre escus.

Pour les fortifications et réparations, quatre mil soixante unze escus dix huit sols.

Pour le taillon, vingt sept mil cinq cens quinze escus neuf sols.

Pour les visbailliz, six mil sept cens quatre vingts dix escus trente et un sold.

Pour les postes, mil escus.

Pour les taxations des Commissaires et déléguez des Estats et frais communs, payables és mains du trésorier desdits Estats, quatre mil cent douze escus cinquante trois sols.

Pour les pensions de Messieurs les Gouverneurs, six mil quatre cens escus.

Pour le payement des gens de guerre és villes baillez en appanaige à Monseigneur levez sur les baillages d'Evreux et Allençon, dont supplient iceux en estre deschargez, trois mil escus.

Pour les gaiges de maistre Estienne Du val, quatre cens seize escus deux tiers.

Pour la garnison du chasteau de Caen, levez sur ceux de ladite Généralité, dix huit cens soixante et un escus deux tiers.

Montans toutes lesdites parties à la somme de quatre cens cinquante quatre mille, cent cinquante huit escus, l. s. t.

qu'ils accordent à sadite Majesté pour ceste année seullement, et à la charge que lesdites crues et taillon seront levées par assiettes distinctes et séparées comme cy devant a esté fait, sur toute laquelle somme, supplient très humblement sadite Majesté les vouloir gratiffier de la somme de quarante mil escus, pour employer au remboursement des officiers supprimez en iceluy, et pour le regard du parisis terme du tout odieux audit pays, montant cent sept mil cinq cens quatre vingts quinze escus quatre sols huit deniers, et des deux cents mil escus demandez l'année dernière par Monsieur le primat de Lyon, et non accordés, et pareillement de toutes les autres parties contenues ès dites lettres pattentes de Commission, levées durant ceste année pour affaires divers et particuliers dont la cause cesse, et sont du tout quittes, Supplient très humblement sa Majesté les en voulloir descharger, comme par semblable de ceste nouvelle creuë de dix huit deniers pour livre, et ce pour raison de leur extrême pauvreté et indigence cy devant amplement déduite, suppliant sadite Majesté se vouloir contenter desdites offres, et au surplus avoir les habitans dudit pays en bonne et singulière recommandation.

Fait en la convention des Estats de Normandie tenans à Rouen le vingt quatriesme jour de novembre mil cinq cens quatre vingts trois.

Signé, GOSSELIN, et au dessouz.

Les Commissaires tenans la présente convention, après avoir veu les offres desdits depputez, ont déclaré suivant l'ordonnance à eux cy devant prononcée, que département et assiette sera faite de tous les deniers contenus en la Commission réformee, et selon la forme d'icelle, et néantmoins que la levée surçoira jusques à un mois, pendant lequel temps lesdits députtez se retireront par devers sa Majesté, pour luy faire telles remonstrances qu'ils adviseront.

Fait à Rouen par lesdits Commissaires, le vingt cinquiesme jour de novembre, mil cinq cens quatre vingts trois.

Ainsi signé,
     Par lesdits sieurs Commissaires,
       LIGEART.

Sadite Majesté n'ayant rien en plus grande et singulière affection et recommandation que de descharger son peuple a regardé et considéré tous les moyens qu'elle pouvoit avoir pour cest effet, comme aussi elle auroit à mesme fin retranché et réduit toutes ses despences jusques à celles de sa personne au plus juste et petit pied qu'elle a peu. Mais elle a trouvé qu'il luy seroit du tout impossible de satisfaire aux despences qu'il luy convient faire en l'année prochaine pour la direction de ses affaires et conservation de cest Estat, si elle n'estoit secourue entièrement des sommes contenues en la Commission expédiée pour la tenue desdits Estats, de sorte que sadite Majesté n'en peut à son très grand regret, rabatre ny retrancher aucune chose. Toutesfois elle espère pourveoir et donner tel ordre à ses affaires par la resolution qui s'en fera en la presente assemblée qu'il y aura moyen, les années subsequentes, de les soulager èsdites levées, selon le grand désir qu'en a sa Majesté. Et cependant sesdits peuple et subjets se trouveront soulagez et deschargez par le moyen de la seulle levée qui se fera sans estre contraints payer à tant de fois, et pour tant de diverses levées de deniers et divers voyages qui ne se feront plus, ainsi qu'il est amplement déclaré par ladite Commission des Estats, et néantmoins pour le singulier désir que sadite Majesté a de grattiffier lesdits Estats, elle accorde que sur lesdites sommes qui se léveront en ladite année prochaine, ils auront la somme de quarante mil escus, assavoir vingt six mil six cens soixante six escus deux tiers, en la généralité de Rouen, et treize mil trois cens trente trois escus un tiers, en celle de Caen, pour estre employées au remboursement des Officiers nouvellement créez, dont sadite Majesté a accordé et pourra encores accorder la suppression ainsi qu'il a esté cy devant permis, à la charge d'en rendre compte par le trésorier desdits Estats et afin de donner à sesdits subjets plus de contentement, se fera au plustost informer de ceux qui sont les plus affligez, pour après pourveoir à leur descharge autant que faire se pourra.

Fait par le Roy estant en son conseil tenu à S. Germain en Laye, le dix huitiesme jour de décembre, l'an mil cinq cens quatre vingts trois.

    Signé,   HENRY.

       Et plus bas,

                        PINART.

         AU ROY.

SIRE,

LES DÉLÉGUEZ DE VOSTRE Province de Normandie ayant veu la responce que vostre Majesté a faite aux articles du Cahier par eux présenté, et principalement aux derniers, par lesquels ils demandoyent modération des creuës excessives et insupportables qu'avez levé depuis deux ans.

Vous remonstrent en toute humilité que sans l'espérance de ladite modération et diminution, ensemble qu'ils obtiendroyent l'assiette des tailles, taillon et creuës en trois lignes séparées et distinctes, aussi que leur osteriez l'impost du sel, lesdits Estats en leur convention avoyent deslibéré ne faire aucun cahier, qui les a occasionnez presenter à vostre dite Majesté ceste requeste avec toute importunité, en cas si pitoyable et préjudiciable requise et nécessaire, de laquelle ils espèrent quelque fruit après avoir esté par vous bien pesée.

Considérera donc en premier lieu vostre Majesté, si luy plaist, sa promesse laquelle se trouve tant de fois répétée et réitérée par les cahiers des années précédentes, que suyvant la Chartre Normande vous ne prendriez, ny lèveriez aucuns deniers extraordinaires, sans le consentement de vos subjets, que vous voyant en temps de paix vous soulageriez et deschargeriez vosdits subjets de tant de creuës et imposts. Et néantmoins ils expérimentent maintenant qu'il ne s'est rien ensuyvi de ceste vostre promesse qu'ils tenoyent comme sacrée et inviolable, tant pour le denier parisis qu'avez levé se montant à cent sept mil escus, pour les deux cens mil escus que levastes l'année passée, outre et contre le gré et consentement de vosdits subjets, et, qui pis est, ne les ayant demandé que pour ladite année passée, comme Monsieur de Lyon les asseuroit, et maintenant meu d'un regret de telle conséquence, le confesse encores, que pour autres creuës qu'avez levées et que prétend vostre dite Majesté lever l'année ensuyvante, lesquelles se montent près de quatre cens mil escus, desquelles ils espéroyent estre deschargez, attendu les grandes et indicibles pertes et vexations qu'ils ont receu et reçoyvent encores tant pour lesdites creuës, peste et contagion : aliénation de communes, ravage des gendarmes que autres qui sont amplement desduites par ledit cahier, et vous ont esté remonstrez de vive voix, et néantmoins n'en remportent aucune diminution et modération. Car quant aux quarante mil escus qu'entendez estre déduites sur le corps de la taille, cela tourne totalement à vostre acquit et descharge, et non au profit de vos dits subjets, estant désignez pour le remboursement de vos officiers. D'avantage quand bien ils viendroyent à leur profit et descharge, considérera vostre dite Majesté que en ces sommes qu'elle demande par ses patentes il y a des parties qui ont esté payez remboursées et estaintes qui se montent à quarante six mil escus.

A CES CAUSES, il plaise à vostre Majesté, en balançant la nécessité de ses affaires avec l'impuissance de vostre pauvre peuple, le descharger du parisis terme du tout odieux à ceste province, se montant à cent sept mil cinq cens quatre vingts tant mil escus, et afin qu'ils puissent prendre quelque pied aux promesses tant de fois réitérées, et qu'ils se ressentent de la teneur de leur dite chartre, Qu'il vous plaise les descharger de ces deux cens mil escus que demanda Monsieur de Lyon, pour une fois seulement, et non accordez, ains levées comme dit est contre le consentement des subjets, chose nouvelle et non encores pratiquée, ensemble des cinquante sept mil que prétendez lever l'année prochaine, pour les xviij deniers pour livre, et par mesme moyen de cest impost de sel, qui par la malice des regratiers qu'avez déclarez vos ennemis, tyrannise vostre peuple, qui est cause que vos dits subjets au moins ceux qui sont les plus pauvres, et ausquels la chose leur touche de plus près pour éviter l'exaction de tel impost sont contrains vivre de laictages et fruictages, qui est une des causes de la contagion.

Et afin d'oster toute deffiance que pourroit concevoir vostre pauvre province, qu'il vous plaise ordonner que la levée de la taille, taillon et creuë, se face comme és années précédentes par assiette distincte et separée et par trois diverses lignes. Au moins quand vos successeurs trouveront ces sommes distinctes, voyant ce qui sera pour taille, taillon et longue suite de creuës, cela les pourra inciter de ne lever aucunes creuës, ce qui feroyent plus hardiment si une foys ils trouvent toutes ces sommes incorporées, Sans toutes fois que vos Officiers puissent prétendre plus grand salaire que celuy qu'il plaira à vostre Majesté leur accorder, qui est l'article sur lequel lesdits Estats en plaine convention ont le plus insisté et chargé lesdits députez de ce fait, et ce faisant augmenterez de plus en plus l'obéissance que vous doit ceste pauvre province, et luy redoublerez l'obligation de prier Dieu pour la conservation de voste Majesté et authorité.

Signé,   D'ADRÉ.

   POSTEL.   VICQUES.

   DE OINVILLE.   THIBOULT.

   DE COURCYMAULT. GOSSELIN.

Le Roy ne peut à son très grand regret et pour la grande nécessité de ses affaires, changer la résolution et responce qui a esté faite aux supplians sur les articles du cayer par eux présenté, mais bien accorde que les sommes portées par la Commission soyent distinguez par un seul roolle de l'assiette et levées, comme és années précédentes, à la charge toutes foys que les Receveurs ne bailleront qu'une seule quittance, spécifiant et déclarant par lignes particulières en icelles lesdites natures de deniers. Fait à sainct Germain en Laye, sa Majesté estant en son Conseil, le vingtiesme jour de décembre, l'an mil cinq cens quatre vingts et trois.

Signé,   PINART.

A Rouen. Chez Martin le Mesgissier, Libraire et Imprimeur du Roy, tenant sa bouticque au hault des degrez du Palais. M. D. LXXXIII. (Avec Privilège dudict Seigneur). — Publié d'après l'exemplaire de la Bibliothèque nationale.

ARTICLES
DE
REMONSTRANCES

Faictes en la Convention des Trois Estats

DE NORMANDIE

Tenue à Rouen, le quinziesme jour de Novembre, et autres iours ensuyuans, mil cinq cens quatre vingts et quatre.

Auec la Responce et Ordonnance sur ce faicte par le Roy, Sa Majesté estant en son Conseil,

Tenu à Saint-Germain en Laye, le unziesme iour de decembre ensuyuant audit an.

AV ROY

Et a Monseigneur le Duc de Ioyeuse, *pair et admiral de France, premier gentilhomme de la Chambre, Gouuerneur et lieutenant général pour sa Majesté en ce pays de Normandie, et à Nossieurs les Commissaires deputez à tenir l'assemblée des Estats dudit pays en ceste ville de Roüen, le quinzieme iour de Novembre et autres iours ensuyuans, mil cinq cens quatre vingts quatre.*

Supplient très-humblement les gens des trois Estats dudit pays, assistans en la presente convention, qu'il plaise à sa

Majesté prendre de bonne part les très-humbles Remonstrances contenues en ce present cayer, et sur icelles leur accorder les prouisions requises et necessaires au soulagement de son peuple.

PREMIEREMENT.

I.

Lesdicts Estats rendent graces à Dieu, et remercient très-humblement sa Majesté de la declaration que vous, Monseigneur, auez faicte en la proposition desdits Estats, qu'elle porte tant de bonne affection à ses subiects de ce pays de Normandie, d'avoir en recommandation leur soulagement, qui leur fait attendre ce qu'ils ont toujours espéré, quelque repos après tant de maux qu'ils ont souffert, croyans en oultre que les effects suyuront veritablement et sans fraure telle saincte et chrestienne deliberation et promesse.

Suyvant la responce faicte par les sieurs Commissaires, il se trouuera que le Roy a suffisamment satisfaict à cest article par la responce mise sur le deuxieme cayer de l'année derniere.

II.

Qu'il plaise à sa Majesté, se souvenant du tiltre de treschrestien qu'elle porte, ne permettre que de son temps le bien et reuenu de l'eglise soit si miserablement dissipé comme il a esté cy-deuant, tant pour la prouision qui se fait des prelatures et principales dignitez de l'eglise à gens incapables, que pour les grands et excessifs deniers qui se leuent sur ledit clergé.

Il a esté satisfaict au contenu de cest article, par la responce faicte sur le cayer de l'année derniere.

III.

Se complaignent lesdicts Ecclesiastiques de ce qu'estant l'Estat de soy exempt de tout droit d'impost et subsides, participans à mesme misere de perte et iniures du temps de ceste presente année que les autres Estats, tant sen fault que sa Majesté les soulage de leurs pauuretez comme elle estime faire au tiers Estat, que adiouste affliction aux affligez par l'augmentation d'vne decyme et demie que l'on pretend leuer par saisies et executions de leurs biens : luy plaira se souuenir de sa foy et promesse et se contenter de celles qui lui ont esté accordées par ledit Clergé en l'assemblée de Melun, afin que lesdits Ecclesiastiques residans sur leurs benefices, et iouyssans de leurs libertez, ayent moyen faire leur deuoir et subuenir aux pauures.

AV ROY.

Sa Majesté, ayant l'estat Ecclésiastique en singuliere recommandation, elle sera tousiours tres-aise de le soulager et gratifier en tout ce qu'il luy sera possible, mais elle ne peut, pour le present, le descharger de ladite decyme et demie, à cause qu'elle en a faict estat pour ce qui fut promis aux Suisses au renouuellement dernier de l'alliance.

IV.

La noblesse dudit pays, participante aux miseres et calamitez du passé, supplie très-humblement sa Majesté les vouloir, à l'exemple de ses predecesseurs, les conseruer en ce qui leur a esté cy deuant octroyé des priuilleges, prerogatiues et immunitez sans permettre que par emport et subsides ils soyent rendus comme de faict ils sont contribuables.

AV ROY.

Il y est satisfaict par la responce mise sur le neufieme article du cayer de l'année derniere.

V.

REMONSTRE pareillement qu'ils ont cy deuant faict grande instance de ceux qui auoient esté de nouveau annoblis par argent; toutefois, ils ont esté aduertis qu'il y a party ouuert, pour, derechef, faire nouueaux annoblis, au grand scandale des vrais gentishommes, et à la foule des habitans contribuables aux tailles dudit pays, à quoy il plaira à sa Majesté auoir esgard.

Au Roy. Et neantmoins sont les Commissaires d'aduis qu'il plaise à sa Majesté reuocquer les Commissions qui pourroyent auoir esté sur ce expediées.

Sadite Majesté n'a faict aucune nouuelle ouuerture de partis pour l'annoblissement d'aucunes personnes, et si aucunes commissions ou expeditions en auoient esté obtenues, elle les auoit de son propre mouvement reuocquées auparavant la tenue des Estats dudit pays, et auparavant que la presente requeste luy eust esté faicte.

VI.

LE tiers Estat recreu et trauaillé d'infinies vexations, tailles, imposts, creües et subsides du tout insupportables, prie très-humblement sa Majesté vouloir entendre de son soulagement, et pour cest effect reitere la requeste très-juste et equitable qu'ils ont de longtemps faicte par plusieurs et diuerses années, touchant l'inegalité de la contribution des tailles audit pays, auec les autres prouinces de ce Royaume, doncq il ne fait pas la douzieme, et touttefois cottisé comme s'il faisoit la quatriesme, afin qu'il plaise à sa Majesté, suyvant plusieurs promesses par elle faites et ses predecesseurs, y pourueoir.

AV ROY.

Sadite Majesté n'a jamais faict contribuer aux tailles ledit pays de Normandie qu'à la mesme raison, egalité et portion que ses predecesseurs Roys, s'estant tousiours reiglée sur les brevets et departemens des années precedentes, et neantmoins son intention est de soulager et descharger ledit pays de la contribution ausdites tailles le plus qu'il luy sera possible, comme ensemble les autres prouinces de ce Royaume, autant que ses affaires le pourront porter, ainsi qu'elle commence de faire en l'année prochaine, comme il est porté par la commission expediée pour la derniere tenue desdits Estats.

VII.

Les trois Estats dudit pays, vnis ensemble, remercient très humblement sa Majesté de son edict dernier contenant reüocation de plusieurs edicts nouuellement faicts, et commissions expédiées pour diuerses occasions selon qu'il est plus particulierement contenu en iceluy, mais aussi supplient très humblement sadite Majesté considérer qu'ils ont ià en la plus part esté executez audit pays et produict leurs mauuais effects. C'est pourquoy ils supplient très humblement icelle ordonner que ce qui a esté leué en vertu d'iceux edicts et commissions non verifiées soit rendu au peuple : et à ceste fin les executeurs, et ceux qui l'ont receu, condamnez en leurs propres et priuez noms, pour donner exemple à l'advenir, attendu qu'il n'en est tourné aucune chose au proffit de sa Majesté, ains seulement des partisans et commissaires, et au surplus pour euiter aux fraudes et abus qui se pourroyent faire à la prouision des offices à present supprimez, sur les quittances et provisions en blanc qui pourroyent avoir esté expediées, il plaise à sa Majesté ordonner qu'elles demeureront sans aucun effect, s'ils ne sont dès à present actuellement receus et presté le serment où il appartient, adjoustant audit edict la reuocation de l'edict des colombiers, moulins, vollieres et pressoirs, pescheries, foires et marchez, taverniers, cabaretiers et autres vendeurs à pot, les offices de greffiers des presentations, greffiers des paroisses, clercs de greffe, seau des draps, parisis des espèces, cappitaine et gardes des bestes rousses et noyres, leurs lieutenans et archers et plusieurs autres qui n'apportent que foulle et oppression au peuple, mesmes les douze deniers pour minot de sel, au lieu de trois escus un tiers à chacun des officiers desdits greniers.

Au Roy. Et neantmoins les Commissaires sont d'aduis, qu'il plaise à sa Majesté reuoquer toutes commissions, et pour le regard des prouisions aux offices dont la suppression est requise ou ordonnée, qu'elles n'auront aucun effect, si elles n'ont esté presentées aux Iuges auxquels peuuent estre adressées.

L'édict que sa Majesté a nagueres faict pour la suppression de plusieurs offices et reuocation de certaines commissions executoires, sera suyvi, gardé, et obserué, et neantmoins sa Majesté, inclinant à la requeste desdits Estats, ordonne que les lettres d'office de prouision de nouuelle creation qui n'auront esté presentées dedans le dernier jour de janvier prochain à ceux qui en doyuent receuoir le serment, demeureront nulles et de nul effect et valeur : et pour le regard des autres offices mentionnez en cest article non comprins audit edict, y sera aduisé et pourueu cy après par sadite Majesté, pour le soulagement de ses subjects qu'elle a en speciale recommandacion et affection, Declarant sa Majesté n'auoir oncques fait aucun edict pour lesdits colombiers, moulins, vollieres, pressoirs, pescheries, foires et marchez, et s'il s'en treuve aucuns sont declarez faux : et veut sadite Majesté qu'il en soit informé par les iuges des lieux, et que ceux qui s'en trouueront porteurs soyent exemplairement punis, et pour le regard des cabaretiers et taverniers, sa Majesté en a par son dit dernier edict et articles de declaration suspendu l'execution, et a faict expedier lettres de commission à sa Chambre Royale, establie à Paris, pour la correction et punition des abus qui se trouueront y auoir esté commis.

VIII.

Suppliant pareillement sa Majesté ne pourvoir d'oresnavant aux offices de lieutenans generaux en chacune viconté, ès lieux où ils n'ont encores esté receus suyvant l'arrest du conseil d'Estat du troisieme de Novembre, mil cinq cens quatre vingts trois, et aduenant vacation de ceux qui sont pourueuz et receuz demeureront supprimez, comme par semblable ils requerent dès à present la suppression des accesseurs en chacune viconté.

Au Roy. Et neantmoins les Commissaires sont d'aduys, que suyvant la requeste expediée au Conseil d'Estat le troisieme iour de Novembre, mil cinq cens quatre vingts trois, l'edict de creation des lieutenans generaux en chacune viconté n'ait lieu en ce qui reste à executer, et doncq les prouisions n'ont esté presentées, et que vacation aduenant par mort d'iceux qui sont ià pourueuz; lesdits offices demeureront supprimez.

Accordé que si lesdits lieutenans generaux nouuellement pourueus ne presentent lettres dedans ledit dernier janvier prochain, à ceux qui en deuront receuoir le serment, elles demeureront nulles et de nul effect et vertu, et vacation aduenant par mort ou forfaiture, demeureront supprimez, et est accordé et ordonné pour lesdits accesseurs de mesmes.

IX.

Considerera sa Majesté, s'il luy plaist, les très humbles remonstrances qui luy ont esté faictes pour l'impost du sel, et que le pauure peuple de Normandie est à present reduit en telle necessité, qu'il n'a moyen de manger chair, ains se nourrissent de fruictages et letaiges, qui est cause en partie de la contagion, et que quelque reiglement que l'on puisse mettre audit impost, l'on ne peut donner ordre aux procez, mengeries, courses de sergens, et autres ruines qui proviennent journellement du departement des tailles qui se pratiqueront à l'impost du sel, de sorte que le pauvre homme estant une année collecteur de la taille, l'autre année de l'impost, ne sera jamais en repos, ou bien estant et l'un et l'autre en une mesme année, sera tout à coup du tout ruiné : si supplient très humblement sa Majesté extaindre du tout dès à present cedit impost sans remettre à y pourueoir au mois d'avril prochain.

AU ROY.

Le Roy a faict proclamer les baulx du sel au mois d'auril prochain à la charge d'oster ledit impost duquel sa Majesté a très grand desir de voir son peuple deschargé, pour le soulagement duquel elle fera tousjours tout ce qu'il luy sera possible.

X.

Remonstrent pareillement que les commissaires dudit impost du sel ont taxé et cottizé pour amendes, restitution de gabelle, le pauvre peuple dudit pays par faute d'auoir leué pareille quantité de sel aux greniers, comme ils ont esté cottisez par impost, auxquelles amendes ils ont procedé par l'intelligence qu'ils auoyent auec les adjudicataires, que cela leur reuient en aucuns lieux à plus de cinq tailles, de sorte que le pauure peuple en est du tout ruiné, si supplient très humblement sadite Majesté, que lesdites taxes, amendes et restitution de gabelle, soyent restituez par ceux qui les ont touchez et descharger ceux qui ne les ont encores payées, suppliant au surplus, sur cest article, faire informer à l'encontre de M. Denys Pelloquin, pour les amendes qu'il a taxées sur les habitans des villes de Honnefleu et Lisieux ès années mil cinq cens quatre vingts et deux, et mil cinq cens quatre vingts et trois, ensemble contre tous autres qui ont faict et commis semblable faict.

Au Roy. Et neantmoins surcis pour le regard des amendes et restitution de gabelle, suyvant l'expedition faicte ce iourdhuy, sur la requeste presentée par les deleguez des vicontez de Caen, Bayeux et Fallaize, et pour la commission requise à l'encontre des Commissaires, ayant malversé à l'execution de leurs commissions, sont les Commissaires d'aduis que sa Majesté ordonne s'il luy plaist commission estre expediée, à tels des presidens ou conseilliers de sa court de parlement qu'il luy plaira sur ce deputer, pour informer sur lesdites malversations et que pour cest effect, lesdits deleguez bailleront memoires et instructions, soit en particulier, ou par deuers le procureur des Estats, sur lesquels sera informé par lesdits Commissaires, et procedé aux iugemens ainsi qu'il plaira à sa Majesté ordonner. Et depuis s'est presenté ledit Pelloquin, lequel a dict auoir sans fraude ne concussion exercée la commission à luy adressée et qu'il est prest se justifier de tout ce qu'il luy peut estre imputé par deuant tels juges qu'il plaira à sa Majesté commettre.

Lesdicts Commissaires seront ouys au Conseil de sa Majesté, et cependant la surcéance de l'exécution des iugements donnez par lesdicts Commissaires est accordée.

XI.

SUPPLIENT très humblement sa Majesté, qu'il luy plaise descharger les villes et gros bourgs, tant celles qui sont franches de tailles, que non franches de la subuention demandée par sa Majesté, tant du passé que pour l'aduenir, et principalement les villes et gros bourgs taillables, en maintenant lesdites villes franches en leurs priuileges et libertez, et par mesme moyen faire payer les arrierages des rentes que sa dicte Majesté a retenus au lieu de la dicte subuention, attendu mesmes que la plus part de ceux à qui elles sont deues, sont pauures femmes et enfans orphelins qui n'ont aucun moyen de vivre que si peu de rentes qui leur sont deues par sadite Majesté.

AV ROY.

Sa Majesté soulagera et deschargera tousjours lesdictes villes closes, autant qu'il luy sera possible, ayant sur une requeste à elle nagueres presentée en son conseil à mesme fin par les conseilliers et Escheuins de Roüen, pourueu pour les remplacemens de la somme de quarante deux mil cinq cens escus, pour lesdicts arrierages de rentes qui auoyent esté retenues au lieu de ladicte subvention.

XII.

Encores que par ledit edict de suppression les officiers des bois de nouveau creez y soyent comprins, si est-ce que lesdits Estats ne peuuent qu'ils ne facent grande instance des receueurs generaux desdits bois, lesquels tant s'en faut qu'ils apportent aucun bien et proffit à sa Majesté, bien au contraire, ils ne viennent que en despense à sadite Majesté et ruine à tout le pauure peuple; prenant huict deniers pour liure de toutes les ventes des bois qui se font, auec leurs gages qui montent à quatre cens escus par an, de sorte que pour quatre mil escus sol, qu'ils ont payez aux parties casuelles, ils ont en gaiges et taxations chascun an plus de trois mil escus sol, en quoy sa Majesté reçoit un grand interest, auquel elle peut facilement remedier faisant faire ladite recepte par les receueurs generaux de ses finances, sans aucune augmentation de gaiges comme ils faisoyent anciennement.

AV ROY.

Lesdictes offices de receveurs des bois seront supprimez par mort.

XIII.

Et pour ce que plusieurs personnes, et spécialement M. Jehan Bodin, ennemy capital de ceste prouince, ont obtenu diverses commissions, pour reigler les usagers et coustumiers aux forests, Par le moyen desquelles ils pretendent priuer ceux qui ont droict d'usage et coustume esdites forests et pasturage de leurs bestes : encores que de nouveau ils ayent esté contrains payer à sa Majesté grandes sommes de deniers pour la confirmation de leursdicts droicts de coustume et pasturage : il plaise à sa Majesté les maintenir en leursdicts droicts, dont ils sont en possession de tout temps, spécialement depuis quarante ans, et les descharger des taxes que ledit Bodin, et autres pretendent leur faire payer pour chascun feu, à raison les uns d'un escu, et les autres de trois escus : reuocquant les commissions dudit Bodin et autres, casser tout ce qui a esté faict en vertu d'icelles. Pareillement casser autre commission pour laquelle on contraint les habitants d'Andely et autres payer certaines sommes, sous ombre d'auoir eu coustume en la forest où jamais ils n'y pretendirent aucun droict de pasturage, et n'en jouiront jamais.

AV ROY.

Sadite Majesté a satisfaict au contenu en cest article, par la responce mise sur le dixseptieme du cayer de l'année derniere, et par le reiglement dernierement faict, par lequel il est nommément porté que ledit Bodin ne pourra proceder en sa commission, qu'auec dix juges pris au parlement dudit pays. Toutefois, monstrant et justifiant par les pretendans droit d'usage, coustume et pasturage èsdictes forests, qu'ils soyent interessez en leurs droicts, à l'occasion desdites commissions, leur sera pourveu par sadite Majesté ainsi qu'il appartiendra par raison.

XIIII.

Remonstrent pareillement que en plusieurs lieux de ceste prouince où les pauures gens auoyent droict de pasturage en payant à Sa Majesté certains droicts, comme poules et avoynes, les commissaires deputez par sa Majesté en ont vendu et alienè les terres communes, vaines et vagues, et par ce moyen frustré lesdits habitans dudit droict de pasturage, neantmoins on ne délaisse de contraindre iceux habitans payer lesdicts droicts. Si supplient qu'il plaise à sa Majesté ordonner qu'ils seront remis en leurs possessions desdits pasturages, ou bien deschargez desdites rentes, comme il est très raisonnable. Et au surplus, il plaise à sa Majesté se contenter de ce qui a esté fieffé desdictes terres, sans en exposer d'avantage en vente, auec deffenses au grand maistre des eaux et forests et tous autres, clorre les forests, à leur aduenement en leurs estats.

AV ROY.

En faisant apparoir du contenu en cest article, sa Majesté fera pourvoir aux pretendus interessez, ainsi qu'elle verra estre à faire par raison.

XV.

Supplient en outre sadite Majesté, se souuenir de la promesse qu'il a faicte, de maintenir lesdits Estats en leurs priuileges : spécialement en ce qui concerne la chartre normande, et par ce moyen faire cesser toutes éuocations, à ce qu'ils ne puissent estre distraits de leur ressort : ordonner mesmes que toutes commissions ne pourront estre executées, qu'elles n'ayent esté verifiées aux courts soueueraines.

Il a esté pourueu sur cest article, par la responce faicte par le Roy sur le cayer de l'année derniere.

Est employée la responce desdits Commissaires, suyvant la responce au quatorziesme article du cayer de l'année derniere.

XVI.

Qu'il plaise à sadite Maiesté n'accorder aucunes lettres de euocation à ceux qui sont atteints de crimes capitaux, sinon que les criminels soyent appellans de sentence deffinitive, et que en ce cas, ayant obtenu lettres d'euocation, il soit deffendu aux juges des lieux où ils seront prisonniers, de les bailler ou deliurer entre les mains d'aucuns huissiers, sinon que au préalable ils n'ayent baillé bonne et suffisante caution de seurement mener lesdits prisonniers à prisons mandez par lesdites lettres, et en rapporter quinze iours après ausdits iuges bonne descharge des iuges euocans, et à faute de bailler lesdictes cautions, il plaira à sa Majesté deffendre aux juges de bailler ny deliurer lesdits prisonniers et de n'auoir aucun esgard ausdictes lettres d'euocation, ains leur faire et parfaire leurs procès procédant promptement au jugement d'iceux pour le bien de la iustice et repos de ses subiects.

Au Roy. Et neantmoins les Commissaires sont d'aduis du contenu au present article.

Le Roy faisant reiglement general pour le faict de sa justice pourvoira au contenu de cest article.

XVII.

Que les causes prouisoires, selon les loix et coustumes du pays soyent jugez et decidez en l'audience, sans les remettre ny appointer au Conseil, comme il se fait ordinairement pour auoir rapport et espices, et en cas de contrauention, permis aux parties en appeler à la Court de parlement.

Se pourront lesdictes parties litigantes pouruoir tant à la Court de parlement que ailleurs, suyvant les ordonnances en cas de contrauention à icelles ou aux arrests de ladite Court de parlement.

Les ordonnances seront gardées.

XVIII.

Qu'il plaise aussi à sa Majesté reuocquer les nouueaux subsides mis sur les marchandises entrans et sortans hors ceste ville de Roüen et province de Normandie, ayant esgard au dommage qu'en reçoit ledit pays, pour auoir jà produit tels effects que de la continuation d'iceux ne se peut esperer que l'aneantissement de tout traficq : entre autres l'impost mis sur les cartes, tarots et dez, attendu que c'est vn mestier duquel vivent vn nombre infini de pauures gens.

AV ROY.

Le Roy ayant nagueres reuocqué grand nombre d'édicts et de commissions extraordinaires, a faict congnoistre le grand desir qu'il a au soulagement de son peuple et aduisera de moderer aussitost que ses affaires le pourront permettre le subside desdictes cartes et tarots.

XIX.

Et d'autant que sur la plaincte faicte sur le vingt quatriesme article du cayer dernier, des vexations et pilleries commises par les fermiers alencontre et au preiudice desdicts marchans : Premierement, en ce que estant de tout vsité que les marchandises ayant payé les droicts d'entrée soyent quittes à la sortie : ils leur font payer et l'un et l'autre, et aux marchandises qui ont payé les droicts de la traicte domanialle, le droict de nouuelle reapreciation, contre la teneur des lettres de sa Majesté, verifiées en la Court des Aydes à Roüen, et à ceux qui transportent les marchandises dans le royaume de lieu en autre, pareil droict que si elles sortoyent iceluy, contraignans les marchans en consigner en leurs mains les deniers, sans en bailler en chacun bureau acquict : Sur quoy auroit esté faict responce par sadicte Majesté qu'elle vouloit que les fermiers qui se trouueroyent auoir abusé de leurs fermes par exaction ou autrement, fussent chastiez et punis exemplairement; ce qui ne contient toutes fois iceux fermiers en leur deuoir, pour n'estre expressement declarée sa volonté : il luy plaise faire inhibitions et deffenses ausdicts fermiers, faire payer les droicts de sortie des marchandises qui auront payé les droicts d'entrée et le droict de nouuelle reapreciation aux marchandises qui auront payé la traicte domanialle, ny faire payer aucune chose aux marchandises qui seront transportées de lieu en autre sans sortir ce royaume.

Au Roy. Et neantmoins seront les edicts et declarations sur ce faictes obseruées, et en cas d'accusation de larcins ou concussions, lesdicts Commissaires sont d'advis que sa Majesté en attribue la congnoissance à telle de ses Cours souueraines qu'il luy plaira ordonner.

Sadite Majesté suyvant la responce desdicts Commissaires veut et entend que les edicts et declarations sur ce faictes soyent obseruées, et si par lesdicts fermiers se trouue avoir esté ou estre commis aucun abus, exaction ou concussion, ordonné qu'il soit procédé contre eux par les iuges auxquels la congnoissance en appartient.

XX.

Qu'il luy plaise aussi attendant la reuocation desdicts nouueaux imposts, moderer la reapreciation trop excessive, excedant en plusieurs sortes de marchandises, le tiers de leur iuste valeur, et en descharger du tout les bleds, vins, pastels, toiles et caneuats, ainsi que sa Majesté leur a accordé par cy deuant, suyuant ses lettres patentes, verifiées où besoin a esté.

AV ROY.

Sadite Majesté ne peut leur pouruoir pour le present plus fauorablement sur le contenu en cest article qu'elle a cy-deuant faict, voulant que ce qu'elle a jà ordonné ait lieu sans innouation.

XXI.

Et pareillement reuocquer le subside de dix sols tournois pour muy de vin, à tout le moins ordonner que chacun muy et autre vaisseau à l'equipolent, ne payeront ledit impost que vne seule fois, encores qu'il soit transporté de lieu en autre, et seront tenus les fermiers marquer le vaisseau qui aura payé ledit subside, afin d'en estre tenu quitte et deschargé par tous autres en quelque lieu qu'il puisse estre mené et descendu.

AV ROY.

Il ne se peut faire autre responce sur cest article que celle qui fust faicte sur le trente deuxiesme du cayer de l'année derniere.

XXII.

Qu'il soit deffendu à tous officiers et iuges de prendre des adiudications des fermes aucune pention ou salaire sur peine de concussion, et ordonner qu'il sera informé par l'vn des conseillers de la Court de parlement ou des Aydes, des officiers qui par cy deuant ont pris et receu aucuns gaiges, pentions ou sallaires desdicts fermiers pour estre procédé à l'encontre d'eux suyvant les anciennes ordonnances.

Les complaignans se retireront par deuers le procureur general du Roy pour estre informé du contenu au present article.

L'ordonnance desdicts Commissaires mise sur cest article sera suyvie.

XXIII.

ET d'autant que en faisant par sa Majesté bail et adjudication desdites fermes, elle a permis à ses officiers de soy immiscuer en icelluy, Il luy plaise, en interpretant ledit article, exempter les gentils-hommes et tous iuges, tant en premiere instance que par appel, et principalement ceux par deuant lesquels les differents se peuuent mouuoir, pour le manifeste preiudice que souffriroyent iceux marchans s'ils auoyent pour iuges ceux qui auoyent part aux fermes.

Au Roy. Et neantmoins lesdits Commissaires sont d'aduis qu'il ne doit estre loisible à aucun iuge, aduocat ou procureur de sa Majesté d'encherir ne participer directement ou indirectement aux fermes de son reuenu ordinaire ou extraordinaire dont les encheres se font ou puissent faire en leur ressort.

Accordé l'article ainsi que lesdicts des Estats requierent.

XXIIII.

PERMETTRE toute iuridiction et congnoissance des appellations du M^e des ports à la Court des Aydes dudit pays, à quelques sommes que peuuent monter lesdictes appellations, n'estant possible au pauure marchand supporter les fraiz et vacquer aux poursuites qu'il conviendroit faire au Conseil, luy estant beaucoup plus expedient d'acquiesser à la volonté desdits fermiers, que s'en formalizer d'auantage et consommer en fraiz.

Au Roy. Et neantmoins les Commissaires sont d'aduis que les appellations des M^es des ports ressortissent en ses courts souueraines auxquelles la congnoissance appartient.

Le Roy y pourvoyra comme les occasions se presenteront.

XXV.

Se plaignent aussi lesdicts marchans du travail et peine que leur donnent les officiers de la table de marbre, en ce qu'ils les veulent assubiectir contre toute coustume, de ne pouuoir rien embaler et enfoncer qu'ils ou leurs huissiers n'y soyent presens; encores qu'il y ait visiteurs en chacun bureau, mesmes veulent forcer les M^es de nauires leur demander congé, duquel travail inaccoustumé ils supplient estre deschargez.

Seront les ordonnances sur le faict de l'Admirauté gardées.

Sadite Majesté trouue bon la responce desdits Commissaires, qui sera suyvie.

XXVI.

Combien que par lettres patentes de sa Majesté elle a declaré que aucun, soit bourgeois ou estranger, ne sera tenu employer courtier s'il ne luy plaist, remettant à la volonté du marchand de s'en seruir s'il veoit que bien soit, toutes fois iceux courtiers s'efforcent assubjectir lesdits forains, outre leur gré à les employer, à payer de leur salaire, ce qui apporteroit un grand dommage, non seulement aux marchans, mais à sa Majesté, pour la grande diminution que en bref elle sentiroit de ses droicts, si supplient qu'il luy plaise faire cesser telles poursuittes et entreprinses, imposant silence à tous poursuyvans, si mieux sa Majesté n'ayme du tout supprimer ledit estat de courtier, comme du tout inutil.

Se pourront les bourgeois et estrangiers seruir desdicts courtiers, selon qu'il leur est permis par les arrests de la Court de parlement que des Aydes.

Il sera pourueu faisant droict sur le procès pendant au Conseil entre les Echeuins de Rouen et lesdicts courtiers.

XXVII.

Et d'autant que ce qui occasionne les pyrates sur la mer prouient de ce qu'ils n'ont en quoy s'employer pour n'y auoir à present moyen de sortir les mettes presque de ce royaume, il plaise à sa Majesté faire ouurir quelque traicte où ses subjects puissent et leur soit loisible traficquer, ce qui redondera au grand proffit d'iceux subiects, de tout le royaume et de sa Majesté mesmes.

AV ROY.

Sadite Majesté n'a rien en plus grand desir, que de pouuoir donner moyen à ses subiects de commerser et est en bonne deliberation d'y pouruoir le plus tost que faire se pourra.

XXVIII.

Qu'il plaise pareillement à sa Majesté reuocquer autre nouueau impost et subsides sur les huyles, prouenans du poisson qu'ils peschent à la terre neufue, comme ayant esté de tout temps immémorial exemptez dudit tribut.

AV ROY.

Sadite Majesté ne peut pour le present reuocquer ledit subside.

XXIX.

Remonstrent lesdits Estats, que par la responce au quarante deuxiesme article du cayer dernier, sa Majesté a declaré que les parroisses èsquelles l'on auoit nommé homme vivant et mourant qui ne seroit decedé, ils iouyroient de l'exemption et affranchissement du vingtiesme de la taille. Si supplient sa Majesté, ensuyuant ladite ordonnance, qu'ils soyent permis à faire ladite nomination, afin de iouir de ladite exemption, dont sera faict deduction aux parroisses, par le receueur des tailles respectivement de chacune election, tant du passé que de l'advenir.

AV ROY.

Le Roy veult que le texte de la commission des tailles de l'année passée et de la presente soit suyvi sans aucune diminution ou innouation.

XXX.

Qu'il plaise aussi à sa Majesté, considerer l'extreme pauureté des contribuables à la taille dudit pays, et pour cest effect leur donner par cy après temps de payement de six sepmaines après chascun terme escheu, sans que les receueurs, sergens ou commissaires desdites tailles puissent user de la rigueur qu'ils ont accoustumé après la huictaine passée, d'autant que c'est un subject ausdicts receueurs de faire plusieurs exactions sur le peuple.

AV ROY.

En sera usé à la façon accoustumée, sans se reigler sur ce qui fust ordonné sur le trente huictiesme article du cayer de l'année derniere, d'autant que ce fust à cause que la Commission desdicts Estats auoit esté enuoyée plus tard que de coustume.

XXXI.

Comme par semblable, sa Majesté est suppliée suiuant sa responce au trente neufviesme article du dernier cayer, ordonner que d'oresnavant la seance desdits Estats sera termée au quinziesme d'octobre, pour les raisons à plain contenues audit article.

Il a esté pourueu par sa Majesté sur cest article par la responce faicte sur le trente neufiesme article de l'année dernière. Accordé.

XXXII.

Et ayant esgard au dix huict mil escus sol, leués en l'année mil cinq cens quatre vingts trois pour le remboursement des controlleurs et audienciers, Il plaise à sa Majesté faire cesser l'augmentation du seau mise pour cest effect.

AV ROY.

Lorsque sadite Majesté aura la commodité de rembourser lesdicts controlleurs, audienciers et secretaires de nouuelle creation : elle fera cesser l'augmentation du seel.

XXXIII.

Et d'autant que en ce pays de Normandie, vostre Majesté a droict de leuer de trois ans en trois un tribut appelé le fouage ou monneage, à raison de douze deniers pour chascun feu, les frais de ladite leuée se montent ordinairement plus que le principal, en le faisant cueillir par le receueur ordinaire du domaine, Supplient très humblement votre Majesté que à l'aduenir ledict droict sera leué par les assieteurs, collecteurs de la taille, et par après mis és mains du receueur dudit domaine, pour euiter aux frais qui s'en ensuyuent.

Au Roy. Et sont les Commissaires d'advis soubs le bon plaisir de sa Majesté, que le contenu en cest article doit auoir lieu.

Accordé. Seront ouys les tresoriers generaux et consi-

deré l'interest que le Roy y peut auoir, pour après y pourveoir ainsi qu'il appartiendra.

XXXIIII.

Qu'il plaise à sadite Majesté ordonner que les gardes nobles dont la noblesse a accoustumé d'estre gratifiée, en consideration qu'elles eschoyent le plus souuent par la mort de ceux qui meurent à son service leur seront baillez et octoyez : nonobstant que les fermiers du domaine, par surprinse, ayent employé en leurs adiudications le droict desdicts gardes nobles.

Au Roy. Et sont les Commissaires d'aduis que sa Majesté gratifie s'il luy plaist les gentils-hommes proches parens des enfans dont la garde noble luy appartient, aux charges accoustumées.

Sadite Majesté n'entend auoir comprins lesdicts garde-nobles auec les baulx à ferme de son domaine, se les estant tousiours reseruées pour en gratifier sadite noblesse.

XXXV.

Que les deniers revenans bons des gaiges des sieges présidiaux soyent employés suyvant l'ordonnance à la reparation des ponts et passages dudit pays, au prorata de ce qui en reuiendra en chacune viconté, sans que les tresoriers generaux les puissent employer à autre effect.

Lesdits deniers revenans bons ne seront employez ailleurs que à la reparation desdicts chemins, et aux endroits les plus necessaires.

Accordé que lesdits deniers reuenans bons seront employez à ce à quoy ils sont affectez par ladicte ordonnance.

XXXVI.

Remonstrent d'avantage les deleguez du bailliage d'Alençon et du Perche, que de tout temps sa Majesté faisant bail et adjudication de ses greniers, accordoit cinquante sols pour minot de sel, pour ledict droict de marchans en considération de ce qui leur pouuoit couster, tant en principal achapt que pour autres frais, du nombre desquels frais venoit en compte un subside de deux sols six deniers pour minot que les habitants de Caen ont accoustumé prendre pour les fortifications de ladite ville ; Toutesfois depuis un an en ça on a leué deux sols six deniers pour minot de sel, vendu et distribué ausdicts greniers pour lesdictes reparations, au lieu de ce que lesdicts habitans de Caen auoyent accoustumé prendre par les mains dudit adjudicataire. Si supplient très humblement sa Majesté faire cesser ledit subside, sauf ausdits de Caen à prendre le droict desdictes fortifications sur ledit adjudicataire, comme ils auoyent accoustumé.

AV ROY.

Faisant apparoir du contenu en cest article, leur sera pourveu ainsi qu'il appartiendra par raison.

XXXVII.

Que le cayer de la coustume reformée soit mis en lumiere, ainsi qu'il a esté arresté par les deputez des Estats dudit pays, presence Messieurs les Commissaires de sa Majesté, laquelle ils supplient très humblement leur vouloir accorder lettres patentes pour faire registrer ledit cayer, tant au greffe de la Court de parlement que autres lieux où besoin sera, ensemble pourvoir à la taxe des deputez desdicts Estats, pour les journées, voyages et vacations qu'ils ont faictes à la réformation de ladicte coustume.

Av Roy. Et neantmoins sont lesdits Commissaires d'advis, qu'il plaise à sa Majesté promptement y pouruoir pour le bien de ses subiects.

Après que le Roy aura ouy les Commissaires deputez pour veoir lesdictes coustumes y sera pourveu.

XXXVIII.

Qu'il plaise à sa Majesté ordonner qu'il sera informé à l'encontre d'un appellé Mathias le Tuillier soubs le nom du greffier du grand M^e des eaux et forests, pour les larcins, abus et concussions qu'il a commises en la vicomté d'Arques et Neufchastel, selon les mémoires qui en seront baillez en ce par les Iuges ordinaires des lieux.

Av Roy. Et sont les Commissaires d'aduis que le contenu en cest article soit accordé.

Sera expedié commissions au premier M^e des requestes, trouvé sur les lieux, ou à un des conseillers du parlement pour en informer et en rapporter l'information au conseil du Roy, afin que icelle veuë en soit ordonné comme il appartiendra.

XXXIX.

Remonstrant en outre lesdits Estats, que ceste presente année il a esté levé sur eux la somme de quatre mil soixante onze escus un tiers pour les fortifications et reparations des chasteaux et places fortes dudit pays, qui deuoyent estre employez à cest effect et non ailleurs : toutes fois par l'estat qui en a esté envoyé aux trésoriers generaux à Caen, on a faict obmission de la somme de quatorze cens soixante et dix escus trente quatre sols six deniers qui ne sont tombez és mains du tresorier des reparations dudit pays, et par ce moyen le pays frustré desdicts deniers, combien qu'il y ait grandes reparations necessaires à faire audit pays, et que Erouard, trésorier des reparations de Champaigne, aye esté assigné de quatre mil escus sol sur ladite recepte generale de Caen, pour employer au faict de sa charge. Si supplient lesdicts Estats qu'il plaise à sa Majesté pourueoir au remplacement de ladite somme de quatorze cens soixante et dix escus trente quatre sols six deniers, auec deffence ausdits tresoriers generaux permettre d'oresnavant employer lesdicts deniers à autres effects que ceux où ils sont destinez.

Av Roy. Et neantmoins sont les Commissaires d'aduis que les deniers leuez pour les reparations et fortifications ne doibvent estre ailleurs employez que aux places de la Prouince, et que soubs ces mots de places ou villes frontieres, ne se doibvent entendre autres que celles dudit pays et gouuernement, et outre qu'il plaise au Roy faire faire ledit remplacement requis.

Les deniers desdictes reparations qui se leuent en Normandie ne seront plus employez qu'aux places d'icelle prouince.

XL.

Se plaignent en outre lesdits Estats de ce que sa Majesté ayant gratifié ledit pays de la somme de quarante mil escus, pour employer au remboursement des officiers supprimez, l'on a prins, en vertu des lettres patentes du Roy, sur les treize mil trois cens trente trois escus un tiers, qui doit reuenir à la generalité de Caen, la somme de trois mil escus sol pour la reparation du Pont-Orson, combien que sa Majesté soit tenue à ladite reparation, ensemble la somme de quatre cens escus pour les frais et voyages de M. Pierre Novince, Commissaire pour ladicte reparation, de sorte que le remboursement desdits officiers n'a peu estre effectué pour ce regard. Si supplient sadite Majesté faire remplacer lesdites parties le plus promptement que faire se pourra sur les premiers et plus clairs deniers de la recepte generale dudit Caen.

Av Roy. Et neantmoins pour la consequence, sont pareillement lesdits Commissaires d'aduis dudit remplacement, pour estre employé suyvant le contenu audit article.

Ladite reparation de Pontorson estant pressée, on a esté contrainct, faute d'autre moyen, de s'aider desdits deniers, lesquels sadite Maiesté ne peut remplacer que de

la somme qui est cy après delaissée et ordonnée auxdicts Estats pour le remboursement des officiers dudit pays, dont la suppression leur a esté cy deuant accordée.

XLI.

Remonstrent d'auantage que pour satisfaire à l'augmentation des taxes faictes aux deleguez de la derniere convention pour le séjour qu'ils auroyent extraordinairement faict, auroit esté fait leuée en vertu des lettres patentes de sa Majesté de la somme de unze cens soixante et quinze escus sol, assauoir sept cens cinquante et un escu l. s. tour. sur la generalité de Roüen, et quatre cents vingt et trois escus dix sols sur celle de Caen, afin d'estre mis ès mains du trésorier desdits Estats, pour son remboursement desdites parties qu'il auroit auancez par ordonnance de Messieurs les Commissaires deputez pour la seance desdits Estats. Neantmoins lesdits tresoriers generaux de Caen ont esté refusant bailler ordonnance au tresorier desdits Estats, pour receuoir ladite partie, encores qu'elle aye esté actuellement payée ès mains du receueur general dudit Caen. Si supplient très humblement sa Majesté ordonner que par lesdits tresoriers de Caen sera baillé executoire audit tresorier des Estats, pour receuoir dudit receueur general ladite partie de quatre cens vingt trois escus dix sols tournois, pour en tenir compte comme des autres deniers de sa recepte.

Av Roy. Et sont les Commissaires de pareil aduis que ès deux articles precedens.

Faut sauoir à quoy ont esté employez lesdicts quatre cent trente trois escus vingt sols tournois, auant que pouuoir faire responce sur cest article et d'où en vient la faute.

XLII.

Qu'il plaise à sa Majesté vouloir restablir l'un des officiers de président en sa Court de parlement, pour faire et exercer la justice et tenir les grands jours quand besoin sera, suyvant l'ordonnance du Roy Loys douzieme et y pouruoir un du pays et non un estranger.

AV ROY.

Y sera aduisé.

Et pour conclusion, en faisant et donnant responce par les gens des trois Estats de Normandie, à la demande que vous, Monseigneur, leur avez faite, de la somme de sept cens soixante six mil soixante dix sept escus quarante six sols deux deniers, tant pour le principal de la taille, creuës, taillon, que autres deniers à plain declarez és lettres patentes de sa Majesté, lesdits Estats vous ayant representé à la verité leur condition si deplorable, supplient très humblement sa Majesté se contenter pour l'année prochaine des offres qui ensuyvent : Protestant en foy de très humbles, très obeissans et fideles subiects, ne penser, pour leur pauureté et maux soufferts, aisément fournir à icelles.

PREMIÈREMENT.

Pour le corps principal de la taille, trois cens vingt cinq mil sept cens six escus deux tiers.

Pour les creuës de deux cens et cent mil escus, soixante traize mil deux cens quatre vingts quatre escus sol.

Pour les reparations et fortifications des chasteaux et places fortes dudit pays, à la charge que la commission qui contient les places de frontieres sera reformée comme de tout temps, et que les deniers seront employez aux fortifications dudit pays, la somme de quatre mil soixante unze escus un tiers.

Pour le taillon, vingt sept mil cinq cens quatorze escus vingt quatre sols.

Pour les visbailliz, six mil sept cens quatre vingt dix escus trente et un sold tournois comme l'an passé, et du surplus montant quatorze cens cinquante vn escu cinquante un sol tournois, supplient très humblement estre deschargez,

cy, Six mil sept cens quatre vingt dix escus trente et vn sol tournoy.

Pour les postes, mil escus.

Pour les taxations des Commissaires et deleguez des Estats, frais de la presente Conuention et frais communs dudit pays, 4,112 escus deux tiers, assavoir : 1,166 escus deux tiers pour les taxations des Commissaires; 946 escus pour les frais et taxes des deleguez et frais de la Conuention, et deux mil escus pour lesdits frais et affaires communs, le tout payable és mains du tresorier desdits Estats. Supplient très humblement sadite Majesté, que les taxations desdicts Commissaires, qui seront faictes en sondit Conseil, n'excèdent ladite somme de vnze cens soixante six escus deux tiers. Pour cecy ladite premiere somme quatre mil cent douze escus deux tiers.

Pour les pensions de Messieurs les Gouuerneurs, six mil quatre cens escus sol.

Pour les gaiges de M. Estienne Du val, quatre cens seize escus deux tiers.

Montantes toutes lesdites parties à la somme de quatre cens quarante neuf mil deux cens quatre vingts seize escus quinze sols. Sur toute laquelle somme, supplient très humblement sa Majesté les vouloir gratifier de la somme de quarante mil escus, comme elle a faict ceste presente année, pour employer au remboursement des officiers supprimez en iceluy.

Et pour le regard du Parisis, montant cent sept mil six cens quarante quatre escus six sols, qui est quarante neuf escus un sol quatre deniers plus que l'an passé. Et des cent cinquante mil six cens quatre vingts trois escus trente trois sols un denier, faisant le reste de deux cens mil escus, cy deuant demandez par Monsieur le Primat de Lyon et non accordez, et pareillement de la creüe montant cinquante sept mil vn escu pour les frais de la leuée, gaiges d'officiers supprimez et remboursement d'aucuns d'iceux, Supplient très humblement sadite Majesté les en vouloir descharger, pour les causes cy deuant amplement deduites et se contenter desdictes offres, sans que pour ladite année prochaine il se face autre leuée de deniers, sans le consentement desdicts Estats, et au surplus auoir les habitans dudit pays en bonne et singuliere recommandation.

Faict en la Conuention desdicts Estats, tenant à Rouen, le dix neufviesme iour de Nouembre, mil cinq cens quatre vingts et quatre.

Signé, GOSSELIN.

Les Commissaires tenans la presente Convention ayant veu la responce que les deleguez desdicts Estats ont faicte à la proposition et demande à eux faicte de la part du Roy, par laquelle accordent seulement luy payer pour l'année prochaine mil cinq cens quatre vingt cinq, la somme de trois cens vingt cinq mil sept cens six escus deux tiers, pour le principal de ladite taille, auec les creuës de trois sols et dix huict deniers pour tiers d'escu, le taillon et deniers ordinaires, accoustumez estre leuez chascun an sur le pays, ainsi que le tout est à plein mentionné au present cayer de leurs doleances, Supplians très humblement sadite Majesté les vouloir descharger du Parisis et des autres creuës à eux demandées à cause de leur impuissance et extresme pauureté, après que lesdicts Commissaires ont sur ce faict ausdicts deleguez plusieurs remonstrances à ce requises et necessaires pour le seruice de sadite Majesté, et que sur icelles (s'estans rassemblez par trois fois pour en aduiser) ils ont dit ne pouuoir riens changer de leur premiere resolution, iceux Commissaires ont ordonné que departement et assiette sera actuellement faicte de toutes et chacunes les sommes de deniers demandées par sadite Majesté, et mentionnées ès lettres de commission pour ce expediées selon la forme portée par icelles, et que la leuée sera neantmoins surcise jusques à vn mois du iourd'huy, pendant lequel temps les dits deleguez se retireront par deuers sadite Majesté pour entendre sur ce sa volonté, ce qui a esté prononcé publiquement ausdits deleguez en l'assemblée desdits Estats.

Fait à Roüen, par les Commissaires du Roy, tenans la Convention des Estats du pays de Normandie, le dix neufiesme iour de novembre, mil cinq cens quatre vingts quatre.
Signé,
Par lesdicts sieurs Commissaires, LIGEART.

Sadite Majesté en faisant la resolution de la leuée de ses tailles de l'année prochaine, a deschargé ledit pays et duché de Normandie de la somme de cinquante mil huict cens quinze escus vingt neuf sols six deniers tournois. Qui est tout ce qu'elle a peu faire en effectuant le singulier desir qu'elle a de soulager ses subjects d'iceluy païs. Ne pouuant leur accorder plus grande diminucion et decharge desdictes tailles pour ladicte année prochaine que la susdicte : d'autant qu'il luy seroit impossible de satisfaire aux despences qu'il luy convient faire en icelle année prochaine, pour la direction de ses affaires et conservation de cest Estat, si elle n'estoit secourue entierement des sommes contenues en la commission expediée pour la leuée desdits Estats. Mais sadite Majesté espere (auec la grace de Dieu) et selon que sesdictes affaires le luy permettront, de les soulager et descharger encores d'aduantage les autres années après ensuyvantes, selon l'affection très grande qu'elle en a, et cependant pour faire tousiours congnoistre par effect ausdits Etats, la volonté que sadite Majesté a de les descharger et gratifier, elle accorde et ordonne que sur lesdictes sommes qui se leueront en ladite année prochaine, ils auront la somme de quarante mil escus, assavoir : vingt six mil six cens soixante six escus deux tiers en la Generalité de Rouen et treize mil trois cens trente trois escus un tiers en celle de Caen, pour estre employez au remboursement des officiers nouuellement creez, Dont sadite Majesté a cy deuant accordé et pourra encores accorder la suppression, à la charge d'en rendre compte par le tresorier desdicts Estats, et de représenter au Roy en son Conseil, l'estat general dudit remboursement dedans trois mois.

Faict au Conseil d'Estat où estoit sadite Majesté à Sainct Germain en Laye, le vnzieme iour de Decembre mil cinq cens quatre vingts quatre.

Signé, HENRY.

Et plus bas,

PINART.

A Roven. De l'Imprimerie de Martin le Mesgissier, Libraire et Imprimeur du Roy, tenant sa boutique au hault des degrez du Palais. M. D. LXXXV. (Avec Privilège dudit Seigneur.) — Réimprimé d'après l'exemplaire de la Bibliothèque Nationale.

ARTICLES

DE

REMONSTRANCES

Faictes en la Convention des Trois Estats

DE NORMANDIE

Tenue à Rouen le vingt-cinquième jour d'Octobre, et autres jours ensuyvans, mil cinq cens quatre vingts et cinq.

Avec la Responce et Ordonnance sur ce faite par le Roy sa Majesté en son Conseil,

Tenu à Paris, le vingt deuxième jour de décembre ensuyvant au dit an.

AU ROY

Et a Monseigneur de Carouges, *Chevalier des deux ordres de sa Majesté, Conseiller en son conseil d'Estat, Cappitaine de cent hommes d'armes de ses ordonnances, et l'un de ses Lieutenants Généraulx au gouvernement de Normandie, et à Nossieurs les Commissaires depputez par sa Majesté à tenir l'assemblée des Estats du dit pays en ceste ville de Rouen, le vingt cinquième jour d'Octobre, et autres jours ensuyvans mil cinq cens quatre vingt cinq.*

Supplient et remonstrent très humblement les gens des

trois Estats du dit pays assistans en la présente convention, Qu'il plaise à sa Majesté leur donner les provisions requises et nécessaires sur les articles du Cayer de leurs complaintes et doléances qui ensuyvent.

ET PREMIÈREMENT.

I.

Les trois Estatz du dit pays remercient très humblement sa Majesté du bon zèle et affection qu'elle a de réunir tous ses sujets en une seule Religion Catholique, Apostolique et Romaine, selon les Edicts qu'il lui a pleu faire expédier, La suppliant avec pareille humilité les vouloir faire garder, entretenir et inviolablement observer : et pour cet effet faire brusler tous livres hérétiques, et scandaleux, et en défendre l'Imprimerie à tous Libraires et Imprimeurs, avec deffences de les exposer en vente, sur peine de la vie : punir pareillement et corriger tous simoniacles et confidentiaires ou gardeurs de bénéfices qui ne sont moins détestables et pernicieux à l'Eglise que les hérétiques.

Au Roy. Et sont néantmoins les Commissaires d'advis que le trafficq et marchandise de tous livres censurez et autres non approuvez par l'église Catholique, Apostolique et Romaine, soit inhibé et deffendu, et que Commissaires soient députez pour en faire recherche : Et pour le surplus que les Decrets, Ordonnances et Edicts sur ce faicts soient estroitement gardez.

Sa Majesté est résolue de faire (avec l'aide de Dieu) entretenir son Edict et déclaration pour la réunion de tous ses subjets à l'église Catholique Apostolique et Romaine, N'ayant autre plus grand zèle et désir que de voir ceste réunion, afin d'establir un ferme et asseuré repos en ce Royaume, et veut que la vente et distribution de tous livres censurez et non approuvez par la dite Eglise, soit inhibée et deffendue, conformément aux Decrets, Ordonnances, et Edicts cy devant sur ce faicts, et sera mandé à ses procureurs d'en faire les poursuites, et aux Juges des lieux de faire procéder à l'exécution de ce que dessus.

II.

Supplient très humblement sa Majesté remettre en leur première splendeur lesdits gens d'Eglise, les rendant libres à l'exercice de leurs charges, et joüissans de leurs biens, et donner les dignitez et prélatures Ecclésiastiques sans aucune acception de personnes, aux plus dignes et plus utiles à son peuple, selon que Dieu le commande, et toute justice le requiert, faire garder et observer entièrement les saintes et salutaires réformations contenues au Concile provincial, afin que Dieu soit servi et honoré comme il appartient.

Au Roy. Pour en ordonner et disposer selon qu'il a cy devant déclaré ses bonnes et saintes intentions.

L'intention de sa dite Majesté a toujours esté, que lesdits Ecclésiastiques fussent libres en l'exercice de leurs charges et jouissance de leurs biens, et ne pourvoira aux dignitez Ecclésiastiques qui vacqueront personnes qui ne soient de la qualité requise : Estant au demeurant très désireux de voir Dieu honoré et servi comme il appartient à sa très sainte et divine Majesté.

III.

Qu'il plaise à sa dite Majesté, conserver les dits Ecclésiastiques en leurs priviléges et immunitez, sans que pour l'advenir les gens de guerre soient permis de les molester ny loger en leurs maisons et presbitaires, sur peine aux Cappitaines d'en respondre.

Seront les ordonnances de sa Majesté faites sur la remonstrance du Clergé après l'assemblée de Melun, et sur la remonstrance des Estats à Blois, art. LV, sur ce estroitement observées et gardées.

Ici est satisfait par la responce des dits Commissaires, laquelle sa Majesté trouve bonne, et veut estre suyvie et exécutée.

IV.

Que les Léprosaries et Hospitaux soient regis par gens notables, et les deniers employez en œuvre de piété et choses saintes dedans ce pays de Normandie, en rendant compte aux habitans des parroisses dont dependent lesdites Léprosaries, présence des officiers du Roy, sans que les lettres de Confirmation ou de Maintenue puissent d'oresnavant avoir lieu.

Au Roy. Et sont les Commissaires d'advis du contenu au présent article.

Sa dite Majesté estant en son conseil a ordonné que les Edicts et ordonnances faites sur lesdites Leprosaries et Maladeries seront suyvis et observez, et les fruits et revenus des dites Léprosaries et Maladeries employez aux effects qu'ils sont destinez par les dits Edicts, et non ailleurs. Et a mandé aux Juges ordinaires et courts de Parlemens d'y tenir la main.

V.

Que les deniers des thrésors des Eglises et parroisses ne soient employez pour autres effets que ceux ausquels ils sont destinez, sur peine de répétition sur les Thrésoriers des dites parroisses et d'amende arbitraire.

Est prohibé et deffendu à tous Thrésoriers de parroisses d'employer les deniers ailleurs qu'à la destination d'iceux, à peine d'en respondre en leurs propres et privez noms.

Accordé suyvant la responce des dits Commissaires.

VI.

Se plaignent les dits gens d'Eglise de ce que puis peu de temps sa Majesté a laizé un Conseiller Ecclésiastique au siège présidial de Caen, les frustrant par ce moyen de la promesse à eux faite aux Estats de Blois, requérant le dit prétendu Conseiller estre esvincé du dit estat, comme n'estant de la qualité requise, et qu'en sa place il y soit mis un Ecclésiastique.

Au Roy. Et néantmoins sont les Commissaires d'advis sous le bon plaisir de sa Majesté que par effect il y soit pourveu d'un Conseiller Ecclesiastique, sans qu'il se puisse faire laizer, et au cas qu'il en eust un pourveu de la dite qualité, que luy soit enjoint de s'en défaire entre les mains d'un Ecclésiastique.

Le Roy ne peut quant à présent déposséder ceux qui ont esté pourveuz des dits offices, et à cest effect les a laizez pour estre ià receuz et instalez èsdites offices : mais accorde que aucun ne sera doresnavant pourvu des dits estats qui ne soit Ecclésiastique, ainsi qu'il est porté par le dit Edict d'érection.

VII.

La Noblesse du dit pays de Normandie supplie très humblement sa Majesté la vouloir maintenir en tous ses anciens privilèges, et qu'elle soit deschargée de tous imposts et subcides, attendu qu'elle est à présent si desnuée de moyens pour les fraiz et services qu'elle a faits à sa Majesté durant les troubles passez, que la plus part des Gentils hommes ont esté contraints de vendre une grande partie de leurs héritages pour y subvenir.

AU ROY.

Sa dite Majesté leur a cy devant sur ce favorablement satisfait sur semblable article, contenu és cahiers des années dernières : mesmes sur le neufième du cahier de l'année mil cinq cens quatre vingts trois.

VIII.

Comme pareillement supplient sa dite Majesté que suyvant les anciennes ordonnances, les compagnies des gens d'armes soient remplies de Gentils hommes, se souvenant de la grande fidélité de la dite Noblesse.

Au Roy. Et néantmoins sont les Commissaires d'advis que les ordonnances faites sur le fait de la gendarmerie soient gardées.

Les ordonnances faites sur le fait de la gendarmerie seront suyvies et gardées selon l'advis des dits commissaires.

IX.

Considérera sa Majesté, s'il luy plaist, qu'anoblissant les plus riches roturiers pour argent, comme il s'est cy devant fait, la taille demeure à payer par les pauvres, et que continuant les dits anoblissemens, la taille demeurera en fin inutile, Oultre le tort qui est fait à la noblesse, de mettre en leur rang gens de telle qualité : et d'autant que puis peu de temps il y en a eû qui ont obtenu lettres d'anoblissemens, causez pour bons services qu'ils ont faits à sa Majesté, et néantmoins payent finance qui ne viennent aux coffres de sa Majesté, qui est un très grand abus et du tout à la foule du pauvre peuple, Supplient très humblement sa Majesté qu'il luy plaise revocquer les dits anoblissemens, à tout le moins que cela ne tournera à leur postérité, comme par semblable il fut ordonné en l'année mil cinq cens soixante dix neuf.

AU ROY.

Icy est satisfait par la responce mise sur semblable neufième article, employé au Cahier de l'année dernière, déclarant encores d'abondant sa Majesté qu'elle n'octroyera aucuns anoblissemens, sans très grandes considérations de mérites et services, et si rarement que l'on n'aura occasion de luy faire plaintes : et néantmoins sa Majesté entend que, procédant à la vérification des dits anoblissemens par ses chambres des Comptes, il soit pourveu à l'indempnité des parroisses où les dits anoblis estoient habituez et payoient tailles, afin que le dit anoblissement ne leur apporte surcharge.

X.

Que les arrièrebans soient commandez et levez par un Gentilhomme du Bailliage, à la nomination des nobles du dit pays, et que les deniers provenans du dit Ban ne soient employés à autre effect : comme par semblable requièrent que le service des dits arrierebans ne se face autrement que selon l'usage et coustume du pays et suyvant la Chartre Normande.

Au Roy. Et sont les dits Commissaires d'advis du contenu au présent article.

Il ne se peut rien inover à l'ancien ordre.

XI.

Et en augmentant la responce par vous faite au Cahier de l'année dernière, article trente quatrième, pour le fait des gardes Nobles, il plaise à vostre Majesté ordonner que aux lieux où vostre dommaine auroit esté aliéné, comme aux Vicontez de Caen, Bayeux et Falaize, engagez au sieur Duc de Ferrare, celui d'Auge et Bailliage de Mortaing au seigneur Duc de Montpensier, et autres engagez, il ne sera pourveu ausdites gardes Nobles par les dits usufructaires, ny leurs officiers qui les vendent, et en font leur profit, ains à vous seul reservez pour en gratifier vostre Noblesse, attendu mesmes que le dit droit appartient à vostre dite Majesté, comme les Foy et hommage, à cause de vostre Duché de Normandie, et non à cause d'une Viconté.

Au Roy. Et néantmoins lesdits Commissaires sont d'advis que la modification et declaration faite par la court de Parlement, sur le trois cens trente unième article des ordonnances de Blois soit gardée, contenant qu'entre les droicts de la couronne incessibles soient comprins les droits de garde Noble appartenans au Roy par souveraineté, suyvant la coustume du pays, desquels partant la disposition et joüissance dépend de sa Majesté seule : nonobstant tous engagemens, délaissemens et aliénations, et tout ainsi qu'il faisoit auparavant icelles.

Le Roy s'informera du contenu au présent article, pour après y pourvoir ainsi qu'il appartiendra.

XII.

Le tiers Estat supplie très humblement sa Majesté le vouloir regarder en pitié, et luy faire sentir les effects de sa bonté, suyvant ses saintes protestations et promesses plusieurs fois reitérées, et considérer l'estat en quoy est de présent ce pauvre peuple de Normandie, pour les trop grandes et insupportables charges qu'il a cy devant soustenues, et les calamitez qui continuent et croissent de jour en jour par les pilleries et ravages de gens de guerre, mortalité et contagion de peste, par la rigueur et injure du temps, inondations et debordemens d'eauës, en quoy on peut appercevoir évidemment l'ire de Dieu estre respandue sur son Royaume, ayant esté en cest Aoust dernier la meilleure partie des grains, foings, et autres fruicts perdus, pour la grande continuation de pluyes, vents et tourmentes qu'il a fait : qui fait que le peuple ne pourroit plus porter les tailles, creuës et levées de deniers, qui se sont faites sur eux le temps passé, dont ils supplient très humblement sa Majesté les descharger.

AU ROY.

Sadite Majesté porte avec infini regret et desplaisir les miseres, calamitez, et visitations envoyées sur son peuple par le juste courroux de Dieu, lequel il faut essayer d'appaiser par amendement de vie, et par saintes et dévotes prières, ayant sadite Majesté très grande volonté de soulager son dit peuple, ainsi qu'elle avoit commencé en l'année dernière, estant ce Royaume encores en repos. Mais à présent que par la guerre et les nouveaux troubles qui sont survenus les despences que sa Majesté a à supporter sont accruës, il luy est impossible de pouvoir, comme il désireroit, relascher ny modérer aucune chose de ce qu'elle a n'aguères fait demander en l'assemblée desdits Estats.

XIII.

Supplient pareillement sa Majesté vouloir descharger les habitans des villes closes, tant franches que autres, bourgs et bourgades dudit pays, de la levée qui se fait ordinairement sur eux par forme de subvention ou solde de cinquante mil hommes de pied, n'ayant moyen d'y satisfaire avec les tailles, creuës, impositions, gabelles, et autres droicts et subcides qu'ils payent ordinairement à sadite Majesté.

AU ROY.

Le Roy pour l'année prochaine ne lévera aucune chose de la subvention.

XIV.

Et par mesme moyen faire payer les arrérages des rentes que sadite Majesté a retenues au lieu de ladite subvention que autrement sur ses receptes générales et des aydes, attendu mesmes que la plus part de ceux à qui elles sont deües, sont pauvres femmes et enfans orphelins qui n'ont autre moyen de vivre.

AU ROY.

L'intention de sadite Majesté est, que ce qui a esté prins et retenu des deniers desdites rentes, soit remplacé des deniers de la levée de ladite subvention des villes closes, qui ne se doivent rendre difficiles de satisfaire à ce que sa Majesté leur demande par forme de subvention, attendu les grandes affaires et charges où chacun congnoist que sadite Majesté est constituée, et où il y auroit quelques autres arrérages deuz, les baillent par estat, sa Majesté y fera pourvoir.

XV.

Qu'il plaise aussi à sa Majesté diminuer le pris du sel par la révocation de toutes nouvelles impositions, et principalement des dix solz tournois pour minot, dernièrement octroyé à ceux qui ont prins le grand parti, faisant sur tout cesser la nouvelle forme qu'on a voulu introduire de le bailler par impost, qui est une des plus grandes ruines que le peuple ait souffert, passez sont vingt ans, tant pour les excessives cotizations qu'on y a faites, que pour les grandes amendes en quoy on a injustement et contre tout droit taxé ceux qui n'avoient prins le sel dudit impost, et permettre que ceux qui ont esté cottisez ausdites amendes soient receuz à opposition contre ceux dudit parti dudit sel, en attribuant la congnoissance desdites oppositions à la cour des aydes leur jurisdiction ordinaire. Lesdites amendes ayans esté si grandes qu'ils ont surpassé au Bailliage de Caen plus de quatre fois d'avantage que ne se montoit l'adjudication des greniers au dit Bailliage.

Au Roy. Et sont néantmoins lesdits Commissaires d'advis, soubs le bon plaisir de sa Majesté, que pour le regard des amendes pour la restitution de gabelle à cause de l'impost du sel, les condamnez qui restent à payer soient receus à opposition : et que pour procéder isur icelle ils soient renvoyez par devant les juges ausquels la congnoissance en appartient, et cependant toute exécution surcise.

En faisant n'aguères le bail à ferme et grand party du sel, ç'a esté à condition que ledit sel ne sera baillé par impost sinon és lieux où d'ancienneté et de tout temps il a esté fait, si ce n'est environ le nombre de vingt greniers dénommez audit contract, où ledit impost a esté ordonné par l'advis de plusieurs pour ce assemblez par commandement de sa Majesté, afin d'obvier aux abus des faux-sanniers qui se trouvoient èsdits greniers, ayant sadite Majesté en cela gratifié ses subjets, suyvant la requeste qu'ils luy en ont plusieurs fais faite : mais pour le regard desdits six sols pour minot, le Roy y a esté contraint pour obvier au défaut de fourniture desdits greniers, et que son peuple en fust secouru, et éviter aussi au grand pris et surcharge du pris dudit sel, qui cousta en l'an cinq cens soixante quatorze beaucoup plus grande somme pour la pénurie qui se trouva comme il fait encore à present ès Maraiz et sallines de ce Royaume.

Aussi que le dit subcide n'est qu'à temps, et ne s'y est peu user de meilleur mesnage pour le soulagement de ses subjets, et en ce que touche lesdites amendes pour restitution de gabelle, à cause de l'impost du sel, Il y a arrest donné au conseil de sa Majesté le onzième jour de Mars dernier, qui sera suyvi.

XVI.

Remonstrent lesdits Estats que néantmoins la deffence faicte par monseigneur de Joyeuse, et nossieurs les Commissaires des Estats, à un nommé Dormy parisien, et un nommé maistre Estienne Graindorge Conseiller au siége présidial de Caen de lever les cotisations qu'ils avoient faites sur ceux qui avoient vendu en destail vin et sidre en ceste province, et mesme que par certaine déclaration et révocation d'Edicts faite par sa Majesté en Saint Germain en Laye, le quatorzième jour de Novembre mil cinq cens quatre vingts quatre, il soit expressément contenu pour le regard de la permission de tenir hostellerie, cabarets, et tavernes : « Le Roy surceoit l'exécution de ce qui reste à exécuter jusques à ce que par sa Majesté, autrement en ait esté ordonné. » Neantmoins lesdits Graindorge et Dormy, estans du party contre lequel fut fait plainte en l'année dernière par article couché au Cahier, continuent à présent à faire taxes, nouvelles contraintes et exécutions pour ce fait, aux Bailliages de Caen et Costentin, tant en vertu de leurs premières taxes que d'une lettre crochetée qu'ils disent avoir obtenu au conseil, sans que personne ait esté ouy contre eux : et ont tellement abusé qu'ils ont cottisé les Ecclésiastiques, nobles, bourgeois, et habitans des villes, et gens des champs à vingt, douze, et dix escus, pour avoir seulement vendu quelque reste de vin ou sidre de leur provision, dont la plus part auroient fait espargne pour payer les décimes, tailles, et subcides levez par sa Majesté. Si supplient très humblement icelle faire cesser ladite levée, comme chose grandement tortionnaire et préjudiciable à son service, et qui enfin tournera à grande diminution des quatrièmes, Et au surplus octroyer Commission aux juges des lieux pour faire le procès audit Dormy, des exactions et concussions qu'il a faites à l'exécution de ladite commission :

Ayant esgard au contenu de cest article, et repris les Cahiers des années précédentes contenant pareilles plaintes, mesmes celuy de l'année dernière par lequel le Roy en considération d'icelles auroit accordé surcéance de l'exécution de ladite commission, Et sur ce ouys les Thrésoriers généraulx de France qui ont déclaré que l'exécution de ladite commission avoit apporté grand retardement aux deniers de sa Majesté, et encores plus de diminution des baux à ferme des Aydes dudit pays, sont lesdits Commissaires d'advis souz le bon plaisir de sadite Majesté, qu'il luy plaise convertir ladite surcéance en absolute descharge pour lesdits habitans, travaillez des excessives et desraisonnables taxes, que prétendent faire lesdits Commissaires : mesmes sur aucuns qui vendent de leur creu, ou ce qui leur reste de leur provision, comme n'estans du compris de l'Edict fait par sa Majesté, pour la taxe desdits hosteliers, taverniers et cabaretiers ordinaires, et demeurent les choses en l'estat qu'elles estoient auparavant ladite commission desdits Dormy et Graindorge, et en attendant que sadite Majesté y ait sur ce pourveu, ont lesdits Commissaires ordonné que l'exécution desdites taxes sera surcise.

Sadite Majesté veut que lesdites Commissions d'iceux Dormy et Graindorge soient rapportées en son conseil, et icelles veües en ordonner ce que de raison.

XVII.

Qu'il plaise à sa Majesté remettre la Justice en son ancien ordre et intégrité, supprimant dès à présent tous officiers de nouvelle création, tant de Judicature, que de finances, qui sont à la foulle et oppression du peuple, sans attendre que vacation y eschée par mort, n'y ayant pas d'espérance que ceux de cest aage en reçoyvent soulagement : Cassant et révocant tous Edicts de restablissement au contraire, entre autres les lieutenans généraulx en chacune Viconté, Controolleur des tiltres, Adjoints de Enquesteurs, clercs de Greffe, Greffiers des présentations, Assesseurs és Bailliages et Vicontez, Procureurs de nouveau erigez, Notaires, Greffiers des parroisses, Receveurs des consignations, Receveurs généraulx des siéges présidiaux, et plusieurs autres qui sont du tout à la foulle du peuple : et pareillement revoquer les Edicts du parisis des espices, le seau de la Justice ordinaire, et toutes autres daces et tributs mis nouvellement sur les procès : adjoustant à ladite suppression, les Conseillers et Gardes des seaux en chacun siége présidial, et oster ledit droict de seau qui surpasse bien souvent la valeur de la cause pour laquelle il est pris, néantmoins la déclaration de sa Majesté du dix neufième jour de Janvier dernier, le tout afin que la Justice soit sincèrement administrée et rendue avec moins de frais, comme elle estoit avant l'establissement desdits nouveaux officiers, impositions des daces et tributs.

AU ROY.

L'expérience a fait voir et cognoistre combien sadite Majesté estoit affectionnée et résolue à ladite suppression pendant la paix : mais estant par ceste guerre constituée en très grandes et insupportables despences, elle a esté, à son indicible regret, contrainte de restablir les offices qui avoyent vacqué, pour en tirer aide et secours en ceste nécessité de ses affaires comme le plus aisé moyen, et le moins à la charge et foulle de son dit peuple. Ne pouvant sadite Majesté révocquer pour le présent, à son très grand regret, et pour la nécessité de ses affaires, son Edict de restablissement desdites offices, et pour le regard desdits Lieutenans généraux, le Maistre des requestes par devers lequel ils ont mis leurs pièces, en fera son rapport au conseil d'estat, pour après y estre ordonné ce qu'il appartiendra par raison.

XVIII.

Particulièrement requièrent lesdits Estats la suppression de tous nouveaux officiers des eaux et forests audit pays, comme estant en charge, non seulement à sa Majesté, pour les gaiges à eux attribuez, mais à tout le peuple, qui est mangé jusques aux oz par ceste vermine, oultre le dégast évident qu'ils font aux forests, eux et leurs amis. Et au surplus que les roolles des amendes desdites eaux et forests n'auront lieu, et ne seront exécutoires que dedans l'an et jour, pour éviter aux inconvéniens qui en adviennent.

AU ROY.

Il y est satisfait par la précédente responce, et pour le regard desdites amendes sa Majesté entend les ordonnances des eauës et forests estre gardées et observées.

XIX.

Et en attendant la suppression desdits Assesseurs, Supplient très humblement sa Majesté ordonner qu'ils seront tenus dire leur advis à haute voix, comme il se faisoit anciennement par les Advocats.

Au Roy. Et néantmoins lesdits Commissaires sont d'advis du contenu au présent article suyvant l'ancien usage et observation aux Justices ordinaires dudit pays.

Le Roy ne veut rien inover en la forme gardée en Justice.

XX.

Que lesdits advocats soient assubjettis de signer les cas posez aux consultations, d'autant qu'il y en a quelques uns qui consultent les deux parties, et leur donnent advis à chacun de soustenir sa part, dont procèdent la pluspart desdits procès.

Sera pourveu les cas offrant sur cest article, par la court de Parlement.

Il y est satisfait par la responce desdits Commissaires.

XXI.

Que suyvant les ordonnances nul ne soit receu à exercer l'estat d'Advocat en aucune juridiction, qui n'ait le degré de licence pour le moins, afin que la Justice soit exercée par gens doctes, sçavans et bien expérimentez en théorique et practique : Et pour éviter aux abus qui se peuvent commettre par les Docteurs et Regens de l'Université de Caen et autres de ce Royaume, qu'il leur soit deffendu de bailler aucun degré à quelques personnes que ce soit, qu'il n'ait fait son cours aux lois, fait répétitions publiques actuellement, et sans discontinuation, estudié à la science dont ils veulent faire profession par l'espace de deux ans.

Au Roy. Et néantmoins sont lesdits Commissaires d'advis du contenu au présent article.

Accordé.

XXII.

Que les Juges et Visbaillifs ne commenceront procez criminels qui ne mettent à fin, et ne pourront retirer des prisons les prisonniers que par le consentement des gens du Roy et meure délibération de six ou sept du siège, et d'autant que plusieurs maléfices se sont cy devant faits à la Viconté de Neufchastel, par aucuns qui incontinent se retirent sur la conté d'Eu, du ressort de la Court de Parlement de Paris, Supplient sadite Majesté qu'il soit permis au Visbaillif de ce païs en pouvoir faire les captures sur ledit conté d'Eu, afin que punition exemplaire en soit faite.

Au Roy. Et sont néantmoins lesdits Commissaires d'advis du contenu audit article.

Idem.

XXIII.

Que suyvant la déclaration du mois de Novembre dernier, par laquelle les Edicts des Généraux surintendans, Receveurs des deniers communs des villes sont révocquez en ce qui reste à exécuter, il luy plaise ordonner que ceux qui n'ont esté receuz èsdites charges n'y pourront entrer pour l'advenir, suyvant qu'il avoit esté requis par le Cahier de l'année dernière, et si sa Majesté juge qu'il leur eschée remboursement et que les deniers soient entrez en ses coffres, si elle ne les peut rembourser du fons de ses finances, que leur remboursement soit prins sur les quarante mil escuz destinez pour le remboursement des officiers supernuméraires audit pays.

Au Roy. Et néantmoins lesdits Commissaires sont d'advis soubz le bon plaisir de sa Majesté que ledit Général intendant soit remboursé sur les quarante mil escus qui seront ordonnez l'année prochaine pour le remboursement des officiers, ainsi qu'il a esté fait ceste année à celuy de Rouen les deniers de pareille nature.

Accordé que lesdits Généraulx intendans soient remboursez par ceux qui les voudront rembourser des deniers qui se trouveront sans fraude avoir esté payez desdites offices.

XXIIII.

Qu'il ne soit d'oresnavant prins aucune chose desdits quarante mil escus ny les deniers appliquez à autre effect que pour le remboursement desdits officiers supernuméraires, dont le roolle et estat sera arresté chacun an en l'assemblée desdits Estats, et pour ceste année par les députez qui présenteront le Cahier à sa Majesté, et que des officiers supprimez dont les pourveuz ont esté remboursez nul n'y pourra estre cy après pourveu, nonobstant tous restablissemens et provisions qui pourroient estre obtenus au contraire.

Au Roy. Et néantmoins sont lesdits Commissaires d'advis que le contenu en cest article ait lieu.

Accordé.

XXV.

Qu'il plaise à sa Majesté descharger son pauvre peuple des nouveaux imposts mis sur la drapperie, vin, Cartes, Tarots et detz, et autres marchandises, se contentant s'il luy plaist des anciens droicts, attendu la discontinuation du trafficq de Marchandise qui cesse tant par mer que par terre.

Au Roy. Et sont néantmoins les Commissaires d'advis du contenu en cest article.

Sadite Majesté pour les mesmes considérations susdites des grandes et extraordinaires despences que la guerre luy apporte, ne peut pour le présent accorder le contenu audit article : Aussi que le subcide sur ladite Draperie est des plus anciens de ce Royaume, et levé par ses prédécesseurs Roys.

XXVI.

Pareillement ordonner que toutes les marchandises payant les droicts d'entrée en ce pays, ne seront tenus au payement des droicts de la sortie de ce Royaume, suyvant l'ancienne coustume.

AU ROY.

Les Edicts et reiglements cy devant sur ce faits seront suyvis, ne pouvant sadite Majesté faire autre responce sur ces trois articles, que celles qu'elle a faites les années passées sur semblables requestes, mesmes par les dix neuf et vingtième du Cahier de ladite année dernière.

XXVII.

Aussi que les marchandises transportées de ville à autre en ce Royaume, ne seront tenues ny sujetes de payer aucun droict de Traicte Domanialle, ny traicte foraine.

AU ROY.

Idem.

XXVIII.

Et en attendant la révocation desdits nouveaux imposts, Il plaise à sa Majesté modérer la reapréciation trop excessive, excédant en plusieurs sortes de marchandises le tiers de leur juste valeur, et en descharger les vins, pastel, toilles et canevatz.

AU ROY.

Idem.

XXIX.

Par les anciennes ordonnances de l'Admiraulté les marchans n'estoient tenus d'appeller les officiers de la table de Marbre, ny les Huissiers, lorsqu'ils emballoient leurs marchandises, veu qu'il y a visitations en chacun bureau, touteffois puis peu de temps l'on les veut assujettir à ce faire : mesmes veulent forcer le maistre de Navire à leur demander congé, duquel travail inacoustumé, Ils supplient estre deschargez.

AU ROY.

Les ordonnances de l'Admiraulté seront gardées suyvant ce qui fust respondu sur le vingt cinquième article du Cahier de l'année dernière de semblable substance.

XXX.

Qu'il plaise à sa Majesté ne limiter contre la coustume temps de faire sortir hors de ce Royaume, les marchandises acquitées en foires, parce que souvent se passent deux mois que temps propre pour sortir ne se présente, joint que lez marées en ceste province ne sont telles que les Navires puissent tousjours sortir des havres quelque bon vent qu'il y ait, à cause de la basse eauë, ce qui n'advient en Bretaigne.

Au Roy. Et néantmoins sont lesdits Commissaires d'advis du contenu en cest article.

Faut aussi suyvre en ce faict les ordonnances de l'Admiraulté.

XXXI.

Pareillement plaise à sa Majesté pourvoir sur les appellations resortissans des maistres des ports, touchant les impositions sur les marchandises, suyvant la remise qu'il en a faite par la responce au dernier Cahier, et à ceste fin en attribuer la cognoissance à la court des Aydes.

AU ROY.

Après que le Roy aura veu, en son conseil, le mérite des appellations, y pourvoira ainsi qu'il appartient par raison.

XXXII.

Supplient aussi qu'ayant esgard à la rareté et charté des bleds et grains qui est en ce pays, et au petit nombre qui s'en est cueilly en l'Aoust dernier : Il plaise à sa Majesté deffendre la traicte desdits bleds, et si aucune commission en avoit esté donnée la révocquer.

Au Roy. Et néantmoins sont lesdits Commissaires d'advis du contenu au présent article.

Sadite Majesté a desjà deffendu lesdites traictes, ayant esgard à la charté et nécessité de bleds, et néantmoins veut que lesdites deffences soient réiterées et publiées à son de trompe et cry public par tous les lieux que besoin sera.

XXXIII.

Plusieurs maistres de Navire de la nouvelle religion sont partis pour faire voyage sur la mer, lesquels pour raison des Edicts de sa Majesté sur le faict de ladite Religion, pourroyent faire difficulté en ce Royaume retourner, qui seroit trop grand préjudice à sa Majesté, et perte inestimable à ses bons et fidèles subjets : Si supplient lesdits Estats qu'il soit permis ausdits maistres de Navires de ladite nouvelle Religion librement revenir en ce Royaume, afin de rendre et remettre les biens et marchandises appartenans ausdits marchans sans qui leur soit fait aucune peine ou empeschement en leurs personnes et biens, ains leur accorder quelque temps compétant pour parvenir à leurs affaires, autrement le Royaume demeureroit dénué de Navires et Marchandises, au préjudice des droicts de sa Majesté.

Au Roy. Et cependant sont les Commissaires d'avis que selon l'occurence des cas il y soit pourveu par la court de Parlement, à laquelle plaise à sa Majesté déclarer plus amplement son vouloir et intention.

Sur semblable requeste n'aguères présentée à sa Majesté particulièrement de la part de la communauté des marchans de Rouen, elle a fait expédier ses lettres patentes de déclaration au désir du contenu en ce présent article, et s'ils en veulent encores des lettres, elles leur seront expédiées.

XXXIIII.

Qu'il plaise à sa Majesté donner réglement pour la taille de ceux de la nouvelle opinion, ausquels sadite Majesté a permis vendre leurs meubles et eux en aller hors ce royaume, la taille et cotisation desquels mesmes pour l'année présente ne pourra estre payée, attendu qu'on ne peut user de contrainte que sur les meubles : une partie grande desquels ne sont que fermiers, et sans héritages, et par ce leur cotisation perdue, qui seroit au préjudice des autres contribuables, qui ne pourroient porter telles et si grandes pertes, si par sa Majesté n'y estoit pourveu.

AU ROY.

Sadite Majesté entend que lesdits de la nouvelle Religion soient taxez et cottisez à la taille, comme s'ils estoient présens, pour le payement de laquelle ils seront contraints par saisie et vente de leurs biens meubles et immeubles, ainsi qu'il est accoustumé, attendu qu'ils jouissent de leurs biens.

XXXV.

Supplient en oultre sa Majesté avoir esgard aux exactions que font journellement les habitans de Flexindes, Hollande et Zellande, sur les marchandises sortans de ce pays pour aller traffiquer en Espaigne, Callais, Boulongne, Isles de Canarie, et autres lieux, lesquels adjugent journellement lesdites marchandises de bonne prinse, au grand préjudice et perte de ses pauvres subjets.

AU ROY.

Sadite Majesté est après à y pourvoir, et faire ce qui se pourra, à ce que ses subjets ayent justice en Angleterre et és bays bas des déprédations faites sur eux, en ayant pour ce sa Majesté ià fait plusieurs depesches, et en cas de reffus ou dissimulation seront accordées aux subjets de sadite Majesté lettres de représailles ou autrement pourveu, et ainsi que de raison.

XXXVI.

Pour eviter à l'advenir aux insolences, pilleries, et desbordemens des gens de guerre, requièrent lesdits Estats qu'il plaise à sa Majesté, lors que les Cappitaines voudront lever quelques compagnies, qu'ils soient subjets premier que ce faire présenter leurs Commissions au gouverneur ou son Lieutenant, et Juges des lieux, pour leur prescrire certain temps, pour faire enrooller leurs soldats, lesquels soldats demeureront en leurs maisons jusques au jour qu'il leur sera ordonné pour faire monstre en la ville capitale de leur Bailliage, ou autre lieu qui sera advisé : et soient tenus lesdits Cappitaines y laisser la coppie du roole contenant les noms et surnoms de leurs soldats, le village d'où ils sont, sans ce mesnommer, et laisser leurs estiquettes à leurs hostes, où leurs noms et surnoms seront escrits, pour éviter aux abus qui s'y peuvent commettre : lesquels gens de guerre seront conduits et menez par un Gentilhomme qu'il plaira audit sieur Gouverneur député, pour les faire passer sans séjourner et vivront par estapes comme ils avoient accoustumé. Et afin que lesdits gens de guerre soient contraints de faire le service et qu'ils ne retournent en leurs maisons, comme ils font ordinairement, pillant et rençonnant le pauvre peuple, Il soit enjoint aux Visbaillifs de suyvre lesdites compagnies et appréhender ceux qui s'en retournent sans congé de leur Cappitaine, pour estre punis selon les ordonnances.

Au Roy. Et sont les Commissaires d'advis du contenu en cest article.

Sadite Majesté ordonne que tous Cappitaines auparavant que lever gens, seront tenus présenter leurs Commissions audit Gouverneur ou en son absence au Lieutenant, soubs le département duquel ils feront ladite levée, si ce n'est qui leur facent apparoir de l'attache dudit Gouverneur sur lesdites Commissions, pour, ce fait, estre prescript, par lesdits Lieutenans généraux, temps ausdits Cappitaines pour faire ladite levée, et tenir la main à l'exécution du reglement contenu audit article, que sa Majesté entend estre suivy.

XXXVII.

SUPPLIENT par mesme moyen lesdits députez que les informations faites tant par les Juges des lieux, Enquesteurs, Visbaillifs et autres soient veuz, et qu'il soit procédé extraordinairement à l'encontre des coupables, suyvant les reiglemens et ordonnances de sa Majesté, afin que d'oresnavant le peuple puisse vivre en paix en sa maison, et satisfaire aux demandes de sa Majesté.

Pour les deux articles cy accolez, Il est ordonné aux Juges des lieux, Visbaillifs et Enquesteurs selon qu'à chacun appartiendra de procéder diligemment à la perfection et jugement desdits procez, et en certifier la court de Parlement suivant l'arrest du dixième de septembre dernier, pour la réformation desdits abus et malversations.

Employée la responce desdits Commissaires qui sera suyvie.

XXXVIII.

Remonstrent aussi d'avantage lesdits Estats que le plus souvent lesdits gens de guerre, après avoir fait tels ravages, de peur d'estre appréhendez et punis, ils se retirent chez des Gentilhommes et autres en lieux et places fortes, où persistans à leurs malices, exécutent le plus souvent leurs mauvaises volontez et volleries, assassignats et vengeances. Si supplient qu'il soit deffendu à tous Gentilshommes et autres qui les retirent, de ne les admettre en leurs maisons, sur peine d'estre réputez participans aux malfaits, et d'en respondre.

Employée aussi ladite responce desdits Commissaires qui sera suivie.

XXXIX.

Que les Cappitaines et gens de guerre ne puissent pour l'advenir prendre chez les Laboureurs aucuns chevaux, chose de très grande conséquence pour le service de sa Majesté, et au grand destriment des pauvres gens, qui n'ont moyen de cultiver leurs terres, et faire leurs grains en saison.

Sera procédé extraordinairement à l'encontre de ceux qui se trouveront coupables du contenu au présent article et précédant article.

Idem.

XL.

Se complaignans aussi particulièrement lesdits des Estats en la Viconté de Caen, d'un Gentilhomme nommé Loys du Touchet, sieur de Beneauville, demourant sur la coste de la mer : lequel combien qu'il n'ait auctorité ny commission de ce faire, contraint les gens du pays d'achapter et avoir armes, faisant faire monstre de six sepmaines en six sepmaines, combien qu'il ne soit nécessaire : et soubs ceste couleur, ledit du Touchet fait encourir au pauvre peuple de grands fraiz, peines et travaux. Si supplient sa Majesté qu'il luy plaise ordonner qu'il en sera informé, et deffences à luy de plus s'entremettre ausdites monstres, qu'il n'ait fait apparoir aux Juges des lieux de son pouvoir, et qu'il soit commandé par le gouverneur audit pays.

Au Roy, et ce pendant ordonné que ledit du Touchet comparoistra en personne dans trois sepmaines par devant monsieur le Gouverneur, et enjoint au Procureur des Estats luy faire signifier la présente ordonnance.

Le Roy trouve bon la responce desdits Commissaires, et suivant icelle, après que ledit du Touchet aura comparu par devant ledit sieur Gouverneur, y sera par luy pourveu ainsi que de raison.

XLI.

Parce qu'il y a quelques Capitaines des places fortes de ceste Province, mesmes celuy du Pont de Larche qui ont cottisé pour chacun feu les manans et habitans des villages circonvoisins jusques à la somme de cinq et dix sols pour feu, contre les ordonnances d'Orléans, il plaise à sa Majesté faire cesser lesdites levées, attendu que les Cappitaines et Morte payes sont payez de leur solde.

En procédant au jugement du procès pendant en la court de Parlè-

ment y sera pourveu, et ce pendant deffences d'exiger sur les peines au cas appartenant.

La responce desdits Commissaires y pourveoit suffisamment.

XLII.

Qu'il plaise aussi à sadite Majesté faire réformer les abus qui sont commis par les Cappitaines des places, privillégiez et exempts des Tailles, pour les attestations qu'ils baillent aux plus riches, qui sont du nombre de leurs soldats et mortepayes, combien qu'ils ne facent aucun service ou résidance ausdites places, et soubs ce prétexte sont exempts desdites Tailles à la foule des autres pauvres contribuables.

Seront faites deffences ausdits Cappitaines de bailler attestations à autres personnes qu'à ceux qui font actuellement service ordinaire et sans fraude.

La responce desdits Commissaires y pourveoit suffisamment.

XLIII.

Et pour ce que quelques parroisses de ceste Province de Normandie commandées par quelques ministres de Justice leur remetant devant les yeux l'intention de sa Majesté, meuz pareillement de juste douleur, avoient prins les armes et chargé quelques compaignies, tenant les champs sans Commission ou auctorité, contre lesquels l'on prétend faire quelques poursuites criminelles et extraordinaires regardant la ruine et destruction d'une infinité de pauvre peuple, Il plaise à sa Majesté imposer silence à telles poursuites à fin que son pauvre peuple, demeurant en patience, luy puisse fidellement et en toute obéissance payer et continuer les aides, tailles et subcides accoustumées.

Au Roy. Et plaira à sa Majesté sur ce faire entendre son bon plaisir, d'autant qu'il y en a procès pendant en la court de Parlement.

Après que les habitans desdites parroisses auront présenté leur requeste au conseil, et déclaré la qualité de la poursuite qui est commencée contre eux, sa Majesté y pourvoira ainsi que de raison.

XLIIII.

PLUSIEURS plaintes ont esté cy devant remonstrées à l'encontre de M. Jean Bodin aux fins de la révocation de sa Commission pour la réformation des eauës et forests dudit pays, sur quoy ne leur a encores esté pourveu, et encores depuis un an en ça ledit Bodin a fait donner quelques arrests en la Chambre de la reffomation, contre aucuns habitans coustumiers aux forests de la Viconté de Rouen, qu'il prétend tirer à conséquence pour tous les autres dudit pays, par lesquels tous les nouveaux amasurez puis quarante ans sont déboutez du droit du chauffage èsdites forests, et condemnez pour le passé en trois escus d'amende, et les anciens amasurez en un escu, ores qu'ils soyent trouvez bien fondez : lesquels arrests ledit Bodin a fait confirmer par sadite Majesté en son Conseil d'estat : Qui sera une charge du tout insupportable pour le peuple, considéré que ce pays consiste en forests plus que nul autre. Si supplient très humblement sadite Majesté, en reiterant les requestes cy devant, qu'il plaise à sa Majesté révocquer la Commission dudit Bodin, ensemble les arrests cy dessus donnez, comme semblable commission fut cassée en l'année mil cinq cens cinquante quatre, par feu de bonne mémoire le Roy Henry, à la stipulation des Estats dudit pays : et au surplus accorder commission pour informer à l'encontre d'iceluy Bodin et autres, sur l'exécution de ladite commission.

AU ROY.

Les arrests donnez avec cognoissance de cause, parties oyes, doivent avoir lieu et estre exécutez selon le contenu en iceux, sauf aux parties à se pourveoir selon les voyes de droict.

XLV.

Pareillement, il plaise à sa Majesté rabaisser le pris du seau de la Chancellerie, attendu la levée de dix huit mil escus, qui s'est faite sur ledit pays, pour le remboursement des Controolleurs et Audienciers d'icelle Chancellerie.

AU ROY.

Il y a esté respondu par le trente deuxième article dudit cahier de l'année dernière.

XLVI.

La pluspart des villes dudit pays sont comme désertes, pour raison que les ponts et passages qui doivent estre entretenus aux despens de sa Majesté, ou de ceux qui ont le Dommaine par engagement, sont ruinez et de difficile accès : A ceste cause qu'il plaise à sadite Majesté commander à ses Trésoriers généraulx de les faire réparer, ou autrement donner permission aux Juges ordinaires d'ordonner taxes modérées sur le Dommaine, toutes charges cessantes pour faire lesdites réparations.

Au Roy. Attendu que le revenu du Dommaine de sa Majesté ne peut porter telles despences extraordinaires.

En donnant advis à sadite Maiesté à quelles sommes les réparations desdits Ponts et édifices pourront monter, quels deniers extraordinaires pourroyent estre employez ausdites réparations, elle y pourvoira volontiers, selon que le besoin de la chose et la commodité des habitans dudit pays le requerra.

XLVII.

Comme particulièrement ils supplient sa Majesté pourveoir au restablissement du pont de Vire, situé aux faulxbourgs de la ville de Saint-Lô, principale entrée du bailliage de Costentin, duquel la cheute et ruine a apporté telle incommodité qui n'y a seur accez, y ayans ja esté noyez plusieurs personnes.

Au Roy. Comme dessus.

Idem.

XLVIII.

Que les receveurs du pied fourché du bailliage de Costentin soyent contraints de rendre compte par devant le Baillif ou ses Lieutenans, présence des députez desdits Estats, et que les deniers revenans bons des gaiges des siéges Présidiaux de Caen et Costentin soyent employez à la réparation des ponts et passages desdits Bailliages au prorata de ce qui en reviendra en chacune Viconté, suivant qu'il a esté ordonné au Cahier dernier.

Il a esté satisfait à cest article par la responce du trente cinquième article du cahier de l'année dernière.

Soit suivie ladite responce sur ce faite en ladite année dernière.

XLIX.

Supplient par semblable très-humblement sadite Majesté faire commandement aux Esleuz et autres officiers, faisant le département des tailles, déduire et rabatre à chacune parroisse de ce pays le vingtiéme de la taille, qu'il pleust à sadite Majesté leur aliéner en l'année cinq cens soixante dix huit, et à quoy ils furent contraints en faire achapt contre leur volonté ; Et ce faisant que lesdits Esleuz rabatent ledit vingtiéme par le mandement qu'ils envoiront pour la taille :

et au surplus que lesdits Receveurs payent les arrérages du passé.

AU ROY.

Sadite Majesté ne peut faire autre responce à cest article que celle qui est sur le vingt neufiéme dudit cahier de l'année passée.

L.

Qu'il soit enjoint aux Receveurs et Controolleurs ordinaires, résider és lieux de leurs receptes : et à eux deffendu prendre autres Sergens et coureurs que les Sergens ordinaires des lieux : Enjoignans aux Juges ordinaires des lieux en informer des actions, pilleries, que commettent leurs serviteurs en leur bureau, et contraignent les pauvres gens bailler argent, pour les laisser entrer et sortir lorsqu'ils vont faire les payemens à ladite recepte.

Le Roy y a pourveu par la commission de la présente séance pour le regard desdits Sergeans, et pour le surplus y sera pourveu par les officiers ausquels la cognoissance en appartient.

Il suffit de la responce desdits Commissaires qui sera suivie.

LI.

Ils supplient pareillement sadite Majesté qu'il soit deffendu aux Juges et officiers aller s'immiscer faire les inventaires des biens des soubs aages, s'ils n'en soient requis par les parens, par ce que les frais et vacations de Justice se montent quelque fois plus que l'inventaire, ains soit commandé aux Sergens de la querelle faire ledit inventaire, au cas qu'il en soit requis.

Les reiglemens contenus és ordonnances du Roy et arrests de la Court, seront suyvis et à ceste fin réiterez et publiez.

Idem.

LII.

Qu'il soit tenu conte des vivres et victuailles mis és places de Cherbourg, Granville, Mont S. Michel, et le Pont Orson, depuis dix ou douze ans en ça, et que le conte en soit rendu aux Estats.

Sera pourveu de Commissaires pour ouyr et examiner lesdits contes, par Monsieur le gouverneur, appellez les déléguez des Vicontez.

Il suffit de la responce desdits Commissaires qui sera suivie.

LIII.

Qu'il plaise à sa Majesté ordonner que pour l'advenir il ne se fera aucune levée de deniers audit pays, ny exécuter aucunes commissions extraordinaires, que premiérement ils n'ayent esté vérifiées ès courts souveraines, appellé le Procureur desdits Estats.

Au Roy. Et néantmoins lesdits Commissaires sont d'advis du contenu en cest article.

Le Roy soulagera ses subjets de Normandie en tout ce qu'il pourra, et ne fera expédier aucune Commission exécutoire, si ce n'est pour urgens et pressez affaires qu'il veut estre exécutées, comme il est accoustumé.

LIIII.

Remonstrent pareillement à sadite Majesté que par le retranchement qu'elle a fait d'un sol pour escu, sur le salaire des Receveurs Collecteurs des parroisses, l'on y a comprins le droict des Asseeurs : et d'autant qu'il n'y a que petit nombre de parroisses où il y a Receveurs Collecteurs pourveuz : et la pluspart ont payé la taxe, faisant cueillir et lever la taille en l'ancienne forme, par les Asseeurs, lesquels ne joüissent d'aucune exemption, ou privilège : Il plaise à vostre Majesté ordonner que ledit retrenchement n'aura lieu à l'endroit desdits Asseeurs, où il n'y aura de Receveurs Collecteurs, attendu que lesdits Asseeurs font de grands frais, tant à l'assiette que Collection, qui outrepasse le salaire qui leur est ordonné.

AU ROY.

Attendu que l'Edict est général, le Roy n'y peut toucher.

LV.

Qu'il soit permis aux Esleuz de chacune Eslection, bailler et délivrer leurs mandemens, pour rasseoir en fin d'année les deniers de la taille inutils, jusques à la somme de dix escus, sans les renvoyer en la Court des Aydes, pour éviter aux fraiz qui en adviennent.

Au Roy. Et sont néantmoins lesdits Commissaires d'advis du contenu en cest article.

Accordé.

LVI.

Remonstrent aussi qu'un nommé Henry Vauguille, de nation Flamende, a obtenu lettres de receveur porteur et distributeur des pacquets et lettres venans de pays estranges, ce qu'ayant lieu, seroit pour oster la liberté dont ont accoustumé user toutes personnes négotians et traffiquans en pays éstranges, qui ont esté toujours libres de faire tenir leurs pacquets et lettres par telles personnes qu'ils ont advisé bien estre. A ces causes requiérent, que sans avoir esgard ausdites lettres, les marchands soient maintenus en leurs libertez.

Au Roy. Et sont néantmoins lesdits Commissaires d'advis du contenu en cest article.

Accordé.

LVII.

Supplient sadite Majesté de revoquer les Commissions qu'elle a cy devant fait expédier pour rebanir les places vaines et vagues : Considérera que par la responce aux derniers Cahiers, elle a permis à un chacun de rentrer en ses communes, en remboursant ce qu'ils n'ont encores peu exécuter pour leur pauvreté, dont ils seroient privez si on les vendoit encores de rechef, à tout le moins ce leur seroit une surcharge : et au surplus se contenter de ce qui a esté vendu.

AU ROY.

Sera suivie et satisfait à la responce faite sur pareille requeste contenue au quatorziéme article du cahier de ladite année dernière.

LVIII.

Remonstrent lesdits Estats que pour partie du payement de quarante mil escus, laissez par sa Majesté en l'année mil cinq cens quatre vingts un, pour le remboursement des officiers supprimez en ladite Province, auroit esté baillé assignation à leur thrésorier de la somme de unze mil six cens soixante six escus deux tiers, sur maistre Nicolas Mussart receveur général des finances à Rouen, laquelle somme n'auroit pu entiérement estre receuë à raison du mauvais mesnage et fuite dudit Mussart, et en est deu de reste la somme de deux mil huit cens vingt sept escus six sols quatre deniers, pour le recouvrement de laquelle somme le Thrésorier desdits Estats auroit avec grands frais et coustages fait constituer prisonnier ledit Mussart ses cautions et attesteurs, et en vertu des lettres patentes de sadite majesté et des arrests de la court des Aides audit Rouen, et autre exécutoires par luy obtenues, joint avec luy le procureur général de sadite majesté en icelle court, fait saisir en la main du Roy ledit office de Receveur général, pour estre passé et vendu par decret de Justice, afin d'estre payé de ladite somme de deux mil huit cens vingt sept escus six sols quatre deniers tournois, sur les deniers provenans de ladite vendue, au passement duquel décret, après avoir fait par ledit Trésorier toutes les diligences à ce requises, ledit Procureur général contre toute Justice se seroit opposé et empesché que ledit decret fut jugé bien ou mal fait, veu laquelle opposition et empeschement ladite Court avoit le tout renvoyé vers sadite Majesté et messeigneurs de son Conseil, auquel Conseil se seroit depuis ensuyvi arrest, par lequel il auroit esté dit que les diligences dudit décret seroyent certifiées par ladite Court des Aydes, ce qui fait a esté et le tout derechef renvoyé audit Conseil, au greffe duquel sont toutes les pièces concernans ce fait, et d'autant que lesdits Estats sont infiniment travaillez de venir ou envoyer journellement pour suivre ces dites affaires audit Conseil, où il leur convient faire de grands frais et despences, aussi qu'ils sont contraints payer la nourriture de maistre Médérith le Roux, prisonnier ès prisons de ladite Court des Aydes, comme attesteur des cautions dudit Mussart, suyvant qu'ils sont condamnez par arrest d'icelle. Si supplient très humblement sadite Majesté vouloir renvoyer le tout à ladite Court des Aydes audit Rouen, et enjoindre à icelle passer oultre audit décret, vendue et adjudication dudit office au plus offrant et dernier enchérisseur, le plus tost que faire ce pourra, Néantmoins les empeschemens dudit Procureur général et tous autres empeschemens, oppositions, ou contredicts, qui pourroient survenir : et ordonner que des deniers provenans de ladite vendue sera payée au Trésorier desdits Estats, ladite somme de deux mil huit cens xxvij. escus six sols iiij. den. tour. prévillégement et avant tout autre, avec les fraiz et loyaux cousts par luy faits, ensemble la despence dudit le Roux, d'autant qu'il en aura esté payé, ou bien pourvoir ausdits Estats d'autre assignation, pour le recouvrement d'icelle somme de deux mil huit cens vingt sept escus six sols quatre deniers tournois, soit sur le receveur général de vos finances audit Rouen, ou autre qu'il vous plaira ordonner.

AU ROY.

Cest affaire sera particuliérement veu et vuidé au Conseil de sadite Majesté qui en a jà prins cognoissance, selon qu'il est porté par le présent article.

LIX.

Supplient très humblement sa Majesté d'ordonner que les Thrésoriers généraux de France à Caen feront le remplacement de la somme de trois mil trois cens trente trois escus sol d'une part, et huit vingts quinze escus d'autre, dont sadite Majesté s'est aidée en ses affaires ès années mil cinq cens quatre vingts un et quatre vingts deux, des deniers destinez au remboursement des officiers, plus de la somme de cinq mil cent soixante escus, qui furent prins desdits deniers estans en la recepte générale dudit Caen, en l'année derniére, assavoir trois mil cent soixante escus sol, pour la construction d'un pont à Pont Orson, et deux mil escus pour acquiter un mandement de l'espargne.

Le Roy a pourveu de remplacement de la somme de trois mil quatre cens escus par estat et lettres patentes de sa Majesté, adressées aux Trésoriers généraulx, en date du vingtième jour de septembre dernier, et pour le surplus sera pourveu d'assignation, selon son bon plaisir.

Il a esté satisfait à partie dudit remplacement, comme il est porté par la responce desdits Commissaires, et pour le surplus le Roy y pourvoira sur les subséquentes, ainsi que faire se pourra pour le mieux.

LX.

Remonstrent lesdits Estats que se voulans esjouir du don de quarante mil escus à eux fait par sa Majesté de l'année présente, pour employer au remboursement des officiers supprimez, ont fait sommer les Receveurs généraux de Rouen et de Caen, afin de payer ladite somme : ce qu'ils ont refusé faire, disans en avoir payé une partie à maistre Balthazar Goblin, pour payer quelque gendarmerie, et que le reste est recullé jusques au dernier cartier de la présente année. Supplians sadite Majesté ordonner que sans avoir esgard à ladite responce, et reffus fait par lesdits Receveurs généraulx, qu'ils seront contraints, comme pour deniers royaux, chacun pour son fait et regard, au payement de ladite somme de quarante mil escus, afin d'estre à l'instant convertie au faict où elle est destinée.

Au Roy. Et néantmoins lesdits Commissaires sont d'advis que les deniers soient employez au remboursement des officiers et non ailleurs.

Il y en a esté véritablement prins quelque partie qui a esté baillée audit Goblin pour le payement des compagnies d'harquebuziers à cheval, tenans garnison audit pays pour la seureté d'iceluy, n'y ayant ledit pays intérest que pour le recullement, attendu que sa Majesté porte cependant les gaiges desdits officiers.

LXI.

Aussi qu'à l'occasion du remboursement qui s'est cy devant fait de grand nombre d'officiers en ceste dite province, plusieurs gages ont esté admortis, Supplient très humblement sa Majesté d'ordonner que défalcation sera faite desdits gages sur le pris de la taille, d'autant qu'ils pourront montrer après la vérification faite d'iceux, devant les Trésoriers généraulx de France, ou autres tels qu'il plaira à sadite Majesté ordonner.

AU ROY.

Sera mandé aux trésoriers généraux de France, ès généralitez de Rouen et Caen, d'envoyer l'estat desdits gages remboursez, pour après y pourveoir ainsi que sa Majesté verra bon estre.

Et pour conclusion en faisant et donnant responce, par les Gens des trois Estats de Normandie, à la demande que vous, monseigneur, leur avez faite, de la somme de huit cens dix mil neuf cens soixante quinze escus, vingt neuf sols deux deniers tournois, tant pour le principal de la taille, creuës, taillon, que autres deniers à plain déclarez ès lettres patentes de sa Majesté. Dient lesdits déléguez qu'ils auroient juste occasion de supplier sa Majesté les descharger d'une portion de ce qu'ils luy accordèrent l'année dernière : touteffois mettant en considération les grands et urgens affaires qu'elle aura à supporter l'année prochaine pour un si bon subject, qui est de réünir tous ses subjets en une seule et mesme religion Catholique Apostolique et Romaine, espérant qu'à l'advenir elle le deschargera d'un si pesant fais, selon la bonne et sainte dévotion qu'elle en a, Luy accordent les parties, les sommes de deniers qui ensuyvent.

PREMIÉREMENT.

Pour le corps principal de la taille trois cens trente cinq mil sept cens six escus deux tiers.

Pour les creuës de deux cens et cent mil escus, soixante treize mil deux cens quatre vingts quatre escus.

Pour les réparations et fortifications des Chasteaux et places fortes dudit Rouen, quatre mil soixante onze escus un tiers.

Pour le taillon, vingt sept mil cinq cens quatorze escus, vingt quatre sols.

Pour les Visbaillifs à la charge du retranchement de leurs Archers, au nombre de huit, pour chacun d'iceux cy en attendant ledit retranchement, sept mil neuf cens quarante deux escus cinq sols tournois.

Pour les postes, mil escus sol.

Pour les taxations des Commissaires et déléguez des Estats, fraiz de la présente Convention et fraiz communs dudit pays, quatre mil cent douze escus deux tiers, assavoir onze cens soixante six escus deux tiers, pour les taxations desdits Commissaires, neuf cens quarante six escus, pour les taxes des déléguez et fraiz de ladite convention, et deux mil escus pour les fraiz communs dudit pays : le tout payable és mains du Trésorier desdits Estats, au premier quartier de l'année entièrement. Supplians très humblement sadite Majesté pourvoir à la réduction du nombre desdits Commissaires, au nombre de cinq, et que les taxations desdits sieurs Commissaires qui seront faites en son dit Conseil n'excédent ladite somme de onze cens soixante six escus deux tiers, pour ce cy, quatre mil cent deux escus deux tiers.

Pour les pensions de messieurs les Gouverneurs, six mil quatre cens escus.

Pour les gages de maistre Estienne du Val, quatre cens seize escus deux tiers.

Montans toutes lesdites parties à la somme de quatre cens quarante neuf mil deux cens quatre vingts seize escus quinze sols tournois. Sur toute laquelle somme, supplient très humblement sa Majesté, les vouloir gratifier comme l'an passé de la somme de quarante mil escus, pour employer au remboursement des officiers supernuméraires en iceluy pays.

Et pour le regard du parisis, terme fort odieux, montant cent sept mil six cens quarante quatre escus six sols, et des cent cinquante mil six cens quatre vingts trois escus vingt quatre sols deux deniers, cy devant demandez par monsieur le Primat de Lyon, et non accordez, et de la creuë de cinquante sept mil un escus, aussi pour le regard des quarante cinq mil deux cens escus en trois parties, demandez de surhausse plus que l'année dernière, pour les causes contenues èsdites lettres patentes. Supplient très humblement sadite Majesté les en vouloir du tout descharger pour les causes cy devant amplement déduites, et pour raison de leur extrême pauvreté. Et se contentera sa Majesté s'il luy plaist des offres susdictes, sans que pour ladite année prochaine il se face autre levée de deniers que les dessusdits accordez. Supplians au surplus sadite Majesté avoir les habitans dudit pays en bonne et singulière recommandation.

Fait en la convention des Estats de Normandie, tenans à Rouen le penultime jour d'Octobre mil cinq cens quatre vingts cinq.

   Ainsi signé, GOSSELIN.

Les Commissaires tenans la présente convention, ayant veu la responce que les Déléguez desdits Estats ont faite à la proposition et demande à eux faite de la part du Roy, par laquelle accordent seulement luy payer pour l'année prochaine mil cinq cens quatre vingt six, la somme de trois cens vingt cinq mil sept cens six escus deux tiers, pour le principal de ladite taille, avec les creuës de deux cens et cent mil escus, le taillon et deniers ordinaires accoustumez estre levez chacun an sur le pays, selon que le tout est à plain mentionné au présent cahier de leurs doléances. Supplians très humblement sadite Majesté les vouloir descharger du parisis, et des autres creuës à eux demandées à cause de leur impuissance et extrême pauvreté : Après que lesdits Commissaires ont sur ce fait aus-

dits Déléguez plusieurs remonstrances à ce requises et nécessaires pour le service de sadite Majesté, et que sur icelles (s'estans rassemblez par trois fois pour en adviser) ils ont dit ne pouvoir rien changer de leur première résolution. Iceux Commissaires ont ordonné que département et assiette sera actuellement faite de toutes et chacunes les sommes de deniers demandées par sadite Majesté, et mentionnées és lettres de commission pour ce expédiées selon la forme portée par icelles, et que néantmoins la levée en sera surcise, jusques à six sepmaines du jourd'huy : pendant lequel temps lesdits déléguez se retireront par devers sadite Majesté, pour entendre sur ce sa volonté : ce qui a esté prononcé publiquement ausdits Déléguez en l'assemblée desdits Estats.

Fait à Rouen, par les Commissaires du Roy, tenans la convention des Estats du pays de Normandie, le trentiéme jour d'Octobre mil cinq cens quatre vingts cinq.

Ainsi signé,

Par lesdits Commissaires, LIGEART.

Sadite Majesté pour les considérations susdites des grandes et extraordinaires despences qu'il luy faut supporter en ceste présente année, ne peut diminuer ny descharger ledit pays d'aucune partie desdites sommes à luy demandées. Mais lors que ce Royaume sera paisible, elle mettra peine de faire sentir à ses subjets le fruict de la bonne volonté qu'elle a à leur soulagement, ainsi qu'elle commença l'année passée, et qu'elle avoit délibéré continuer, sans ces nouveaux remuemens : et cependant pour tousjours gratifier lesdits des Estats, elle leur accorde que sur lesdites sommes qui se léveront en l'année prochaine, ils auront quarante mil escus, ainsi qu'en la présente, pour *employer au remboursement desdites offices supernuméraires, à la charge d'en rendre compte par les Trésoriers desdits Estats, et de présenter à sadite Majesté en son Conseil estat général dudit remboursement.*

Fait à Paris, le Roy estant en son Conseil, le vingt deuxiéme jour de décembre mil cinq cens quatre vingts cinq.

   Signé,   HENRY.

 Et plus bas,   PINART.

A Rouen. Chez Martin le Mesgissier, Libraire, et Imprimeur du Roy, tenant sa boutique au haut des degrez du Palais. M. D. LXXXVI. Avec privilège dudit Seigneur. Réimprimé d'après l'exemplaire de la Bibliothèque nationale.

ARTICLES
DE
REMONSTRANCES

Faictes en la Convention des Troys Estats

DE NORMANDIE

Tenuë à Rouen, le quinziéme jour de Novembre et autres jours ensuyvans, mil cinq cens quatre-vingts et six.

Avec la Responce et Ordonnance sur ce faicte par le Roy, sa Majesté estant en son Conseil d'Estat,

Tenu à Paris, le quinziéme jour de Janvier, mil cinq cens quatre vingts sept.

AU ROY.

Et a Monseigneur de Carouges, *Chevalier des deux ordres de sa Majesté, Conseiller en son Conseil d'Estat, Cappitaine de cent hommes d'armes de ses ordonnances, et l'un de ses Lieutenans généraux au gouvernement de Normandie, et à nossieurs les Commissaires depputez par sa Majesté, à tenir l'assemblée des Estats dudict païs en ceste ville de Rouen, le quinziéme jour de Novembre, mil cinq cens quatre vingts et six.*

Supplient et remonstrent très humblement les gens des trois Estats dudict païs assistans en la présente convention,

Qu'il plaise à sa Majesté leur donner les provisions requises et nécessaires sur les articles du Cayer de leurs complaintes et doléances qui ensuyvent.

PREMIÈREMENT.

I.

Lesdicts Estats ne peuvent rien ou peu de chose adjouster aux remonstrances qui luy ont esté jà faictes plusieurs fois par son peuple, tant aux Estats généraux de Bloys qu'aux particuliers et annuels de ceste province de Normandie, et du tout ont senty si peu d'effect et soulagement que, n'estoit qu'ils ont conçeu une bonne opinion de droicte intention envers sadicte Majesté, de, peur de toute confusion, remettre l'ordre, et réduire lesdicts Estats en leur belle et première face,[1] conserver tant l'Eglise que la Noblesse en ses libertez, grandeurs et privilèges, Et avoir esgard d'oresnavant à la nécessité de ses affaires, à supporter et espargner son pauvre peuple accablé de lourdes charges, ils perdroyent presque espérance de rapporter aucun fruit de choses quelconques.

AU ROY.

Le Roy a tousjours satisfaict au mieux qu'il luy a esté possible aux remonstrances qui luy ont esté faictes par son peuple tant aux Estats généraux de son Royaume, qu'aux particuliers de ladicte Province de Normandie. Et a sa Majesté donné les provisions nécessaires pour leur en faire recueillir le fruict qui s'en pouvoit espérer, comme elle désire encore faire en toutes occasions.

II.

Qu'il plaise à sa Majesté remettre sus l'antienne splendeur de l'Eglise chrestienne, Catholicque, Apostolique et Romaine, donnant les charges et dignitez Ecclésiastiques à personnes capables, faisant inviolablement observer l'Edict qu'il a si solennellement juré pour la réünion de ses subjects à mesme religion, en conservant les Ecclésiastiques en leurs biens, franchises, libertez, privilèges et exemptions.

AU ROY.

Il y est satisfaict par la responce du premier article du cahier de l'année dernière. Et a encores sadicte Majesté n'aguères ouvertement déclaré qu'elle persévére à voulloir faire exécuter son Edict pour la réunion de tous ses subjects en ladicte Religion Catholicque, Apostolique et Romaine, comme aussi elle veut conserver inviolablement les Ecclésiastiques en tous leurs biens, droicts et Privilèges.

III.

Supplient en outre très humblement sa Majesté, que puisqu'il luy a pleu faire surseoir l'exécution des décimes extraordinaires levés en ces années dernières, comme chose contraire au serment qu'elle avoit faict et solennellement juré avec son Clergé, de ne lever rien outre les décimes ordinaires, Il luy plaise que les deniers qui seront trouvez avoir esté payez par lesdits Ecclésiastiques ausquels la plus grande partie a satisfaict, soient précomptez pour et au lieu des deniers ordinaires, ou bien ordonner qu'ils en seront remboursez. Et au surplus que commissions aucunes ne seront désormais par sadicte Majesté adressées aux Juges des lieux ; mais bien aux Ecclésiastiques, comme il a esté de tout temps observé.

Sadicte Majesté n'a sans grande et urgente nécessité faict lever lesdicts décimes extraordinaires. Et ne se peut restituer ce qui en a esté receu, ny estre précompté sur les décimes ordinaires, pour avoir esté iceux deniers employez au faict de la guerre. Estant au demeurant l'intention de sadicte Majesté que les commissions qui s'expédieront pour semblable chose, soyent faictes en la forme accoustumée d'ancienneté.

IIII.

Qu'il plaise à sadicte Majesté maintenir la Noblesse dudict païs en tous ses anciens prévillèges, dignitez, exemptions et libertez, et luy commettre, vacation advenant, les charges honorables de la Province, assurant ladicte Noblesse sadite Majesté, qu'elle en sera fidellement servie, et que le peuple en recevra bon traictement. Et au surplus les descharger des impositions et subsides que l'on prend sur eux, tant sur le sel, vins, draps de soye qu'autres marchandises.

AU ROY.

Les responces mises sur le neufiéme article du cahier de l'année mil cinq cens quatre vingts trois, et sur le septiéme de l'année dernière, satisferont au contenu du présent. Et néantmoins adjouste sa Majesté qu'elle gratiffiera tousjours volontiers la Noblesse dudict païs des charges honorables qui y viendront à vacquer dignes de leur profession, non seullement audict païs mais és autres Provinces de son Royaume, selon qu'ils en seront capables.

V.

Les Gentils hommes et toutes autres personnes usagers, riverains et voisins des forests dudit païs, Supplient très humblement sa Majesté qu'il soit faict très expresses deffences au grand Maistre en l'amesnagement qu'il entreprend ès dictes forests de sa charge, de diminuer ou retrancher aucune chose des droicts dont ils sont de tout temps en possession suyvant leurs chartres et concessions, et qu'il luy soit commandé les en faire jouyr, suyvant les arrests et dernières delivrances de ses prédécesseurs audict office, jusques à ce qu'il ait pleu à la court de Parlement ordonner et régler lesdictes droictures et chauffages.

Au Roy. Et néantmoins sont les Commissaires d'advis que pour les cas particuliers, les parties se pourvoiront par appel en la court de Parlement.

L'intention de sadicte Majesté est que lesdicts Gentils hommes jouyssent desdicts droicts selon qu'ils en ont cy devant sans abus bien et deuëment jouy et usé, dont, si aucuns débats et procez particuliers se meuvent, Sadicte Majesté veut que les appellations en ressortissent en sa court de Parlement, suyvant l'advis desdicts Commissaires.

VI.

Et en augmentant et réitérant la requeste faicte au cahier de l'année dernière, article unzième, Il plaise à sa Majesté ordonner qu'aux lieux où son Domaine a esté alliéné en ce dict païs, il ne sera pourveu aux gardenobles par les usufructuaires ny leurs officiers qui les vendent et en font leur profit : Ains à sadicte Majesté seulle les réserver pour en gratiffier ladicte Noblesse, attendu mesmes que ledict droict à elle seulle appartient, comme les foy et hommage à cause de son Duché de Normandie.

Il a esté satisfait sur cest article, tant par lettres patentes de déclaration du Roy, que arrests de la Court.

Il a esté cy devant pourveu, et seront suyvies les lettres de déclaration de sadicte Majesté, et arrests de ladicte Court sur ce donnez.

VII.

Lesdicts Estats ayans à présent senty les mauvais effects de la commission exécutée par Maistre Jean Bodin pour le faict de la refformation des eauës et forests de la Viconté de Rouen, ayans eu advertissement qu'il prétendoit icelle en bref temps exécuter és autres Vicontez et Bailliages dudict païs, qui seroit la totalle ruine des habitans circonvoisins èsdictes forests, Supplient de rechef très humblement sa Majesté que sur toutes choses, et en quelque sorte que ce soit, il luy plaise révocquer ladicte commission, afin que le pauvre peuple aye quelque moyen de pouvoir respirer.

AU ROY.

Sadicte Majesté s'informera de l'interest qui peut estre en l'exécution de ladicte commission, Et ce pendant elle veut et ordonne qu'elle demeure surcise et en estat.

VIII.

Le tiers Estat est celuy en tout qui souffre le plus : car de sa part il paye les imposts qui se lévent sur les marchandises, daces et procez, comme l'Ecclésiastique et le Noble, il est encores estrangement grévé par les grandes tailles, cruës et surcharges qui se lèvent ordinairement sur luy sans que l'on y ait eu cy devant aucun esgard, au contraire outre la taille ordinaire il a esté levé grands et excessifs deniers pour plusieurs et diverses occasions, et à toutes ses misères seront adjoutées les ravages, excez, forces et violences, qu'endurent tous les jours les pauvres gens de ladicte Province, par la licence qui est aujourd'huy si grande, qu'il est permis à qui se veut mettre aux champs de piller et voller impugnesment, soubs prétexte tantost d'un embarquement, tantost d'une autre guerre ; les Cappitaines taxent les villages à sommes excessives, le soldat taxe son hoste à sa discrétion, et par la permission de son Cappitaine, auquel il paye certaine somme par chacun jour pour recognoissance, comme du tout il apparoistra par les informations qui en ont esté faictes, à toutes lesquelles misères et pauvretez ils supplient très humblement avoir esgard.

Au Roy. Et néantmoins est enjoint aux Juges et Visbaillifs de procéder à l'encontre de ceux qui se trouveront coupables.

Le Roy n'a rien plus à contre-cœur que les insolences que commettent les gens de guerre sur son pauvre peuple, Et pour ce sa Majesté veut que les ordonnances et réglemens cy devant faicts pour la police et discipline desdicts gens de guerre soyent observez et suyvis, sans qu'aucun Cappitaine puisse lever ny faire marcher sa compagnie en la Province, qu'il n'ayt l'attache du Gouverneur et Lieutenant général. Et néantmoins conformément à la responce desdicts Commissaires, Sadicte Majesté ordonne et enjoinct qu'il soit procédé contre ceux qui se trouveront coupables des insolences, pilleries et exactions mentionnées au présent article pour en estre faicte telle punition qu'il appartiendra.

IX.

Qu'il plaise à sa Majesté ordonner que les arriérages des rentes deuës en ses receptes, tant génerálles que des Aydes et autres, pour les années passées, seront payées et acquitées, attendu que la pluspart sont deubs à pauvres femmes vefves, et enfans orphelins, Hospitaux et lieux de piété qui n'ont autre moyen de vivre, sans qu'à l'advenir pour quelque cause que ce soit les deniers destinez à cest effect puissent estre employez ny arrestez, soubs quelque prétexte que l'on puisse prendre. Et que par chacun an, en dressant les Estats des finances de ceste Province, les rentes et charges ordinaires soyent préalablement employées pour estre acquittées avant toutes choses, et deffences aux trésoriers généraux de France et receveurs généraux et particulliers d'y contrevenir, nonobstant toutes lettres patentes et closes au contraire, sur peine d'en respondre à perpétuité en leurs propres et privez noms, et que les Receveurs seront contraincts de quartier en quartier au payement des rentes ainsi qu'elles sont crées.

Au Roy. Et néantmoins sont les Commissaires d'advis que les deniers destinez pour le payement des arrièrages des rentes, ne soyent employez à autre effect qu'au payement d'icelles, et que chacun soit payé aux termes de la constitution d'icelles rentes.

Le Roy dressant l'Estat général de ses finances, n'a jamais entendu toucher aux rentes et charges estant sur les receptes génerálles de Normandie, ains seullement à ce qui doit revenir de bon, lesdictes charges acquittées, En quoy s'il y a eu aucun défaut, il est provenu tant à cause des descharges pour l'impuissance du peuple, qu'à faute du payement de la subvention à quoy ceux de la ville de Rouen ont esté cottisez comme les autres villes de son Royaume. Ayant néantmoins sadicte Majesté voulu et ordonné que des deniers de la constitution de rente qui se lèvent audict païs les arrièrages desdictes rentes soyent acquittées.

X.

Et par mesme moyen la révoccation de toutes subventions mises sur les villes closes, tant franches qu'autres bourgs et bourgades dudict païs, soubs quelque couleur ou prétexte que ce puisse estre, soit pour la solde de cinquante mil hommes de pied, levée de Reistres, Suisses ou de pionniers en argent, n'ayant aucun moyen d'y satisfaire attendu l'extresme pauvreté du peuple, avec les autres grandes charges des tailles, cruës, impositions, gabelles et autres nouveaux subsides qui se payent à sa Majesté, déclarant dès à présent toutes commissions décernées ou à décerner, soit aux Trésoriers de France ou Commissaires extraordinaires pour cest effect, nulles et de nulle valeur.

AU ROY.

L'Estat et nécessité des affaires de sadicte Majesté est tel qu'elle ne peut se passer d'estre secouruë de ses subjects, par les mesmes moyens et levées qu'il s'est faict cy devant en moindre nécessité, ausquels estans reduicts, ses affaires en meilleur estat qu'ils ne sont, elle pourvoira de tout le plus grand soullagement qu'il luy sera possible.

XI.

Estaindre et abolir l'impost mis sur le papier, cartes et taraux, comme l'un des plus pernitieux et dommageables qui ait esté faict en ce Royaume, et duquel sa Majesté ne tire aucun profit : Mais au contraire se trouvera que les deniers que sadicte Majesté en reçoit sont beaucoup moindres que la perte qu'il faict en ses anciens droicts qui se payent par les estrangers et autres qui enlèvent desdictes marchandises hors du Royaume, D'autant que le commerce en est entièrement délaissé pour la trop grande surcharge de ceste imposition, qui a causé premièrement l'absence d'une grande partie des maistres de l'estat qui se sont retirez en Angleterre et ailleurs, où s'est transporté ladicte manufacture. Secondement une desbauche d'un grand nombre de menu peuple qui en vivoit, et est cause de la totale ruyne des pauvres subjects de sa Majesté, dont l'on veoid les villes pleines, qui sont contraincts mandier, pour ne se pouvoir nourrir et substenter d'ailleurs.

Au Roy. Et néantmoins sont les Commissaires d'advis qu'il plaise à sa Majesté revocquer ledict impost, tant pour éviter à la perte de ses droicts dont les fermiers de l'imposition foraine prétendent diminution, que pour le soulagement du pauvre peuple, dont les plainctes et clameurs se font et sont faictes par diverses fois en la ville de Rouen.

XII.

L'on ne pourroit assez exprimer la ruyne qu'apportera l'impost du sold pour livre, mis sus les toilles s'il a lieu d'autant que cette marchandise est le seul moyen qui reste pour pouvoir payer les tailles et gabelles de sa Majesté, et en faisant cesser le trafficq avec l'estranger, comme sans doute il se perdra entierement pour la trop grande charge qu'il y a dessus. Le pauvre peuple n'ayant d'ailleurs commodité demeurera accablé sans aucun moyen de payer les droicts et gabelles, et sera réduict en la mesme nécessité que les pauvres Cartiers. Outre que la manufacture se transportera ailleurs, comme elle a desjà commencé, à l'entière ruyne des sujects de sadicte Majesté, et la diminution de ses anciens droicts, qui sera de plus grande somme que ledit subside du sold pour livre ne pourroit monter quand il sera affermé. C'est pourquoy sa Majesté est très humblement suppliée, les vouloir revocquer et abolir du tout.

AU ROY.

Sa Majesté a esté contraincte de mettre sus ledict Edict, pour la nécessité de ses affaires. Et veut qu'il sorte son plain et entier effect.

XIII.

Comme pareillement l'Edict de réaprétiation en la Viconté de l'eauë, qui ne croirront jamais estre venu à la cognoissance de sa Majesté, pour estre si détestable et abominable, qu'il n'y a chose, pour petite qu'elle soit que l'on apporte des champs à la ville pour l'usage du pauvre peuple, qu'il n'y soit taxé : comme poires, pommes, oygnons, naveaux, charbon, bois à brusler. Bref ceux qui l'ont dressé et baillé l'invention, n'ont rien obmis sinon à taxer l'air, afin que le peuple ne peust respirer sans payer tribut. Supplians très humblement sa Majesté en vouloir prendre cognoissance elle mesme, sans en faire renvoy en son conseil, comme chose où elle a particulièrement intérest.

AU ROY.

Sadicte Majesté veut que ledict Edict de réaprétiation ait lieu, attendu le long temps qu'il y a que le premier prix estoit faict qui est de plus de quatre cens ans, et que s'il se payoit en nature, il monteroit à beaucoup d'avantage.

XIIII.

Revocquer aussi et abolir entiérement l'Edict faict pour les courtiers en la ville de Rouen et autres lieux, comme très dommageable au publicq, et lequel a esté rejecté par toutes les autres villes de ce Royaume, d'autant qu'outre les deniers qui sont attribuez ausdicts courtiers au grand dommage du peuple, c'est oster la liberté aux marchans de France, leur trafficq et négociation, et les assujectir de passer par les mains des personnes de la fidélité desquels il ne se doyvent asseurer, et se veoit que une partie de ceux qui en sont pourveuz, sont gens infames, banqueroutiers ou reprins de Justice, faisant des monopoles qui ne tendent qu'à la subversion du trafficq et encherissement de vivres, comme elles sont assez descouvertes par ce qui est advenu de fresche mémoire en ladicte ville, aux jugemens puis peu de temps donnez.

Au Roy. Et néantmoins sont lesdits Commissaires d'advis que les marchans ne soyent contraincts se servir desdicts courtiers, sinon de gré à gré, suyvant les arrests de la Court, donnez sur la vérification de l'Edict.

Les arrests donnez sur la vérification dudict Edict des Courtiers seront suyvis selon l'advis desdicts Commissaires.

XV.

Encor que par Edict faict à Sainct Germain en Laye, au mois de Novembre, mil cinq cens quatre vingts quatre, vériffié en la Court de Parlement à Rouen, sa majesté ait révocqué plusieurs nouveaux Edicts et commissions, entre lesquels seroyent les taxes prétendues faire par les marchans vendeurs de poisson, Toutes fois en ceste présente année Maistre Pierre de Pagalde, Trésorier général de France, en vertu d'une Commission à luy adressée, non presentée ny vériffiée en ladicte Court, auroit faict une grande et excessive taxe, montant à plus de dix mil escus, chose qui feroit du tout perdre et anéantir le commerce et trafficq du poisson, delaisser entiérement la pescherie qui se fait aux Terres neufves, Nouerge et ailleurs, dont est substenté grande quantité de peuple, qui desnué des moyens de vivre de la terre, par l'alliénation des communes, n'a recours qu'à la pesche de la mer. Et n'est considérable l'érection faicte à Paris, et autres villes desdicts offices, attendu que ce ne sont ports de mer ny villes d'estappes : comme est celle de Rouen, où un marchand estranger qui apportera la marchandise à vendre auroit plus de liberté que le vray et naturel subject du Roy. Outre la diminution qu'il y auroit, tant au droict d'un sold pour livre qui se paye pour ladicte poissonnerie, qu'aux autres droicts d'entrée de ville, qui se montent à beaucoup d'avantage par an que la taxe que sa Majesté en pourroit tirer en une seule fois. Pour lesquels faudroit prendre fonds d'ailleurs sur les finances de sa Majesté, pour payer les rentes et charges qui sont dessus, mettant en considération que lesdictes taxes sont faictes sur pauvres facteurs et commissionnaires, et simples marchans nécessiteux qui ne vivent que de leur crédit et support d'autruy, n'ayant aucun moyen de les payer, et conviendroit en remplir les prisons si l'exécution desdictes taxes tiroit outre, qui seroit une calamité suyvie d'un désespoir.

Au Roy. Et néantmoins sont lesdicts Commissaires d'advis que l'exécution de ladicte commission soit sursise jusqu'à ce que par sa Majesté autrement y ait esté pourveu.

Seront veuz les Edicts, reiglement et arrest sur ce donnez. Et ce pendant l'exécution des contrainctes depeschées sur iceux sera sursise.

XVI.

Et d'autant que la multiplicité des imposts et subsides érigez, et tailles redoublées depuis dix à douze ans, ont faict cesser les arts, manufactures et agriculture des villes et villages, lesquelles demeurent à présent à ceste occasion désertes ou remplyes d'un nombre infiny de pauvres mandiens, avec une effroyable horreur du reste du peuple qui n'a moyen de leur subvenir pour leur extresme indigence, et à ceste occasion les villes et villages dudict païs ont durant, cest Esté, nourry par plusieurs mois grand nombre de pauvres, dont ils sont demeurez endebtez à divers particuliers de grandes sommes de deniers, et que le nombre desdicts pauvres augmente de plus en plus, Il plaise à sa Majesté ordonner quelque fonds sur ce qui se lève ceste présente année en ceste Province, pour payer lesdictes debtes, et pourveoir pour l'advenir d'autres notables sommes d'argent pour ayder à substenter iceux pauvres, de peur qu'ils ne soyent réduicts à un entier désespoir qui est ordinairement suyvi d'inconvéniens inrémédiables.

AU ROY.

Sadicte Majesté ne peut faire aucun fonds pour la

nourriture desdicts pauvres, et est un faict qui despend de la Charité et piété que doyvent exercer les bons Citoyens envers leurs prochains, comme bons Chrestiens.

XVII.

Qu'il plaise à sa Majesté révocquer et supprimer l'estat de nouveau érigé de Receveur et déppositaire de deniers comme estant très pernicieux et dommageable à ses pauvres sujects.

AU ROY.

Le Roy entend que les pourveuz desdits offices en jouyssent selon les reiglemens si mieux ceux du païs n'ayment qu'ils soyent supprimez en les remboursant.

XVIII.

Que suyvant la requeste cy devant faicte à sa Majesté, luy plaise ordonner que toutes marchandises payant droict d'entrée en ce païs, ne payeront aucune chose à la sortie, et que pour celles qui se transporteront de ville en autre dans le Royaume, ne sera payé traicte Domaniale, ne traicte foraine, spécialement pour les marchandises qui se transporteront à Lyon, attendu qu'à leur arrivée en ladicte ville de Lyon, l'on paye le droict de Doüenne qui est très grand, et que les marchans de ceste Province jouyront de la déclaration qu'en ont obtenu les marchans de Lyon.

AU ROY.

Le Roy n'entend point qu'il soit changé aucune chose en la perception desdicts droicts : ains qu'il en soit usé ainsi que l'on a accoustumé par cy devant.

XIX.

Et par semblable, attendant la révocation des nouveaux

imposts, modérer la réaprétiation de la Romaine trop excessive, excédant en plusieurs marchandises, le tiers de leur juste valleur et en descharger les vins, pastel, toilles et canevas, qui payent l'imposition et Domaine forain et traicte Domanialle.

AU ROY.

Ne se peut riens changer au faict du droit de làdicte Romaine, attendu que c'est un droit Domanial des plus anciens.

XX.

Et d'autant qu'il n'a esté satisfaict à l'article trentiéme du cahier de l'année dernière, Supplient humblement sa Majesté ordonner qu'il ne sera limitté temps de faire sortir hors du Royaume les marchandises acquittées en foire, par ce que souvent se passe deux mois avant que le temps soit propre de sortir. Joinct que les marées en ceste Province ne sont telles que les Navires puissent tousjours sortir des Havres quelque bon vent qu'il y ait, à cause de la basse eauë, ce qu'il n'advient en Bretagne.

Au Roy. Et néantmoins sont lesdicts Commissaires d'advis du contenu en cest article.

Faut en ce fait suyvre les ordonnances de l'Admirauté.

XXI.

Pareillement il plaira à sa Majesté, suyvant la requisition qui en a esté faicte és derniéres années, pourveoir sur les appellations ressortissans du Maistre des ports, touchant les impositions sur les marchandises, et à ceste fin en attribuer la cognoissance en la Court des Aydes.

Au Roy. Et néantmoins sont lesdicts Commissaires d'advis du contenu au présent article.

Le Roy s'informera, tant du Maistre des ports, de la Court des Aydes, que de l'intérest qu'il y pourroit avoir pour la perception de ses droicts, en ce qui est requis au présent article, pour y estre après pourveu ainsi que de raison.

XXII.

Et semblablement déclarer que les franchises et libertez qui ont esté octroyées à la ville de Rouen, à cause des trois foires franches d'icelle ville, leur seront continuées non seulement pour les imposts qui se lèvent de présent : Mais aussi pour tous les autres qui se pourroyent cy après ériger sur les marchandises qui se vendent ausdictes foires, nonobstant toutes déclarations faites au contraire.

Au Roy. Et néantmoins sont lesdicts Commissaires d'advis du contenu en cest article.

Accordé qu'ils jouyront dudict Prévillège, ainsi qu'ils ont accoustumé.

XXIII.

Supplient humblement sa Majesté avoir esgard aux exactions faictes journellement sur ses subjects, par les habitans de Zélande et Hollande, qui prennent et adjugent de bonne prinse toutes marchandises sortans de ce païs pour aller trafficquer en Espagne, Callais, Boulongne et autres lieux. Ensemble les marchandises qui viennent en ce païs, spécialement les bleds et autres grains qu'ils ont arrestez et vendus en ceste année présente, à la grande perte et ruine de ses pauvres sujects et diminution des droicts de sa Majesté.

AU ROY.

XXIIII.

Et en considération de la grande et extresme charté des

bleds et vivres de ce païs, vouloir surseoir l'exécution des lettres de marque sur toutes nations, pour faciliter le commerce et que plus librement l'on puisse apporter bleds et autres grains pour le secours de ce païs et subvention des pauvres qui y affluent.

Au Roy. Et sont lesdicts Commissaires d'advis que les Navires apportans bleds ou autres grains et vivres, ne pourront estre arrestez pour quelque lettre de marque que ce soit, jusqu'à ce que par sa Majesté autrement en ait esté ordonné.

En faisant apparoir bien et deuëment desdictes prises et du deny qui aura esté faict d'en faire justice par les gens des Estats, et autres qui ont charge et commandement ausdicts païs de Hollande et Zélande, Sadicte Majesté y pourvoira à ses subjects par lettres de marque, et autres voyes telles que de raison, sans toutesfois qu'icelles lettres de marques obtenues et à obtenir, se puissent pour la présente année exécuter contre les vaisseaux qui se trouveront chargez de bleds pour estre amenez en ce Royaume.

XXV.

Remonstrent aussi qu'au mois de Juin dernier, sa Majesté auroit érigé en tiltre d'office en toutes les villes de ce Royaume, un visiteur et Contreroolleur sur la marchandise de cuyrs. Et d'autant qu'il seroit très pernitieux et dommageable pour le public, Supplient sa Majesté vouloir revocquer ledict Estat, et faire entretenir les ordonnances anciennes sur le faict de ladicte marchandise.

AU ROY.

L'Erection dudict Estat a esté faicte pour bonnes considérations et veut sa Majesté qu'il ait lieu.

XXVI.

Et par ce que, contre les promesses tousjours faictes aux Estats et confirmées d'an en an, de ne faire aucune levée de deniers audict païs, soubs quelque prétexte que ce soit, sans le consentement desdicts Estats, requèrent que de rechef il soit reiteré et que deffences très expresses soyent faictes aux Trésoriers généraux de France, de ne permettre ny ordonner estre levé en plus avant que ce qui sera accordé et consenty en l'assemblée génerale, sur peine de répétition sur eux en leurs propres et privez noms, quelques lettres et commissions qu'ils ayent au contraire, et pour quelque pretexte que ce soit.

AU ROY.

Sa Majesté ne décernera aucunes Commissions pour faire levées de deniers extraordinaires en ladicte Province, sans grande et urgente nécessité, et qu'elle n'en ait pris l'advis de son Conseil.

XXVII.

Qu'il plaise à sa Majesté ordonner que d'oresnavant ne seront plus érigez, ny augmentez aucuns imposts, subsides ny gabelles, ny aucunes créations d'offices, sans l'accord ou consentement desdicts Estats, attendu la grande ruine qui en est advenue pour en avoir autrement usé depuis quelques années en ça, contre l'intention de sa Majesté, qui à l'exemple de ses prédécesseurs l'a de tout temps promis, et qu'il ne se pourra exécuter aucune Commission en ceste Province, par quelque personne que ce soit, sans estre présentée et vériffiée en la court de Parlement de Rouen, quelques clauses derrogatoires qui y soyent employées, et mander à ladicte Court et aux Gouverneurs et Lieutenans généraux de sa Majesté, faire emprisonner les Commissaires et Huissiers, comme perturbateurs et ennemis du Roy et du public, qui ne taschent qu'à esmouvoir le peuple à sédition par telles nouveautez, dont ils ne revient riens à sa Majesté. Estans ordinairement lesdicts Commissaires gens affectionnez et attitrez par ceux qui ont intérest aux deniers qu'ils font sortir de leurs commissions.

AU ROY.

XXVIII.

Pareillement est sa Majesté suppliée très humblement que tous les Edicts qui concerneront nouveaux subsides, aides, imposts et levées de deniers, en quelque façon que ce soit, qui n'auront esté accordez et consentis ausdicts Estats, seront addressées en sa Court de Parlement à Rouen, pour y estre vériffiés comme il a esté faict de tout temps, et non en la Court des Aydes, qui n'est instituée que pour cognoistre des discords et différens qui peuvent naistre pour l'exécution desdictes Aydes et gabelles, comme il appert en ce qu'ils jugent au nombre de quatre ou cinq, voire y vériffient tous Edicts quelques pernitieux qu'ils soyent, et qu'à l'advenir ladicte Court de Parlement en cognoistra privativement à ladicte Court des Aydes.

AU ROY.

XXIX.

Que toute personne qui aura exécuté commission sans estre vériffiée en la Court de Parlement, ne pourra avoir séance en la convention des Estats, n'estant raisonnable que ceux qui se rendent parties de la Province, soyent Juges des remonstrances qui se font à sa Majesté, attendu qu'il est tout notoire que la plupart des Commissaires ont intérest et font party de leurs dictes Commissions.

AU ROY.

Les Edicts, Commissions et autres lettres patentes qui seront expédiées pour les choses mentionnées aux trois presens articles, seront addressées ainsi que besoin sera, et que sa Majesté verra estre à faire. Ayant agréable ce qui a esté faict par sa Court des Aydes, en la publication de ses Edicts, suyvant son commandement, dont ils sont plustost dignes de louange que du blasme que lesdicts depputez leur veullent donner, ce qu'elle ne peut trouver que fort mauvais.

XXX.

Et d'autant que sur l'article dix huitiéme du cayer de l'année dernière, n'a esté satisfaict à la requisition desdicts Estats, pour la suppression des nouveaux Officiers des Eauës et Forests, qui est néantmoins de telle et si grande importance qu'il convient nécessairement y pourveoir à cause de la désolation et totale ruine desdictes forests, au dommage inréparable du Roy et de son peuple qui vient d'estre privé du cinquiéme élément nécessaire à la vie humaine, ayant esté essarté en ceste Province depuis seize ans en ça, plus de quarante mil arpens de forests de sa Majesté, Requièrent lesdicts Estats suppression des nouveaux Officiers desdictes eauës et forests, par l'Edict de l'an cinq cens quatre vingts trois, et de plus révocation de l'Edict qui a esté envoyé en la Court de Parlement, d'érections des grands Maistres, et Maistres particulliers, alternatifs, d'autant que ce seroit le comble de la totale ruine d'icelles forests : comme il sera veriffié par les informations que lesdicts Estats supplient en estre faictes en ladicte Court de Parlement, Et généralement de toutes autres offices, tant de judicature que de finances, érigez depuis le règne du Roy Henry, comme particullièrement ils requièrent la suppression de création et érection en chacun siége Présidial et Royal, d'un Lieutenant particullier, accesseur criminel et Conseiller èsdicts sièges.

AU ROY.

Le Roy veut que lesdicts Edicts ayent lieu, pour avoir esté créez afin de subvenir à la nécessité de ses affaires.

XXXI.

Et d'autant que par Edict faict par sa Majesté au mois de Juillet mil cinq cens quatre vingts cinq, et déclaration sur ce ensuyvie, veriffiés en tous les Parlemens de ce Royaume, toutes les causes évocquées desdicts Parlemens, en vertu de l'Edict de pacification précédent, auroyent esté renvoyées aux Parlemens ausquels la cognoissance en appartient et interdition faicte, tant en la chambre my-partie que grand Conseil, d'en prendre cognoissance, Ce néantmoins les habitans de ceste Province sont plus travaillez desdictes évoccations qu'ils n'estoyent par le passé, tant pour les procez qui leur sont intentez en reiglement de Juges au Conseil d'estat, que requestes qui se présentent audict grand Conseil ou Parlement de Paris, soubs prétexte de frivolles récusations alléguées à l'encontre du Parlement et desquelles n'est aucunement informé, en quoy les sujects du Roy sont tellement vexez qui leur couste plus en reiglement de Juges qu'à vuyder leurs différens. Supplians sa Majesté qu'il luy plaise ordonner que toutes causes qui auront esté cy devant évocquées dudict Parlement de Rouen, en vertu de l'Edict de pacification, y seront purement et simplement renvoyées, et déclarer tous jugemens qui se sont donnez et donneront cy après au contraire et au préjudice dudict Edict de Juillet, et déclaration sur ce ensuyvie, nuls et de nul effect, et iceux casser, révocquer et adnuller. Et que les sujects de ceste

Province ne seront évocquez dudict Parlement, pour quelque cause que ce soit qu'aux cas portez par l'ordonnance des Estats de Bloys, information préalablement faicte.

AU ROY.

Il y a esté pourveu par ledict Edict du mois de Juillet, et déclaration sur iceluy, que sadicte Majesté veut estre suyvis. Et néantmoins en cottant particulièrement les procez qu'ils prétendent estre évocquez au préjudice desdicts Edict et Déclaration, et présentant à ceste fin requeste au Conseil de sadicte Majesté, leur sera sur ce plus amplement satisfait.

XXXII.

Remonstrent à sa Majesté ses pauvres sujects du tiers Estat, que les plus riches et oppulans des parroisses, tant de Justice qu'autres, jusques à quatorze dans une seulle paroisse estans à grande somme de taille, pour éviter payement d'icelle, sans estre nommez par les parroissiens, ont achapté les recettes de collection de plusieurs petites parroisses voisines de leur demeure, qu'ils font exercer par leurs serviteurs et personnes interposez, sans résider sur icelles, pour par cela se descharger du payement desdictes tailles, chose grandement préjudiciable aux pauvres payans taille, accablez du fardeau de l'exemption desdicts receveurs, collecteurs : Si supplient et humblement requièrent sadicte Majesté lesdicts payans taille, ordonner que lesdicts receveurs, collecteurs, qui auroyent achapté telles offices, et qui n'ont esté esleuz par les parroisses, seront et demeureront contribuables, imposez et assis à la taille au lieu où ils payoyent, lors de l'obtention par eux faicte de leurs dicts offices selon leur faculté, et qu'au lieu de remboursement seront permis vendre leurs dicts offices ausdits parroissiens des parroisses où ils sont pourveuz. Et que ceux qui ont esté nommez et esleuz par les parroisses jouyssent de leurs dicts offices aux gages de deux sols pour livre suyvant vostre Edict, sans aucune diminution des quatre deniers que sa Majesté en a prins és dernières années.

Au Roy. Et néantmoins sont lesdicts Commissaires d'advis du contenu en cest article.

Les pourveuz desdicts estats de receveurs, collecteurs seront tenus de résider en la parroisse d'où ils ont prins la recepte, autrement seront imposez comme contribuables à la taille en la parroisse où ils sont résidens, et y aura autres receveurs pourveuz.

XXXIII.

Lesdicts Estats ont eu advertissement que sa Majesté vouloit changer le droict de la perception de son droict de quatriéme en ceste Province de Normandie, et de faict y a eu déclaration addressée en la court des Aydes du vingt-neufiéme jour d'Avril dernier, par laquelle elle entend que, pour éviter aux abus que l'on prétend estre commis à la perception dudict droict, il soit d'oresnavant payé un escu pour chacun muid de vin qui sera vendu et débité en ceste Province de quelque creu que ce soit. Et d'autant que telle nouvallité et changement ne peut apporter que confusion et désordre, Supplient très humblement sadicte Majesté les vouloir maintenir au payement dudict quatriéme, comme ils ont accoustumé pour la conséquence qui en pourroit advenir.

Au Roy. Et néantmoins sont lesdicts Commissaires d'advis que ladicte déclaration n'aye lieu.

Le Roy a sursis l'exécution desdictes lettres de déclaration.

XXXIIII.

Remonstrent en outre lesdicts Estats qu'à leur instance le Roy Charles dernier, que Dieu absolue, par son Edict du mois de Février, mil cinq cens soixante cinq, avoit supprimé tous les Esleuz dudict païs, réservé un seul qui seroit choisy et opté par lesdicts Estats, et ce moyennant le remboursement qu'ils s'estoyent submis faire. Lequel remboursement avoit esté effectué de leur part, tellement que ledict Edict a esté exécuté au soulagement du peuple, jusqu'en l'an cinq cens soixante douze, que pour la nécessité des affaires de sa Majesté auroit esté expédié Edict d'érection de nouvelles Eslections et Bureaux de recepte en chacune Viconté, dont lesdicts Estats ont rendu plainte en chacune convention, et si y en a article exprez au cayer des Estats de Bloys, article deux cens seize. Tellement qu'après plusieurs poursuittes, s'ensuit autre Edict de suppression en l'année mil cinq cens quatre vingts, de tous lesdicts nouveaux Bureaux de recepte et eslection, érigez par ledict Edict de soixante et douze, le tout moyennant le remboursement comme dessus, lequel remboursement a esté effectué pour la deuxiéme fois par lesdicts Estats. Et néantmoins sans avoir esgard à tout ce que dessus a esté de nouveau expédié Edict de restablissement desdictes nouvelles Eslections et Bureaux de recepte. Si supplient très humblement sa Majesté, considérer que tous les lieux où l'on prétend restablir lesdictes nouvelles Eslections sont taillables, que les officiers d'icelles voudront par tous moyens s'exempter et descharger des tailles et autres impositions, leurs père, mère, frères, sœurs, oncles, nepveux, parens, amis, alliez et bienfaicteurs, tellement qu'il y aura telle nouvelle Eslection qui ne sera composée que de quarante ou cinquante parroisses, dont la moitié sera des appartenans desdicts officiers ou de leurs amis, parens et fermiers qui seront deschargez, et le reste des pauvres taillables extresmement opprimez. Et au contraire les lieux desdictes anciennes Eslections sont villes franches, les officiers d'icelles non taillables, gardans et observans les ordonnances faictes sur l'imposition des tailles selon droict et équité.

Il plaira aussi à sa Majesté avoir esgard au remboursement cy devant faict par deux diverses fois par le peuple et aux Edicts de suppression et arrests sur ce ensuyvis. Et pour ceste cause ils supplient très humblement sa Majesté révocquer l'Edict du restablissement de mois de Juin dernier, comme grandement préjudiciable aux pauvres taillables dudict païs.

AU ROY.

Lesdicts offices ont esté restablis pour bonnes considérations, et les deniers d'iceux employez au faict de la présente guerre.

XXXV.

SA Majesté par la responce au vingt quatriéme article du cayer dernier avoit accordé que d'oresnavant il ne seroit prins aucune chose des quarante mil escus destinés pour le remboursement des officiers supprimez, dont le roolle et estat seroit arresté chacun an en l'assemblée desdicts Estats. Et néantmoins en a esté prins, tant en ceste présente année qu'autres précédentes, la somme de quatre vingts tant de mil escus, qui ont esté employez ailleurs qu'où ils estoyent destinez. Si supplient très humblement sadicte Majesté qu'il luy plaise pourvoir au remplacement d'icelle somme, et ce sur les deniers qui se léveront l'année prochaine, attendu qu'ils ont esté employés pour le service de sa Majesté : afin que plusieurs officiers supernumeraires estans en charge audict païs, puissent estre supprimez et remboursez, comme a esté l'intention de sa Majesté.

AU ROY.

Le Roy n'y peut pourveoir en la présente année pour la nécessité de ses affaires.

XXXVI.

Reiterent pareillement lesdicts depputez l'article quarante cinquiéme du cayer de l'année dernière : afin qu'il plaise à sa Majesté réduire le prix du sceau de la Chancellerie, comme il estoit auparavant la création des Controolleurs et Audienciers de nouveau érigez en icelle, attendu la levée de dix huict mil escus qui s'est faicte pour leur remboursement.

AU ROY.

Sa Majesté ne peut faire autre responce à cest article, que celle qu'elle a faicte sur semblables articles des cayers des deux années dernières.

XXXVII.

Percistent pareillement à la requeste et supplication qu'ils firent l'année dernière pour la réparation des ponts et passages dudict païs : afin qu'il plaise à sa Majesté promptement y pourveoir pour les inconvéniens qui en adviendroyent chacun jour.

AU ROY.

Sa Majesté accorde la somme de douze mil escus pour employer à la réparation desdicts ponts à prendre sur les deniers provenans des amendes et condamnations des usuriers, après toutesfois que les archers des gardes auront esté payez et acquitez.

XXXVIII.

Pareillement que les receveurs du pied fourché du Bailliage de Costentin soient contraincts de rendre compte par devant tels Juges qu'il vous plaira : afin que les deniers revenans bons des gages des siéges Présidiaux de Caen et Costentin, soyent employez à la réparation desdicts ponts et passages d'iceux Bailliages, au prorata de ce qui en reviendra en chacune Viconté, suyvant qu'il a esté cy devant ordonné, sans que les Trésoriers de France en puissent autrement ordonner.

AU ROY.

Il y a esté satisfait par les responces du trente cinquième article du cayer de l'année mil cinq cens quatre vingts cinq, et du quarante huictième de l'année dernière. Et d'avantage est enjoinct aux Trésoriers de France et généraux des finances, de dresser estat des deniers revenans bons du payement des Présidiaux depuis dix ans en çà, et où ils ont esté employez, pour iceluy veu, estre ordonné ce que de raison.

XXXIX.

Qu'il soit faict commandement aux Esleuz et autres officiers faisans le département des tailles desduire et rabattre en chaque parroisse le vingtiéme de la taille qu'il a pleu à sa Majesté leur vendre et alliéner en l'année mil cinq cens soixante dix huict, suyvant plusieurs requestes qui en ont esté faictes par les Cayers des années dernières, et celuy de la dernière année article quarante neuf, comme il est bien raisonnable.

AU ROY.

Ne se peut riens changer des responces sur ce faictes sur les cayers des remonstrances des années dernières.

XL.

Que deffences soyent faictes aux Esleuz tenir jurisdiction contentieuse entre parties pour le regard desdictes tailles ailleurs qu'aux lieux de tout temps accoustumez et aux principaux sièges où ils doyvent leur résidence pour éviter au travail et foulle du peuple qui ne sçauroit en quel endroit il auroit justice. Nonobstant ce que de nouveau ont voulu praticquer les Esleuz de Caudebec, lesquels par la menée de maistre Guillaume le Menuysier, substitut du Procureur du Roy au siège de Cany, et en vertu des lettres qu'il a subrepticement obtenues pour cest effect, prétend tenir jurisdiction audict lieu de Cany, lesquelles lettres il plaira à sa Majesté revocquer pour ce regard.

Au Roy. Et néantmoins sont les Commissaires d'advis que les Esleuz tiennent leur jurisdiction contentieuse aux lieux à ce destinez pour la commodité du peuple.

Accordé, suyvant l'advis desdicts Commissaires.

XLI.

Supplient en outre les déléguez du Bailliage de Caux, remonstrans que pour la rédeffication de la Citadelle de Dieppe, laquelle pour bonnes et justes occasions avoit esté desmolie, l'on a levé grande somme de deniers et jusqu'à la somme de quinze cens escus sur l'eslection d'Arques, encor qu'il y ait deniers communs à ladicte ville, plus que suffisans pour y satisfaire. Et d'autant que ladicte réparation faicte en succession de temps, ne peut venir à autre effect qu'à une très grande surcharge au peuple et à la diminution des finances de sa Majesté, tant pour la continuation et payement des deniers qu'il conviendroit faire, que pour la foulle des gens de guerre qui seroyent mis cy après en garnison pour la garde de ladicte place, Supplient très humblement sadicte Majesté vouloir faire cesser telle entreprinse, et par conséquent ladicte levée de deniers.

AU ROY.

Le Roy veut que ladicte levée continue, attendu que les deniers sont destinez et employez pour chose qui concerne grandement le bien du païs.

XLII.

Remonstrent pareillement les habitans de la Viconté de Vire, qu'en vertu des lettres patentes du Roy, et pour le bien de la Justice, les Advocats auroyent remboursé les Accesseurs de ladicte Viconté de nouveau pourveuz, comme chose dommageable au peuple, pour les raisons amplement desduictes aux cayers des années dernières. Et néantmoins ont esté advertis qu'au préjudice de ladicte suppression et remboursement, aucuns se sont faicts pourveoir en leur lieu. Si supplient sa Majesté, qu'il luy plaise déclarer nulles telles provisions, sans que lesdicts nouveaux pourveuz s'en puissent esjouyr en quelque manière que ce soit.

AU ROY.

Sadicte Majesté conformément à la responce faicte sur semblable requeste portée par le cahier de l'année mil cinq cens quatre vingts quatre, Accorde que ceux qui se sont faict recevoir èsdicts estats par nouvelle création depuis le dernier jour de Janvier, mil cinq cens quatre vingts cinq, demeurent supprimez et qu'il n'y sera plus pourveu d'oresnavant.

XLIII.

Et d'autant que la Dame Prieure de l'Hospital de Vernon, soubs umbre d'un prétendu Arrest qu'elle a obtenu au

Conseil du Roy, contre aucuns pauvres habitans des sept parroisses de la vallée de Longueville, despendans de la Viconté dudict Vernon, qui luy sont redevables de petites rentes en vin, comme d'un pot et au dessoubs, les faict ordinairement contraindre chacun en son particulier, au payement de dix escus d'amende applicables à son profit, s'ils deffaillent un seul jour après le terme escheu de luy porter sa rente, et s'en trouve tel qui pour certaine portion de terre estant redevable d'un pot de vin, à esté contrainct vendre sadicte terre pour le payement de ladicte amende, quoy qu'il eust payé ce qu'il devoit de ladicte rente peu de jours après le terme escheu, chose grandement pitoyable et du tout contraire à la Justice, et où il se commet une infinité d'abbus. Si supplient très humblement sa Majesté, vouloir descharger lesdicts pauvres habitans desdictes amendes, faisant deffence à tous Huissiers ou Sergens les y contraindre, et au lieu d'icelles, ordonner que chacun d'eux payera le double des arrièrages qu'il devra desdictes rentes s'il ne les paye aux termes, et ainsi qu'il est accoustumé.

Au Roy. Et néantmoins les Commissaires sont d'advis soubs le bon plaisir de sa Majesté, que renvoy doit estre faict à la Court de Parlement pour donner reiglement aux parties.

Faut que les parties soyent ouyes.

XLIIII.

Se complaignent les Ecclésiastiques et Nobles dudict païs, de ce qu'il ne leur est baillé séance honneste selon leur estat ès siéges Présidiaux et aux assises, lorsqu'ils y ont affaire suyvant l'ancienne coustume et celle de nouveau refformée, requérans qu'il soit enjoinct aux Juges y satisfaire sur les peines au cas appartenant.

AU ROY.

Le présent article est renvoyé aux gens du Roy en sa Court de Parlement à Rouen, pour sur le contenu en iceluy donner advis à sadicte Majesté.

XLV.

Pour éviter toute occasion aux gens de guerre estans en garnison dans les places fortes dudict païs, de vivre à discrétion sur le peuple, soubs prétexte qu'ils dient n'estre payez de leur solde. Supplient sadicte Majesté, ordonner qu'il sera baillé assignation au Trésorier de l'extraordinaire des guerres, dès le commencement de l'année, sur la recepte généralle soit de Rouen ou Caen, de la ville où despendra ladicte garnison, du payement et solde desdictes garnisons qui ne pourra estre reculée, changée ny innovée pour quelque cause ou occasion que ce soit, sur peine que le receveur général en respondra en son propre et privé nom.

Au Roy. Et sont lesdicts Commissaires d'advis du contenu au présent article, pour le bien et soulagement de tout le païs.

Sadicte Majesté y pourvoirra au mieux qu'il luy sera possible.

XLVI.

Et pour éviter à l'advenir aux insolences, pilleries et desbordemens des gens de guerre, Requièrent lesdicts Estats comme ils ont cy devant faict par plusieurs et diverses années, et à quoy néantmoins ne leur a esté pourveu dont plusieurs maux et pertes irréparables sont advenus, Qu'il plaise à Monseigneur le Gouverneur et messieurs les Lieutenans au dict gouvernement, les faire vivre d'oresnavant par estappes. Enjoignant très expressément à ceux qui seront depputez pour Commissaires, Controlleur et Receveur d'icelles estappes, que si tost qu'ils auront cognoissance du passage desdicts gens de guerre, ils ayent promptement à en advertir lesdicts sieurs Gouverneurs : afin de leur expédier ordonnances pour dresser icelles estappes, sur peine de s'en prendre à eux en leurs propres et privez noms.

Au Roy. Et sont lesdicts Commissaires d'advis du contenu en cest article.

Il sera d'oresnavant porté par les Commissions qui seront expédiées pour la levée des gens de guerre, tant de cheval que de pied, et des creuës de compagnies, que les Cappitaines qui en auront charge, ne pourront entrer en aucun gouvernement, Bailliage ny Seneschaucée, sans présenter leurs Commissions aux Gouverneurs, Baillys et Séneschaux ou leurs Lieutenans et autres officiers des lieux, à ce qu'ils donnent ordre de faire dresser estappes pour la nourriture desdicts gens de guerre, en sorte qu'ils puissent vivre sans foulle et oppression du peuple. Et où il s'en trouveroit aucuns qui auroyent prins vivres ailleurs qu'èsdictes estappes, ils seront punis de mort sans aucune espérance de grâce, et seront lesdicts Cappitaines responsables de leurs soldats qui auront contrevenu en ce que dessus.

XLVII.

Et au surplus il plaise à sa Majesté pourveoir au reiglement et exécution d'iceluy, requis l'année dernière par le cayer de leurs doléances, article trente sixiéme, trente septiéme, trente huictième et trente neufiéme.

Au Roy. Et néantmoins sont lesdicts Commissaires du contenu en cest article.

Accordé.

XLVIII.

Et d'autant qu'il a esté faict levée de plusieurs vivres et munitions pour mettre aux places frontières, dont n'a esté faict aucune restitution au peuple, Supplient sa Majesté que ceux qui en ont eu l'administration en ayent à rendre compte.

AU ROY.

Lesdicts vivres et munitions qui ont esté levées seront remplacées des deniers des usures, et autres destinez pour les munitions des villes de frontière, remontage d'artillerie et fortifications des places.

XLIX.

Qu'il plaise à sa Majesté ordonner que le revenu des Léprosaries et Hospitaux, soyent convertis à la nourriture des pauvres des lieux les plus indigens, et à ceste fin adresser commission aux Juges desdicts lieux, pour, présence de deux notables Bourgeois, faire rendre compte aux receveurs et administrateurs dudict revenu et sans fraiz, attendu que c'est chose pitoyable.

Au Roy. Et néantmoins sont lesdicts Commissaires d'advis, attendu la nécessité, que ledict revenu soit employé pour ceste présente année à la nourriture desdicts pauvres, et que les Juges ordinaires procèdent à l'audition desdicts comptes pour en certifier la court de Parlement.

'Accordé que les deniers desdictes malladeries et léprosaries soyent employez ceste présente année à la nourriture desdicts pauvres, sur iceux préalablement pris ce qui sera nécessaire pour l'entretenement et nourriture des lépreux et malades, et autres charges desdictes maladeries, et à ceste fin seront lesdicts comptes rendus ainsi qu'il est requis.

L.

Supplient d'avantage les déléguez de la Viconté de Monstierviller qu'il plaise à sa Majesté ordonner que sans avoir esgard aux arrets donnez en la Court des Aydes, au profit d'aucuns particulliers qui se sont retirez en aucunes villes franches pour eux exempter de la taille, ils y seront néantmoins cottisez selon leurs biens et facultez, jusqu'à ce qu'ils ayent deuëment faict apparoir de leur actuelle résidence sans fraude ésdictes villes, durant le temps de cinq ans suyvant qu'il est porté par les ordonnances.

AU ROY.

Seront suyvies les ordonnances et reiglemens sur ce faicts.

LI.

Remonstrent lesdicts Estats que par les ordonnances de sa Majesté, le sel qui estoit exposé en vente debvoit reposer en grenier deux ans pour estre d'autant plus salubre au corps humain, et profitable à leurs sallaisons, ce qui estoit observé lors que les greniers estoyent baillez particullièrement. Et néantmoins l'on a faict un party général; il n'est pas si tost descendu du basteau qu'il ne soit exposé en vente, sans estre aucunement reposé, qui cause une infinité de maladies qui ont eu cours és années dernières, et encores à présent. Si supplient très humblement sa Majesté qu'il luy plaise bailler particullièrement lesdicts greniers à ferme pour éviter aux inconvénients cy dessus. Et en ce faisant plusieurs de ses sujects pourront estre occupez pour son service, et s'essayeront chacun particullièrement à fournir sondict grenier, sans que tant de personnes soyent contraincts passer par les mains d'iceluy qui a le grand party.

AU ROY.

Sa Majesté ne peut changer ny revocquer le party et contract qu'il a faict pour la fourniture des greniers à sel de ce Royaume, lequel elle veut tenir.

LII.

En faisant par sa Majesté le bail et adjudication de tous lesdicts greniers, elle auroit voullu et ordonné qu'il ne seroit baillé par impost, suyvant plusieurs requestes à elle faictes par lesdicts Estats. Et néantmoins on ne laisse à praticquer ceste forme ès Vicontez de Faillaize, Pontaudemer et Neufchastel, soubs umbre pour le regard dudit Neufchastel qu'aucuns villages de ladicte Viconté sont sujects au grenier de Granvillier païs de Picardie. Et d'autant qu'il ne seroit raisonnable que lesdicts habitans desdictes Vicontez fussent de pire condition que les autres habitans dudict païs, où ledict sel n'est baillé par impost, Il plaise à sadicte Majesté les en vouloir descharger.

AU ROY.

Sadicte Majesté n'entend que ledict sel soit baillé par impost, sinon ès lieux où il se baille d'ancienneté et autres qui sont compris et mentionnez par le contract dudict party général.

LIII.

Pareillement supplient sa Majesté les déléguez de la Viconté de Dampfront qu'il luy plaise les maintenir et conserver en leurs anciens prévillèges, pour le faict du sel, estans privez d'user du gros sel sur peines de grosses amendes et confiscations, attendu que lesdicts habitans de Dampfront payent à sa Majesté le quatriéme du sel blanc qu'ils prennent aux sallines.

AU ROY.

Au paravant que pourveoir sur le contenu en cest article, Sadicte Majesté désire estre informée et veoir en son Conseil les privillèges de ceux de ladicte ville de Dampfront.

LIIII.

Que les laboureurs ne pourront estre contraincts par les adjudicataires à faire la voincture dudict sel, sinon à temps opportun et hors les saisons de leurs labours et approfitement de leurs fruits, et advenant qu'ils y vacqueront, ordonner qu'ils seront payez de leurs vacations et sallaires au prix commun du païs, et non pas à la volonté seulle desdicts marchans ny de la taxe des officiers de la gabelle, lesquels le plus souvent adherent à la volonté d'iceux marchans.

Au Roy. Et néantmoins sont lesdicts Commissaires d'advis que lesdicts adjudicataires s'accommodent à la nécessité du peuple, selon les affaires et saisons en le payant de ses sallaires raisonnables au prix commun du païs.

Le Roy trouve bon l'advis desdits Commissaires qui sera suivy.

LV.

Et parce que la plus part des villes et gros bourgs dudict païs n'ont aucuns deniers communs ny d'octroy, Il plaise à sa Majesté permettre ausdicts habitans de lever sur eux et sans préjudice d'autruy quelques sommes de deniers, pour employer à la repparation de leurs portes, murs, pavez, orloges, fontaines et autres choses nécessaires, à la charge toutes fois d'en rendre compte par devant le Bailly ou son Lieutenant, et les gouverneurs et Eschevins desdictes villes.

AU ROY.

Accordé, à la charge qu'ils n'en pourront imposer aucune chose sur le bled.

LVI.

Remonstrent aussi que, combien que sur les complainctes et poursuittes par eux cy devant faictes, sa Majesté ait faict cesser la forme de bailler le sel par impost en quelques villes et Vicontez de ladicte Province, que les adjudicataires des greniers et partisans vouloyent introduire à leur profit et ruine du peuple, Néantmoins continuans leurs intentions accoustumez exercent une autre praticque plus dommageable au peuple que la première, qui est la condamnation d'amendes et restitutions de gabelles qui retourne à leur profit. En quoy ils font taxer par les officiers des greniers, toutes personnes que bon leur semble, soubs couleur qu'ils jugent que lesdictes personnes n'ont pas prins tant de sel en gabelle qu'ils auroyent deu, eu esgard, ainsi qu'ils disent, à leurs biens et facultez qu'ils mesurent à leur fantasie, sans qu'il y ait eu aucune information, par laquelle lesdicts condamnez en amende et restitution de gabelle soyent convaincus d'avoir usé du sel non gabellé. Lesquelles amendes et restitution de gabelle se montent chacun an à plus grandes sommes de moitié en chacune parroisse que n'eust faict l'impost du sel, ores qu'il eust eu lieu. Partant il plaira à sa Majesté ordonner que lesdicts adjudicataires s'arresteront, suyvant les anciennes ordonnances, à la recerche qui leur est permise contre les faux saulniers et ceux qui usent de sel non gabellé, pour remporter sur les convaincus les amendes et confiscations portées par lesdictes ordonnances et non autrement. Et deffendu ausdicts officiers des greniers qui se monstrent par trop estre à la dévotion desdicts partisans d'autrement en user, estant tout notoire que la plus part de tous Estats sont si diminuez de moyens, que la famille qui souloit user quatre minots de sel en son année, en employe maintenant bien à peine un boesseau, et le commun peuple si très nécessiteux n'en prend que sold à sold chez les regratiers.

Au Roy. Et cependant lesdicts Commissaires sont d'advis que la Commission qui a esté expédiée soit révocquée.

Le Roy entend que les ordonnances faictes sur ses gabelles, soyent suyvies contre ceux qui n'auront pris sel és greniers de leurs demeurances.

LVII.

Qu'ayant esgard à la grande levée de deniers qui s'est faicte en ceste présente année sur ledict païs, et à l'extresme nécessité où il est réduict, Il plaise à sa Majesté révocquer les commissions expédiées aux Trésoriers de France ou autres, pour lever par forme d'emprunt sur ledict païs, la somme de trois cens mil escus, pour laquelle la plus part des pauvres taillables ont esté emprisonnez et leurs biens vendus, et ordonner que ce qu'ils ont esté contraincts en payer leur sera rabbatu sur le corps principal de la taille en l'année prochaine.

AU ROY.

Sadicte Majesté a esté contraincte pour la nécessité de ses affaires de faire lesdicts emprunts à constitution de rente, qu'elle ne peut révocquer. Et n'ont aussi lesdicts Estats occasion de s'en plaindre, attendu que ladicte rente est seurement assignée et sera bien payée.

LVIII.

En réiterant les requestes cy devant faictes à sadicte Majesté par lesdicts Estats, pour la Commission fondée sur la recherche des Nobles, estat, qualité et condition des personnes et regallement des tailles, Qu'il plaise à sa Majesté considérer les remonstrances qui luy en ont esté faictes és années précédentes, et lors que telles Commissions ont esté inventées. Sadicte Majesté a cognu par expérience qu'il n'en est jamais retourné aucune chose au soulagement du peuple, quelque beau prétexte qu'on puisse mettre en avant, encores moins de profit à sadicte Majesté : ains seulement aux particulliers autheurs de telles inventions, lesquels ont don de sadicte Majesté des deniers qui en proviendront. Et si ladicte Commission estoit exécutée selon les instructions et mémoires qu'en ont les Commissaires, ce seroit mettre la Province en confusion, troubler et grandement endommager les Ecclésiastiques, Nobles et du tiers Estat, tant des habitans des villes que du plat païs. A ceste cause il plaira à sadicte Majesté revocquer ladite Commission comme la plus pernitieuse qui ait de long temps esté expédiée, et ordonner qu'autres que les Juges ordinaires ne cognoistront de l'estat des personnes dont l'appel ressortira en ladicte Court de Parlement.

AU ROY.

Le Roy pourveoira de Commissaires pour l'exécution de ladicte Commission, qui s'en acquiteront au soullagement et contentement du peuple.

LIX.

Se plaignent lesdicts Estats de ce qu'outre les dernières demandes en l'année dernière par la Commission des Estats excédans de beaucoup les demandes des années précédentes et de grande partie desquels lesdicts Estats auroyent requis à sa Majesté descharge, et n'en avoyent accordé la levée, Néantmoins il a esté encores levé d'abondant en ladite Province sur le peuple avec les tailles, plus de cent cinquante mil escus pour bleds, pionniers, artillerie et autres levées, sans la levée de deniers à constitution d'intérest, En quoy on veoit manifestement l'assemblée desdicts Estats illudée, et qu'il n'y a aucun arrest ny asseurance en ce qui s'y traicte.

AU ROY.

Lesdicts bleds, pionniers, chevaux d'artillerie et autres susdites levées, ont esté faictes pour les affaires de la guerre, et y ont les autres génerallitez de ce Royaume contribué comme ledict païs de Normandie. Et néantmoins sadicte Majesté soulagera d'oresnavant iceluy païs, le plus qu'il luy sera possible selon le singulier désir qu'elle en a.

LX.

Revocquer les lettres patentes expédiées pour la levée des fraiz et despence faicte par des gens de guerre à pied durant le séjour qu'ils ont faict en quelques Havres de villes de la génerallité de Rouen, attendans se mettre sur mer, ce qu'ils n'ont faict.

AU ROY.

Ladicte levée a esté résolue et faicte pour entretenir lesdicts gens de guerre en garnison en attendant leur embarquement et empescher qu'ils ne s'estendissent par les champs à la foulle du peuple, lequel a esté en ce faisant grandement soulagé.

LXI.

Remonstrent les depputez du Bailliage de Caen, qu'un nommé du Rozel en la viconté de Vire, s'est ingéré de nouveau à exercer un office de Lieutenant particullier du Visbailly en ladicte Viconté, où il n'a accoustumé d'y en avoir, mais seullement un général par tout le Bailliage. Et auquel office il n'est pourveu par le Roy, qui seroit une ouverture pour en vouloir mettre en chacune viconté, et charger le peuple de leurs gages. Auquel du Rozel, il plaira à sa Majesté interdire tout exercice dudict office, et à tous autres.

Deffence est faicte audict prétendu Lieutenant, d'exercer ledict estat sur les peines au cas appartenans.

Accordé.

LXII.

Et combien que lesdicts Estats eussent plusieurs fois requis la suppression des receveurs, collecteurs et greffiers des parroisses, comme inventions qui ne tournent qu'à la foulle du peuple, au lieu de ce faire on a contrainct en ceste année les pourveuz desdicts offices de greffiers, et les parroisses èsquelles il n'y avoit personnes pourveuz en tiltre d'office, de les achapter héréditalement et payer encor' le tiers denier de ce à quoy de présent le prix desdicts offices se montoit, qui avoit jà esté tiercé une fois par monsieur Maillard, et en l'exécution de telles Commissions et courses, voyages, contrainctes, droicts de quittance, lettre d'adjudication desdicts Greffes, pour chacune desquelles on faict payer un escu, on exige desdictes parroisses autant comme le principal monte. Partant supplient sa Majesté faire informer desdites exactions par les Juges ordinaires des lieux, et réduire la forme d'asseoir et cœuillir lesdits deniers des tailles en chacune parroisse ainsi qu'elle estoit en précedent l'érection desdicts receveurs et greffiers, et à iceux interdire tout exercice.

AU ROY.

Lesdicts Greffes sont Domaniaux, et ont esté baillez à si bas pris héréditairement que ceux qui en jouyssent ne s'en peuvent sentir grevez : Mais, si en exécutant les Commissions pour le tiercement desdicts Greffes, il a esté ou est faict quelques exactions indeuës, Sadicte Majesté entend qu'il en soit informé et que correction en soit faicte.

LXIII.

Plaise à sa Majesté lever toutes les daces et impositions mises sur ce qui concerne la Justice, laquelle sadicte Majesté doibt faire rendre à ses sujects gratuitement, et toutes fois par le moyen de telles daces, il leur est plus expédient quitter leur bien que le poursuyvre par la voye de la Justice si chèrement vendue. Ce sont droicts de présentations de clercs de greffes, pour lesquels on a augmenté les sallaires des escriptures du tiers, droicts de parisis sur les espices et rapports des Juges, droicts de sceau aux siéges présidiaux pour lequel on a establly un garde des sceaux et autres officiers, et couste la moitié plus pour le sceau bien souvent qui ne pend en la chose pour laquelle l'acte ou sentence est scellé. Ce qui plaira à sa Majesté du tout abolir et estaindre.

AU ROY.

Lesdicts droicts n'ont esté establis qu'avec grandes considérations, et mesmes celuy du parisis, des espices pour l'acquit des debtes deuës aux reistres qui ont servi sadicte Majesté durant les guerres passées, de sorte qu'elle ne peut encores les révocquer.

LXIIII.

Qu'il plaise à sa Majesté ordonner que la séance de la foire de Guibray commencera tousjours le prochain jour ouvrable d'après la feste de l'Assomption nostre Dame, au mois d'Aoust : afin que durant ladicte foire il n'y ait que le Dimanche pour jour de feste, pour la commodité de la vente des marchandises et autres commoditez contenus en certaine requeste dressée pour présenter à sa Majesté, signée par grand nombre de marchans des principalles villes de ce Royaume hantant lesdictes foires, à laquelle requeste adhèrent lesdicts Estats.

AU ROY.

Accordé.

LXV.

Et aussi qu'il soit inhibé aux fermiers des traictes foraines pour les marchandises qui se transportent en Bretagne establir leurs Bureaux aux champs de ladicte foire de Guibray pour la perception du droict desdictes traictes. Veu que par les Edicts et ordonnances de sa Majesté, les Bureaux pour cest effect sont assignez és villes de Pontorson et Dinan par où nécessairement passent lesdictes marchandises, et ausquels lieux de Pontorson et Dinan on ne les laisse passer sans acquitter le droict desdites traites, ores qu'ils l'eussent payé audict lieu de Guibray.

AU ROY.

Après que les fermiers auront esté sur ce ouys y sera pourveu.

LXVI.

Qu'il plaise à sadicte Majesté revocquer toutes lettres de confirmation ou érection de nouveau de hautes justices qui n'ont esté vérifiées en la Court de Parlement, attendu qu'elles sont au dommage du public, et diminution du Domaine de sadicte Majesté, casser et revocquer toutes procédures sur ce faictes ailleurs qu'en ladicte Court de Parlement.

AU ROY.

Sadicte Majesté entend que lesdictes érections, restablissements ou confirmation de haute justice, soyent vérifiez en ladicte Court de Parlement, au paravant que les impétrans s'en puissent ayder, ny les faire mettre à exécution quelque procédure qu'ils en ayent faicte ailleurs, attendu que c'est chose qui concerne le Domaine de sadicte Majesté.

LXVII.

Revocquer aussi certaines prétendues taxes faictes en ceste présente année sur les officiers ordinaires, soubs prétexte d'une augmentation de prétendu pouvoir, non vérifiée en ladicte Court, et déclarer toutes obligations pour ce faictes nulles. Et outre d'ordonner que les deniers qui en ont esté pris par force et contraincte sur eux, leur seront rendus, attendu qu'ils n'ont esté receuz par les officiers de sadicte Majesté, ny entré en ses coffres.

Au Roy. Et sont lesdicts Commissaires d'advis que lesdictes taxes soyent surcises.

Sadicte Majesté modère lesdictes taxes d'un tiers seullement, et en semblable les obligations faictes à cause de ce. Et pour le regard de ce qui en a esté payé par les Vicontes, il servira et leur tiendra lieu de la finance qu'ils devoyent payer pour demeurer les premiers assesseurs en la Jurisdiction du Bailliage où leurs Vicontés sont assis, dont ils ne seront tenus prendre autre nouvelle provision, n'entendant toutes fois sadicte Majesté, comprendre ausdictes taxes les Greffes qui n'ont esté aliénez, et si les fermiers desdicts Greffes ont esté contraincts en payer aucune chose, leur sera rendu et restitué.

LXVIII.

Et pour conclusion en faisant et donnant responce par les gens des trois Estats de Normandie, à la demande que vous, Monseigneur, leur avez faicte, de la somme de huict cens neuf mil cent cinquante six escus vingt neuf sols deux deniers, tant pour le principal de la taille, creuës, taillon, qu'autres deniers, à plain déclarez aux lettres patentes de sa Majesté. Supplient très humblement icelle vouloir regarder en pitié ses pauvres sujects de Normandie, et leur faire resentir les effects de ses sainctes promesses plusieurs fois réitérées de les soulager. Considérer l'estat en quoy est de présent ce pauvre peuple pour les trop grandes et insupportables charges qu'il a cy devant soustenus, les calamitez et désastres qui croissent de jour en jour par les pilleries et ravages des gens de guerre, mortalité et contagion de peste, par la rigueur et injure du temps, inundations et desbordemens d'eauës, gresles, continuation de pluyes, vents, tonnerres et tourmentes qu'il a faictes, la petite recœuilte de grains de l'Aoust de ceste présente année, qui n'est quasi que pour subvenir à la semence de l'année prochaine, la continuation des maladies lesquelles sont encores de présent en tous les endroicts de ceste Province, la contagion en plusieurs et divers lieux, la pénurie et charté de tous vivres génerallé, et plusieurs autres calamitez assez notoires à un chacun, qui seroit cause que lesdicts Estats auroyent juste occasion de supplier sa Majesté les vouloir du tout descharger des sommes de deniers par elle demandez. Toutes fois mettans en considération les grans et urgens affaires qu'elle aura à supporter l'année prochaine, espérans qu'à l'advenir elle la deschargera d'un si grand fardeau et les traictera doucement comme un père ses enfants, selon la bonne et saincte dévotion qu'elle en a, luy accordent les parties et sommes de deniers qui ensuyvent.

AU ROY.

PREMIÈREMENT.

Pour le corps principal de la taille, la somme de trois cens vingt cinq mil sept cens six escus deux tiers.

Pour les réparations et fortifications des chasteaux et places fortes dudict païs, quatre mil soixante unze escus vingt sols.

Pour le taillon destiné pour le payement de la gendarmerie, vingt sept mil cinq cens quatorze escus vingt quatre sols.

Pour les gages deubs aux héritiers de feu maistre Estienne du Val, en son vivant receveur général dudict taillon, quatre cens seize escus deux tiers.

Pour les gages et augmentation d'iceux des Visbaillys, leurs Lieutenans, greffiers et archers, comprins ceux de Jean de sainct Léger, sept mil huit cens vingt deux escus cinq sols.

Pour les gages des postes dudict païs, mil escus.

Pour les taxations des Commissaires, des déléguez d'iceux Estats et pour les fraiz communs dudict païs, quatre mil cent douze escus deux tiers.

Pour les estats de messieurs les gouverneurs et Lieutenants généraux audict païs, six mil quatre cens escus.

Montans toutes lesdictes parties à la somme de trois cens soixante dix sept mil quarante trois escus quarante neuf sols, sur toute laquelle somme, Supplient très humblement sa Majesté, les vouloir gratiffier comme ès années passées, de la somme de quarante mil escus pour employer au remboursement des officiers supernuméraires et qui viennent en charge audict païs.

Et pour le regard du parisis des tailles et taillon terme fort odieux, montant

et des creuës de cent cinquante mil six cens quatre vingts trois escus vingt quatre sols deux deniers, cy devant demandez par Monsieur le Primat de Lyon, et non accordées, et d'une autre creuë de cinquante sept mil un escu, aussi pour le regard des quarante cinq mil deux cens escus en trois parties demandez de surhauce plus que l'on n'avoit accoustumé pour les causes contenues èsdictes lettres patentes. Supplient très humblement sadicte Majesté les en vouloir du tout descharger pour les causes cy devant amplement desduictes, et pour raison de l'extréme pauvreté, se contentant sa Majesté s'il luy plaist des offres susdictes, sans que pour ladicte année prochaine, il se face autre levée de deniers que les dessusdictes accordez. Ce faisant un chacun begnira éternellement les ans du règne de sa Majesté, l'Eglise priera pour la manutention de son Estat, la Noblesse deffendra sa Couronne, et le peuple subviendra à son possible, jusqu'à la vente de son pain, pour subvenir à ses affaires.

Faict en la Convention des Estats de Normandie, tenant à Rouen, le vingtiéme jour de Novembre, mil cinq cens quatre vingts six.

  Signé, GOSSELIN.

Les Commissaires tenans la présente Convention, ayant veu la responce que les déléguez des Estats ont faicte à la proposition et demande à eux faicte de la part du Roy, par laquelle accordent seullement luy payer pour l'année prochaine mil cinq cens quatre vingts sept, la somme de trois cens vingt cinq mil sept cens six escus deux tiers pour le principal de ladicte taille, avec le taillon et deniers ordinaires accoustumez estre levez chacun an sur le païs, ainsi que le tout est à plain mentionné au présent cayer de leurs dolléances. Supplians sa Majesté les vouloir du tout descharger tant du parisis desdictes tailles et taillon que des creuës de deux cens et cent mil escus, et autres creuës à eux demandées à cause de leur impuissance et extresme pauvreté. Après que lesdicts Commissaires ont sur ce faict ausdicts déléguez plusieurs remonstrances à ce requises et nécessaires pour le service de sadicte Majesté, et que sur icelles (s'estans rassemblez pour en adviser) ils ont dict ne pouvoir riens changer de leur première offre à laquelle ils insistoyent. Iceux Commissaires ont ordonné que département et assiette sera actuellement faicte de toutes et chacune les sommes de deniers demandées par sa dicte Majesté et mentionnées ès lettres de Commission pour ce expédiées selon la forme portée par icelles. Et que néantmoins la levée en sera surcise jusqu'à un mois du jourd'huy, pendant lequel temps lesdicts delléguez se retireront par devers sadicte Majesté pour entendre sur ce sa volonté. Ce qui a esté prononcé publicquement ausdicts déléguez en l'assemblée desdicts Estats.

Faict à Rouen par les Commissaires du Roy tenans la Convention des Estats du païs de Normandie, le vingtiéme jour de Novembre, mil cinq cens quatre vingts six.

Signé, Par lesdicts sieurs Commissaires.

LIGEART.

Sadicte Majesté n'a aucun plus grand désir que de soulager lesdicts des Estats, et les gratiffier et favorablement traicter en ce qu'il luy sera possible : mais estant le fonds de ses finances plus engagé et diminué que jamais à cause des grandes et extraordinaires despences qu'il luy a convenu faire pour la présente guerre, tant s'en faut que sadicte Majesté leur puisse faire aucune descharge pour la présente année desdictes sommes qu'elle leur a demandées, qu'elle auroit juste occasion de les augmenter. Toutes fois ne craignant riens tant que de grever son peuple, elle a advisé de se contenter desdictes sommes. Et néantmoins afin d'user envers lesdicts des Estats de la mesme gratiffication qu'elle a faict les années passées, Elle leur accorde en la présente année, la somme de quarante mil escus à prendre sur les sommes qui se lèveront en icelle année, pour employer au remboursement des officiers dont la suppression leur a esté cy devant accordée.

Faict au conseil d'Estat tenu à Paris, le quinziéme jour de Janvier, mil cinq cens quatre vingts sept.

Signé, HENRY.

Et plus bas, BRULART.

AU ROY.

Sire,

Les depputez et Procureur des Estats de vostre païs et Duché de Normandie, Remonstrent très humblement à vostre Majesté, que par l'article dixiéme de leur cahier, Ils supplient vostre dicte Majesté vouloir descharger ladite Province, entre autres parties de sa part et portion de la somme de cinq cens seize mil huict cens escus, que vous auriez ordonnée estre levée en ceste dite année sur vos sujects des villes closes et gros bourgs de vostre Royaume, par vos lettres patentes du vingtiéme Juillet dernier, pour l'entretenement durant quatre mois de huict mil Reistres, et six mil Suisses. En considération des autres grandes levées qui se sont faictes en ceste dicte année, tant extraordinaires : mesmes sur lesdictes villes par cottisations particullières qu'on a faictes sur les habitans d'icelles. Et autres pour les gens de guerre qui y ont esté, que pour tailles, creuës et taillon, excédentes de deux cens cinquante mil escus les levées des années précédentes, ce qui est destiné au payement et solde des gens de guerre. Et aussi que ledict nombre d'estrangers n'a esté levé ny employé. Néantmoins vous auriez de rechef faict expédier autres vos lettres du vingt septiéme de Novembre dernier, puis n'aguères envoyées par les Bailliages de ladite Province : affin de procéder promptement à la levée de la tierce partie de ce à quoy chacun Bailliage est cottisé pour sa part desdicts cinq cens seize mil huict cens escus, lequel tiers vous voulez estre avancé en chacun Bailliage, forme de lever non accoustumée : Et à quoy il seroit du tout impossible de satisfaire, qui leur a donné occasion de supplier de rechef très humblement vostre Majesté. Qu'il vous plaise revocquer vos dictes lettres tant de Juillet que Novembre pour le faict de ladicte levée, et en descharger vos pauvres sujects de ladicte Province, pour les considérations que dessus.

Remonstrent aussi que depuis la séance dernière des Estats et leur cahier clos et arresté, auquel ils se complaignent de plusieurs Edicts recentement faicts pour l'establissement de nouveaux imposts, tributs et subsides, et création de nouveaux offices, et en demandent révocation, y a d'abondant un Edict de création d'un Commissaire politique en chacune ville, et un Lieutenant de robbe longue en chacune Eslection, qui est en effect autant qu'un Président, qui ont esté supprimez et remboursez par le païs, Edict de nouveau publié pour augmenter de moitié plusieurs subsides et imposts cy devant levez sur les marchandises, ce qu'ils vous remonstrent devant les yeux (Sire) et vous supplient très humblement y avoir esgard, et faire sentir à vostre pauvre peuple les effects de vostre piété et clémence, ne permettant que tels Edicts et autres touchez en leur dict cahier, tant pour imposition de tributs, daces et subsides, que création de nouveaux offices ayent lieu, qui seroit occasion de faire périr de faim la plus grande partie de vos pauvres sujects jà extremement pressez de toute necessité pour la stérilité des dernières années, et ravage des gens de guerre durant icelles.

Signé, DE VIEUPONT. TOUSTAIN.
DE LIMOGES. D'AUXAIS.
GOSSELIN. BEAULLART.
DEHORS.

Le Roy, pour la necessité de ses affaires a esté contrainct de faire lever ledict tiers par avance pour l'employer au payement des Reistres et Suisses qui estoyent à son service, à quoy toutes les autres Provinces de ce Royaume contribuent, et n'estant encores suffisant pour satisfaire à la despence où il est destiné, Sadicte Majesté n'en peut descharger lesdicts supplians : ains désire qu'il soit payé au plustost qu'il sera possible, si jà ne l'a esté. Et quant aux Edicts faicts pour l'establissement de quelques nouveaux imposts et érection d'offices mentionnez en la présente requeste, Sadicte Majesté les ayans mis sus pour les mesmes occasions de la nécessité de sesdictes affaires, ne les peut révocquer en sorte du monde : ains entend qu'ils ayent lieu et sortent leur plain et entier effect. Faict au Conseil d'estat du Roy tenu à Paris, le quinzième jour de Janvier, mil cinq cens quatre vingts sept.

  Signé,   BRULART.

AU ROY.

Sire,

Nous depputez de vostre Province de Normandie, nous présentons de rechef devant vostre Majesté, pour vous supplier très humblement user envers nous de charité et miséricorde.

Nostre cahier a esté respondu en vostre Conseil : mais en sorte que nous n'en recevons aucun fruict : de tous les articles qui concernent le soulagement de vos pauvres sujects payans taille tant misérables et nécessiteux un seul ne nous est accordé.

Nous avons supplié vostre Majesté, nous donner quelque modération des sommes demandées pour la taille : afin d'encourager vostre pauvre peuple au payement d'icelle.

Le Roy a grand regret que l'Estat de ses affaires ne luy permet de donner quelque notable soulagement à son peuple, comme elle luy a faict assez cognoistre en avoir la volonté lorsqu'elle l'a peu faire.

Révocation d'une Commission pour le regallement desdictes tailles, laquelle est l'entière ruine de tous vos sujects.

Sa Majesté donnera ordre que les Commissaires procèderont à l'exécution d'icelle, avec telle forme et bon règlement qu'elle tournera au soulagement du peuple.

Que le vingtiéme de la taille, à jour passé rachapté par vostre peuple suyvant vostre commandement exprès, luy fust déduict.

Sadicte Majesté ne peut riens changer ny diminuer de ce qui a esté levé par cy devant pour ce regard.

Que le sel ne fust baillé par impost à vostre peuple, ce qui se continue et renouvelle encor chacun jour contre ce qu'en avez ordonné à jour passé, à la réquisition des Estats de vostre Province.

Ledict impost a esté reiglé en certains lieux desquels il ne peut estre osté sans faire préjudice au contract du grand party que sa Majesté veut observer.

Qu'il ne soit permis aux adjudicataires des greniers à sel faire taxer en amendes et restitution de gabelle vos pauvres sujects, qui pour leur pauvreté ont usé de peu de sel, et ne sont convaincus d'avoir usé de sel non gabellé.

Sadicte Majesté mandera aux Commissaires d'avoir égard de ne taxer point en amendes et restitution de gabelle, ceux qu'il sera notoire n'avoir pris du sel à la gabelle par pauvreté et indigence, et non pour en avoir pris ailleurs qu'en la gabelle.

Révocation et descharge d'une levée de deniers demandée

sur les villes closes, laquelle estoit ordonnée pour une occasion qui n'a sorty effect. Et néantmoins vostre Majesté ordonne qu'il en sera levé un tiers.

Lesdicts deniers sont destinez au payement du licenciement de Reistres et Suisses, pour en descharger le peuple et la bourse de sa Majesté qui est un très bon effect.

Que ce qui a esté jusqu'icy levé en ladite Province à constitution d'intérest demeurant levé, ladicte Commission cesse à l'advenir.

Le Roy a advisé de faire faire ladicte levée pour ses urgens et pressées affaires, laquelle pour ceste occasion il ne peut revocquer.

Que les quarante mil escus que vostre Majesté destine pour le payement et remboursement des officiers supprimez, y soyent employez sans estre distraicts ailleurs, et qu'il ne soit par après pourveu ausdicts offices supprimez et remboursez par le païs.

Le Roy accorde le contenu au présent article pour l'advenir.

Nous nous sommes plaincts à vostre dicte Majesté de plusieurs imposts redoublez et de nouveau mis sus, tant sur les marchandises qu'en la suitte des procès et exercice de la Justice.

Un tout seul ne nous en est relasché, ny à tout ce que dessus pourveu d'aucun remède, ce qui nous contrainct (Sire) nous addresser à vostre Majesté : afin que nous puissions tesmoigner à ceux qui nous ont envoyé, que faisant le devoir de nos charges, nous avons receu de vostre propre bouche la dernière résolution de vos volontez et intentions.

Signé, DE VIEUPONT. TOUSTAIN, DEHORS. BEAULLART.

Sadicte Majesté a regret d'estre contraincte de faire le redoublement desdicts imposts pour l'urgente nécessité de ses affaires, qui empesche qu'elle n'en puisse soullager ses subjects ainsi qu'elle désireroit bien, ce qu'elle est délibérée de faire quand elle en aura moyen selon qu'elle a toujours assez démonstré désirer subvenir à ses subjects.

Faict au Conseil d'Estat tenu à Paris, le vingt troisiéme jour de Janvier, mil cinq cens quatre vingts sept.

Signé,   BRULART.

A Rouen. De l'Imprimerie de Martin le Mesgissier, Imprimeur du Roy, demourant près l'Eglise sainct Lo. M.D.LXXXVII. (Avec Privilège dudict Seigneur.) — Réimprimé d'après l'exemplaire de la Bibliothèque nationale.

ARTICLES

DE

REMONSTRANCES

Faictes en la Convention des Troys Estats

DE NORMANDYE

Tenuë à Rouen, le quinzième jour d'Octobre, et autres jours ensuyvans, mil cinq cens quatre vingts sept

Auec la Responce et Ordonnance sur ce faicte Par le Roy, en son Conseil,

Le dixième jour de Novembre ensuyvant audict an.

AU ROY

Et a Monseigneur de Carouges, *Chevalier des deux ordres de sa Majesté, conseiller en son Conseil d'Estat, Cappitaine de cent hommes d'armes de ses ordonnances, et l'un des Lieutenans généraux au gouvernement de Normandie, et à nossieurs les Commissaires depputez par sa Majesté à tenir l'assemblée des Estats dudict païs en ceste ville de Rouen, le quinziéme jour d'Octobre, mil cinq cens quatre vingts et sept.*

Supplient et remonstrent très humblement les gens des trois Estats dudit païs assistans en la présente convention,

Qu'il plaise à sa Majesté leur donner les provisions requises et nécessaires sur les articles du cahier de leurs complainctes et doléances qui ensuyvent.

PREMIÉREMENT.

I.

Les Estats en général se complaignent de ce que au préjudice de l'Edict faict par sa Majesté pour l'union de tous ses sujets en la religion Catholique, Apostolique et Romaine, par lequel il est enjoint à ceux qui ne voudront vivre en ladicte religion, de vuider le Royaume dans certain temps, Et néantmoins leur ont esté expédiées lettres de prolongation de demeure, ce qu'ils ne peuvent estimer estre venu par la volonté de sa Majesté, laquelle partant ils supplient très humblement y pourveoir, et à ceste fin mander aux Juges des lieux procéder diligemment à l'exécution dudict Edict, et confirmation depuis ensuyvie, et en apporter leurs diligences à la Court de Parlement de Rouen, dedans un mois du jour de la signification qui leur sera faicte de la responce du cahier desdicts Estats.

AU ROY.

Le Roy n'a octroyé lesdictes prolongations de délay de sortir le Royaume, qu'à quelques femmes enceintes ou mallades, ou qui avoyent quelque autre incommodité, encores a ce esté pour les ramener par patience et douceur à se conformer à sa volonté : mais ayant sa Majesté congneu qu'elles persévéroyent en leur nouvelle oppinion, elle a revocqué lesdictes prolongations, et enjoinct à toutes personnes de quelque estat, qualité ou condition qu'ils fussent, de satisfaire à sondict Edict, et mandé à ses officiers des lieux, d'y tenir la main, et le faire exé-

cuter par les peines y contenuës, comme encores telle est l'intention de sadicte Majesté.

II.

SE complaingnent les Ecclesiastiques de ce que contre leurs libertez, franchises et prérogatives, les gens de guerre allans par païs, eslisent, entre les autres, leurs maisons pour y loger, piller et ravager, et sont en cela lesdicts Ecclesiasticques les plus foullez, à quoy ils supplient très humblement sa Majesté avoir esgard.

Les Edicts et déclarations du Roy, sur l'exemption des Ecclesiastiques, seront observez, et les infracteurs punis.

Il y est satisfaict par la responce desdicts Sieurs Commissaires.

III.

Aux Vicontez et lieux où le sel est baillé par impost, on y a comprins lesdicts Ecclesiasticques avec les taillables, et quelques plainctes et remonstrances que l'on ait sçeu faire, il en est demeuré aucuns enroollez jusques à présent, de quelque estat et qualité qu'ils soient. Partant supplient très humblement sa Majesté, en réitérant les requestes des années passées, faire entièrement cesser ladicte forme de bailler ledit sel par impost, aussi la condemnation d'amende, et restitution de gabelle, comme inventions controuvées par ceux qui ont le fournissement des greniers pour s'enrichir au détriment du publicq, aussi que l'impost de neuf sols tournois pour minot destiné pour le remboursement des revendeurs, lequel a esté levé pour cest effect, soit pareillement revocqué.

Au Roy. Et néantmoins sont les Commissaires d'advis que si la nécessité des affaires de sa Majesté contrainct de lever ledict impost en aucuns lieux, que les officiers, ou Commissaires à ce depputez, ne puissent comprendre à la contribution dudict impost les Ecclesiasticques, ne autres exempts et prévillégez.

L'intention de sa Majesté est que ledict sel soit seullement baillé par impost ès lieux, et sur les personnes dont mention est faicte par le contract de la ferme géneralle qu'elle en a faicte, auquel elle ne peult, ny veult contrevenir aucunement.

IIII.

Supplient très humblement qu'il plaise à sa Majesté commander aux Juges Ecclesiastiques qu'ils ayent à faire diligente recherche et digne punition des simoniacles et confidentaires, qui sont la principalle cause de la misère et calamitez de ce Royaume. Et afin que lesdicts Ecclesiasticques ne puissent prétendre excuse de ce faire, Il plaise à sa Majesté leur tenir main forte, et deffendre à ses Courts de Parlement, et à tous autres de ne les troubler et empescher aucunement, et de ne recevoir aucun appel en tel cas comme d'abus.

Au Roy. Et sont les Commissaires d'advis, qu'en cas de correction ou discipline soit procédé et tiré outre par les Juges Ecclésiasticques, nonobstant l'interiection d'appel comme d'abus.

Sadicte Majesté veut et entend que les appellations comme d'abus ne soyent receuës qu'en cas portez par ses ordonnances.

V.

Qu'il plaise à sa Majesté que le revenu des léprosaries et hospitaux, sur ce et au préalable prins l'entretenement et nourriture du Prieur et administrateur, soit employé à l'entretenement d'un précepteur ydoine et capable pour instruire la jeunesse, mesme d'un Cyrurgien pour penser et médicamenter les pauvres malades de peste, lorsque le pauvre païs en sera affligé, et ce seulement aux années auxquelles n'y auroit lépreux à nourrir, ou nombre d'autres pauvres : Et qu'à ceste fin la commission soit adressée aux depputez des trois Estats de chacune Viconté, pour en faire tenir compte à ceux qui auront eu l'administration dudict revenu, ensemble que tous dons et pensions donnez sur lesdictes léprosaries seront révocquées.

AU ROY.

Accordé, comme la responce faicte l'année passée sur l'article quarante neufiéme : Et quant aux pensions en faisant apparoir desdictes pensions y sera pourveu.

VI.

COMME par permission du Roy, ayent esté receuz en la ville d'Andely quelque nombre de religieux Capuchins, et pour cest effect prins le revenu d'une léprosarie audict lieu pour augmenter les logis, à la reception commode pour lesdicts religieux, A ceste cause supplient que la Commission pour l'exécution de ce que dessus soit adressée aux Juges des lieux, sans y faire venir à grands fraiz et despens des Commissaires de Paris.

Au Roy. Et sont les Commissaires d'advis du contenu au présent article.

Accordé.

VII.

LA Noblesse dudict païs remonstre très humblement à sa Majesté que de la grande oppression et charge que le peuple, leurs hommes et vassaux ont porté puis vingt ans en ça, tant pour les sommes excessives des tailles, creuës et subsides qu'ils ont payez pour l'oppression et ravage des gens de guerre, pour la charté des grains, sel et autres vivres, pour la peste et mortallité dont ils ont esté et sont encores affligez, Finallement est provenu une nécessité si grande à laquelle ladicte Noblesse se veoit à présent réduicte, ne pouvant trouver qui laboure, et face valloir leurs héritages, ne pouvant estre payez de leurs rentes et fermage, si que les moyens leur deffaillent de pouvoir faire service à sa Majesté, joinct qu'ils sont chargez de toutes les impositions, tributs, daces et subcides de nouveau imposées sur le sel, vin, draps et toutes autres denrées, lesquelles ils payent en acheptant icelles, qui est oblicquement leur faire payer la taille de laquelle leur qualité les exempte, Auxquels maux il plaira à sa Majesté pourveoir, tant pour leur regard que du pauvre peuple et tiers Estat. Supplient très humblement sa Majesté ne vouloir contraindre Messieurs de la Court de Parlement à passer aucuns Edicts, lesquels ils congnoistront estre à la foulle et ruine de son peuple, et sans avoir esgard à aucunes Jussions comme choses surprinses de sa Majesté, et contre sa volonté.

AU ROY.

Sa Majesté ne faict aucuns Edicts qu'avec meure délibération de son Conseil, et pour subvenir à la grande nécessité de ses affaires, et mesmes aux despences de la guerre, Comme aussi elle n'envoye aucunes Jussions à ses Courts de Parlement, pour les passer et vérifier qui ne soyent fondées sur grandes raisons et considérations. Et quand il plaira à Dieu nous donner repos en ce Royaume, sa Majesté a bien délibéré de faire tout ce qu'elle pourra pour la descharge et soullagement de ses sujects.

VIII.

Ladicte Noblesse a esté advertie que sa Majesté auroit envoyé lettres patentes pour mettre les deniers de l'Arrièreban entre les mains de ses Receveurs, afin d'estre employez aux affaires de sa Majesté et payement de ses gens de guerre.

C'est pourquoi ils supplient très humblement sadicte Majesté, qu'il luy plaise ne leur faire ce tort et indignité, d'autant qu'il sembleroit que sadicte Majesté se deffiast de leur vouloir et affection qu'ils ont à son service, à quoy ils s'employeront toute leur vie, avec autant d'affection et fidélité que ses sujets de son Royaume. Supplians très humblement sadicte Majesté les maintenir en leurs libertez, et ne faire aucune levée de deniers; mais se contenter du service qu'ils sont prests de faire à sadicte Majesté.

Au Roy. Et sont les Commissaires d'advis du contenu en cest article.

Sadicte Majesté n'a jamais entendu qu'il soit aucune chose inové en la perception et recepte des deniers provenans du Ban et arrièreban dudict païs, ny qu'il soit faict aucune levée de deniers, sur ceux qui luy feront service en personne.

IX.

Supplians ladicte Noblesse sadicte Majesté, qu'il luy plaise les maintenir en leurs prévilèges, franchises, dignitez et prérogatives, comme ils ont esté du temps de ses prédécesseurs Roys, et leur faire cest honneur de les prendre et eslire pour la garde des villes, chasteaux, et places fortes dudict païs, suyvant plusieurs promesses qu'elle leur en a faictes.

AU ROY.

Sadicte Majesté veut maintenir sadicte Noblesse en ses previlleges et libertez accoustumées, et les employer et honorer des charges qui se présenteront, ainsi qu'il est porté plus amplement par la responce faicte sur le quatrième article du cahier de l'année dernière.

X.

Le tiers estat remonstre très hmblement à sadicte Majesté,

qu'il luy plaise regarder de son œil de miséricorde et en pitié, ce pauvre peuple du plat païs du tout habandonné aux volleries et larcins des gens de guerre, qui ont passé, séjourné, et sont encores en ladicte Province, lesquels rançonnent la dague à la gorge, et les pieds au feu, ou autres plus grandes cruautez pour avoir si peu de biens qui leur reste, A tous lesquels maux ils supplient très humblement sa Majesté pourveoir.

Il est enjoinct aux Juges ordinaires et Visbaillys de procéder toutes choses cessantes à informer pour faire les procez et juger les délinquans.

La responce desdicts Commissaires sera suyvie, et exécutée.

XI.

Et pour donner ordre à l'advenir aux insollences, pilleries, larcins et desbordemens desdicts gens de guerre, Requièrent lesdicts Estats comme ils ont faict par plusieurs fois, qu'il plaise à Messieurs les Lieutenans généraux au gouvernement dudict païs, faire vivre lesdicts gens de guerre par estappes, sans permettre qu'ils entrent en leurs gouvernemens, ou qu'ils se puissent mettre aux champs pour quelque temps que ce soit, qu'au préalable ils n'ayent présenté leur commission ausdits Sieurs Gouverneurs, afin de leur bailler chemin où ils devront marcher sans séjourner, et leur faire garder les ordonnances cy devant faictes. Et pour cest effect, il plaise à sa Majesté maintenir les compagnies desdicts Sieurs Gouverneurs en leur entier, par un payement ordinaire sur le taillon destiné pour le payement de la gendarmerie, et non ailleurs, et en demeurant tousjours une en pied, pour pouvoir avoir la force à résister à plusieurs sortes de voleurs qui sont en grand nombre, tellement que n'y ayant aucunes forces ils se mocquent des commandemens que leur font lesdicts Gouverneurs, usans de toutes les tirannies que les Tygres et barbares pourroyent user envers le pauvre peuple, et au surplus dépescher tout de nouveau un si ample pouvoir ausdits Gouverneurs qu'ils ne puissent avoir excuse pour remédier aux maux susdicts.

Au Roy. Et sont les Commissaires d'advis du contenu au présent article.

Sadicte Majesté a cy devant plusieurs fois déclaré sa volonté pour le reiglement qu'elle entendoit estre gardé pour la police et discipline desdicts gens de guerre, et pour les faire vivre par estappes audict païs, sans qu'aucun Cappitaine puisse lever gens de guerre, ny les faire marcher en iceluy qu'il n'ayt l'attache du Gouverneur et Lieutenant général, ce qu'elle veut estre gardé et observé, trouvant bon que pour se faire obeyr en cest endroit, il y ait tousjours sur pied en garnison une ou deux compagnies de gens d'armes de l'un desdicts Lieutenans généraux, ausquels n'est besoin de nouveau, ny de plus ample pouvoir que celuy qu'ils ont de sadicte Majesté pour commander audict païs, et se remect sa Majesté à l'ordre déclaré en l'article quarante-sixième de l'année dernière.

XII.

Supplient très humblement les trois Estats dudict païs qu'il plaise à sa Majesté voulloir révocquer, casser et rendre nuls tous les partis qu'il a cy devant faicts, chassant et banissant près de sa Majesté, tous partisans et preneurs de party, comme estans ennemis de sa Majesté, et du publicq, d'autant que pour cent escus qu'ils advancent, ils en font lever plus de mil sur le pauvre peuple, chose qui ne vient nullement au sollagement de ses affaires, mais à la ruine de ses sujects.

AU ROY.

Lesdicts partis ont esté faicts avec le meilleur mesnaige qu'il a esté possible, pour recouvrer plus aisément et promptement deniers pour subvenir en la nécessité des affaires de sadicte Majesté, laquelle n'a eu en cela acception d'aucunes personnes : mais receu et contracté avec ceux qui se sont offerts, et ont eu moyen de luy advancer et fournir les sommes dont elle avoit besoing, occasion pourquoy elle ne peut revocquer la foy publique qu'elle leur a baillée en contractant avec eux.

XIII.

Percistent lesdicts Estats à supplier sadicte Majesté, qu'il luy plaise modérer la réaprétiation excessive de toutes marchandises, révocquer et abolir tous droicts de présentations, Controolleur des tiltres, parisis des espices, augmentation du tiers des sallaires des escriptures, seau de la Justice, et autres daces et subcides mis en sus en ce qui concerne la Justice, et remettre le tout en l'ancienne forme, comme il estoit passé.

AU ROY.

Sadicte Majesté ne peut faire autre responce à cest article, que celle qu'elle a faicte sur semblables employez aux cahiers des années passées : mesmes sur le soixante troisième article de l'année dernière.

XIII.

Sa Majesté est suppliée de considérer que l'impost de douze deniers pour livre sur les toilles et canevats, et le subcide sur les draps est cause que lesdictes marchandises dont il se faisoit par cy devant grand traficq en ce païs, sont de jour en jour distraictes et portées en autre païs estrange, au préjudice et dommage du commerce public, et diminution de ses droicts qui se lèvent sur lesdictes marchandises. A ces causes, il luy plaise revocquer ledit impost des toilles, et où il ne luy seroit possible à présent révocquer ledict impost, ordonner qu'il sera levé suyvant l'apréciation qui a esté cy devant faicte des toilles et canevats au Bureau de la Romaine, et pour le faict des draps déclarer que la levée ne s'en fera que sur les draps marchans, et non sur ceux qui se font par les habitans pour leur usage.

AU ROY.

Ledict impost des toilles ayant esté mis sus, pour la grande nécessité des affaires de sadicte Majesté, elle ne le peut révocquer ainsi qu'elle a respondu sur le douzième article dudict cahier de l'année dernière, comme aussi elle ne peut consentir qu'il soit levé autrement, ny à autre raison qu'il a jà esté faict, et qu'il est permis à ceux qui en ont faict le party : Et en ce que touche ledict subcide des draps, sadicte Majesté entend qu'il soit levé, selon qu'il est porté par son Edict, et qu'il a jà esté pratiqué et observé.

XV.

Supplient, en outre, sa Majesté, comme ils ont faict par cy devant, de voulloir lever la taxe de nouveau imposée sur les marchans de poisson sallé, comme très pernicieux et dommageable, et entretenir les marchans en la liberté de leur commerce et traffic, duquel ils ont par cy devant joüy.

AU ROY.

Par la responce faicte sur semblable article en l'année dernière, il a esté dict que les Edict, reiglement et arrests sur ce donnez seroyent veuz, et que cependant l'exé-

cution des contrainctes seroit surcise, à quoy il faut satisfaire auparavant que donner autre responce sur ledict présent article.

XVI.

Qu'il plaise à sa dicte Majesté revocquer, casser et supprimer l'Estat de receveur deppositaire des deniers, comme estant plus au prejudice du pauvre peuple que soullagement d'iceluy.

AU ROY.

Il y a esté satisfaict par la responce mise sur le dix-septième article du dict cahier de l'année dernière.

XVII.

Remonstrent davantage qu'à l'instante prière et requeste des Estats du dict païs, les offices de Présidens aux Eslections, sergens et commissaires des aydes, tailles et gabelles, ont esté supprimez moyennant le remboursement qui en a esté faict par lesdicts Estats.

Néantmoins depuis peu de temps en ça, sans avoir ouy lesdicts Estats ny leur Procureur, a esté expédié Edict de restablissement desdicts Présidens et commissaires desdictes tailles, ensemble Edict de création nouvelle des Lieutenans ausdictes Elections, qui est une multiplicité d'officiers du tout à la charge du peuple. Si supplient sa dicte Majesté maintenir l'Edict de suppression desdicts Présidens et commissaires desdictes tailles, et révoquer la création desdicts Lieutenans, comme supernuméraires et préjudiciables audict païs.

Au Roy.

XVIII.

Et, qui pire est, il est venu à la congnoissance desdicts

Estats, pour mettre du tout les choses en désordre et confusion, qu'il y a autre Edict expédié pour faire lesdicts Présidens et Esleuz alternatifs. Supplians très humblement sa dicte Majesté, si ainsi est, voulloir pareillement révocquer iceluy Edict.

Au Roy.

XIX.

Requèrent pareillement la suppression des nouvelles Elections audict païs, d'autant que lesdicts Estats et offices sont du tout pernitieux et dommageables à sa Majesté, et au public pour les causes amplement desduictes au cahier de l'année dernière.

Au Roy.

XX.

Comprenant audict Edict de suppression, les offices de Lieutenans généraux des Baillys, et Conseillers assesseurs en chacune Viconté, suyvant qu'il luy a pleu cy devant ordonner.

Au Roy.

XXI.

Et générallement requièrent la suppression de toutes nouvelles offices créez depuis le règne du Roy Henry, sans attendre que vaccation soit advenuë par mort ou forfaicture, et mesmes sans aucun remboursement.

Au Roy.

XXII.

Encores que par termes généraux, la suppression de toutes nouvelles offices soit requise, si est ce qu'ils font instance particullièrement de l'eslection de Chasteauneuf en Thimeraiz, que l'on prétend tout de nouveau faire revivre et remettre sus : combien qu'il n'y a pas longtemps qu'elle ait esté supprimée, et les officiers d'icelle remboursez aux despens, et des deniers expressément levez sur le peuple.

AU ROY.

Les créations et restablissemens desdictes offices, dont la suppression et révocation est requise, ont esté faits pour en tirer secours par sa Majesté en la nécessité de ses dictes affaires, comme un moyen prompt, et qui luy a semblé le moins onéreux et à charge à ses sujects, ne pouvant sadicte Majesté pendant la présente guerre donner le règlement qu'elle désire en cela et plusieurs autres choses, à quoy elle pourvoira soigneusememt, si tost que ses dictes affaires le permettront et qu'il aura pleu à Dieu luy faire rendre par ses sujects l'obéissance qui luy est deuë, par l'establissement d'une union et ferme repos en ce Royaume, ainsi qu'elle avoit commencé à faire auparavant le renouvellement des présens troubles, portant sa dicte Majesté infiny regret et desplaisir qu'elle ne peut desaprésent satisfaire en cela, à la requeste desdicts des Estats.

XXIII.

Requièrent pareillement que le Prévost du dict Chasteauneuf, son Lieutenant et archers qui prennent les gaiges sur la recepte de Verneuil, seront tenus y faire résidence, comme principalle ville de la dicte Eslection, et comparoistront aux assises du Bailliage la Tour grise et ressort françois, pour assister les Juges et officiers de la Justice, à faire les captures des délinquans, ainsi qu'il se faict aux autres Bailliages.

AU ROY.

Sa dicte Majesté veut que ledict Prévost, son Lieutenant

et archers facent leur résidence au lieu qui est dict par leur création et establissement, et qu'ils comparoissent ausdictes assises et assistent les officiers de Justice à faire les captures des délinquans, ainsi qu'il se faict aux autres Bailliages.

XXIIII.

Réitèrent les dicts delléguez la requeste qu'ils ont par plusieurs fois faicte, de ne faire aucune levée de deniers au dict païs, soubs quelque prétexte que ce soit, sans le consentement desdicts Estats, faisant deffences aux Trésoriers généraux de permettre ny ordonner estre levé en plus avant que ce qui sera accordé en l'assemblée géneralle d'iceux Estats, sur peine de répétition sur eux et leurs héritiers en leurs propres et privez noms. Et néantmoins par la responce au vingt sixième article de leur cahier de l'année dernière, il semble que l'on ait voulu abolir, et la bonne volonté des Estats qu'ils ont toujours congneuë de sa Majesté envers ses sujects, et le prévillège à eux acquis de tout temps, ayant toujours respondu sadicte Majesté sur semblable article, qu'il ne seroit décerné Commission pour faire levée de deniers extraordinaires sans l'advis et consentement desdicts Estats, sinon en cas de très urgente nécessité, et toutesfois sans avoir esgard à ce que dessus, au lieu d'avoir mis l'advis desdicts Estats, on a mis simplement l'advis de son Conseil. Supplient très humblement sa Majesté ne vouloir tollir les prévillèges dudict païs, et se contenter de la bonne volonté naturelle que ses pauvres sujects ont toujours euë à faire en son endroict plus que le possible.

AU ROY.

Le Roy n'a aucunement entendu par ladicte responce faicte sur le vingt sixième article du cahier de l'année dernière, obscurcir ny esteindre, et abolir les autres responces paravant faictes sur semblable article, suyvant lesquelles sadicte Majesté ne décernera aucunes commissions pour faire levée de deniers extraordinaires audict païs, sans l'advis et consentemeut desdicts Estats, si ce n'est en cas de nécessité, et pour affaires pressées, ce qu'elle fera aussi avec l'advis de sondict Conseil.

XXV.

Sa Majesté est pareillement suppliée, revocquer la permission qu'il donne aux Commissaires et receveurs des tailles, de s'adresser aux plus aisez et suffisans du village, huict jours après que les deniers seront escheuz, se contentant sa Majesté de faire faire les exécutions sur les Collecteurs des dictes tailles, à raison que tel advantage apporteroit un si grand préjudice au peuple, qu'il n'y auroit celuy qui ne fust exacté par les dicts Commissaires et receveurs des dictes tailles, pour estre exempté desdictes exécutions, lesquelles exactions se monteroyent à une si grande somme qu'elles seroyent du tout à la ruine de son pauvre peuple, aussi qu'il soit deffendu ausdicts Commissaires et receveurs des tailles, de s'adresser et faire exécution sur les chevaux des laboureurs.

AU ROY.

Ladicte permission de s'adresser aux plus aisez et suffisans de villages, n'a esté faicte sans grandes considérations, pour lesquelles sadicte Majesté ne la peut révocquer, et pour le regard des exécutions sur les chevaux des Laboureurs, les responces, reiglemens et ordonnances sur ce faictes seront suyvies : Et néantmoins sa Majesté entend qu'il soit informé des abus et exactions qui se sont commises au faict desdictes exécutions, et que les coulpables soyent punis corporellement, et les amendes et deniers qui proviendront des condamnations soyent employez au descharge de chacune parroisse.

XXVI.

Que aucun arrest ou recullement ne soit faict à l'advenir sur les arrérages des rentes, selon qu'elles sont constituées pour quelque occasion que ce soit, d'autant que cela n'apporte que destourbier aux affaires de sa Majesté, et que la pluspart desdictes rentes appartiennent à plusieurs vefves, et enfans orphelins, qui n'ont autre chose de quoy vivre, estant la plus pernitieuse ouverture au service de sa Majesté qui se puisse inventer, à quoy ils supplient très humblement sa Majesté y donner ordre pour l'advenir.

Au Roy. Et sont les Commissaires d'advis du contenu au présent article.

Sa dicte Majesté ne reculle le payement des arrérages desdictes rentes que pour très grande nécessité, et pour quelque temps, après lequel elle en faict faire remplacement, en sorte que ceux à qui elles sont deuës en sont payez, et en sera ainsi faict pour ce qui en a esté ces jours icy pris. Mandant sa Majesté aux Trésoriers généraux de faire faire les remplacemens, en sorte qu'il n'y ait retardement au payement des arrérages desdictes rentes, que le moins qu'il sera possible.

XXVII.

Que par tout le dict païs de Normandie soit mis poix à poiser tant bleds qu'autres grains par les moulins, afin que le pauvre peuple soit soullagé pour le larcin que commettent de jour en jour les Musniers ayans les moulins à ferme. Enjoignant aux Trésoriers des parroisses, sur lesquelles lesdicts moulins sont assis, d'y avoir l'œil, et en deffaut de ce, en advertir les Juges et officiers ordinaires pour les punir comme voleurs et larrons du public.

Il est enjoinct aux Juges ordinaires d'y pourveoir suyvant les ordonnances politicques.

Soit suyvie et effectuée la responce desdicts Commissaires.

XXVIII.

Comme plusieurs (plaintes) ayent esté cy devant faictes à sa Majesté des grandes impositions de nouveau mises sur le sel, néantmoins lesdicts Estats ont esté advertis qu'il y en a eu lettres patentes expédiées pour lever par augmentation quinze sols pour minot de sel au profit des adjudicataires du grand party, qui est une charge du tout insupportable, veu les autres grands imposts et subcides qui se lèvent sur ledict sel. Et combien qu'il y ait eu opposition formée par le Procureur desdicts Estats, à l'exécution des dictes lettres patentes, si est ce que sa Majesté, nonobstant icelle, a voulu icelle levée estre faicte. Si supplient les dicts déléguez ayant esgard que le prix d'iceluy sel n'est à présent excessif pour lesdicts adjudicataires, aussi que le temps a esté fort commode pour en faire grand nombre ceste présente année, et par ce moyen y pourront par cy après faire grand profit, Il plaise à sa Majesté faire cesser ladicte levée, et toutes autres, qu'au préalable les dictes patentes et commissions soyent adressées et vérifiées aux Courts souveraines, et présentées en l'assemblée desdicts Estats.

AU ROY.

La dicte augmentation sur le sel a esté faicte pour la pénurie et deffaut du sel, qui est cause que sa dicte Majesté ne la peut à présent révocquer.

XXIX.

Ladicte augmentation de quinze sols pour minot a esté levée au Bailliage de Caen, près d'un mois avant le jour préfigé par lesdictes lettres patentes. Partant supplient sa dicte Majesté que les officiers des greniers soyent approchez pour en tenir compte, et que les deniers qui en sont provenus leurs soyent précomptez, au marc l'escu, sur ce qu'ils doyvent de la taille du présent quartier d'Octobre, et que ceux de l'Eglise et de la Noblesse qui ont payé ladicte augmentation reviennent au bénéfice de ceux du tiers estat.

AU ROY.

Les fermiers et officiers desdicts greniers à sel seront sur ce oys, pour ce faict en estre ordonné ainsi qu'il appartiendra par raison.

XXX.

Les plainctes sont si communes entre les habitants dudict païs des grandes injustices, extorsions et concussions commises en l'année dernière à la levée des deniers, à constitution d'interest, tant par les Commissaires au faict desdites taxes et cottizations, receveurs en la recepte desdicts deniers, que Huissiers, collecteurs, et autres soy disans commis pour l'accélération d'iceux aux contrainctes et exécutions, que c'est horreur d'en oüyr parler : Partant supplient lesdicts Estats sa Majesté qu'il luy plaise depputer Commissaires de la Court de Parlement de Rouen, pour se transporter sur les lieux, et en informer et juger diffinitivement assistez des Juges des lieux, sans en évoquer la congnoissance ailleurs où lesdicts convaincus et condemnez pour lesdictes concussions par les Juges ordinaires ont esté absoubs.

AU ROY.

Sadicte Majesté désirant de tout son cœur le soullagement de son peuple, veut qu'il soit informé et punition soit faicte des prétendues concussions, par les Sieurs Président le Sueur, qui est à présent audict pais, et Rassent Conseiller en la Court de Parlement dudict païs pour en instruire les procez et après les renvoyer au Conseil de sadite Majesté, pour y estre promptement jugez.

XXXI.

Et encores que lesdictes constitutions de rente ayent esté faictes avec grande rigueur comme dict est, néantmoins il n'a esté rien payé en la pluspart dudict intérest, faute de fonds sur ces receptes comme l'on faict entendre. A ces causes supplient très humblement sa Majesté qu'il luy plaise ordonner qu'il en sera faict fonds tant pour le passé que pour l'advenir, autrement leur accorder recours sur les Commissaires qui les ont faict contraindre au payement desdicts achapts.

Au Roy. Et sont les Commissaires d'advis du contenu au présent article.

Sadicte Majesté ordonne qu'il soit faict fonds pour le payement des arrérages desdictes rentes, tant pour le passé que pour l'advenir, et que les Présidens et Trésoriers généraux des bureaux de Rouen et Caen y facent satisfaire, suyvant l'intention de sa Majesté, et qu'il est cy devant déclaré sur le vingt sixième article.

XXXII.

Qu'il plaise à sa Majesté ordonner que la commission cy devant décernée pour la recherche des usuriers sera continuée, et que les deniers des amendes seront employez à la réparation des ponts et passages dudict païs, Et au surplus renvoyer la congnoissance des appellations des Juges ordinaires des lieux, à la Court de Parlement de Rouen, privativement au grand Conseil, auquel elle estoit premièrement attribuée.

Au Roy. Et sont les Commissaires d'advis du contenu du présent article.

Accordé ainsi qu'il est requis, après que les assignations jà baillées sur ladicte nature de deniers auront esté acquictées.

XXXIII.

QUE nul des sujects de ladicte Province conformément à la Chartre Normande, ne puisse estre distraict devant les Juges ordinaires dudict païs, pour quelque prévillège que ce puisse estre, pour aller playder devant les Maistres des Requestres de l'hostel du Roy au Palais à Paris, ou devant le Prévost conservateur de prévillèges dudict païs : mais s'il y a aucun qui ait prévillège duquel il se veuille ayder, qu'il puisse seullement évocquer sa cause aux requestes du Palais de Rouen, et ne soyent lesdicts habitans sujects comparoir ailleurs, et où il se trouverroit quelque jugement autrement donné, soit déclaré nul et de nul effect, sans qu'il soit besoing en appeller quelque clause de dispence qui soit adjoustée aux lettres patentes, sentences et arrests.

Au Roy. Et sont les Commmissaires d'advis du contenu en cest article.

Les ordonnances et reiglemens sur ce faicts seront suivis, n'entendant toutesfois sadicte Majesté ses sujects dudict païs estre indeuëment travaillez soubs couleur desdicts prévillèges.

XXXIIII.

REQUIÈRENT pareillement sadicte Majesté qu'il ne soit faict

en ceste présente année soubs son nom ny par aucuns particulliers, soubs quelque prétexte que ce soit, aucune levée ny magazin de bleds et autres grains, ains que ce qui est en ladicte Province, tant petit nombre qu'il y ait, y soit laissé pour estre distribué au pauvre peuple pour vivre, et qu'ils en puissent avoir à prix raisonnable, d'autant que si on en tire hors, la charté en augmentera si grande que le pauvre peuple ne pourra fournir pour en achepter, et sera contrainct de périr de faim. Et pour cest effect il plaise à sa Majesté revocquer les Commissions expédiées pour en faire levée et magazin.

Au Roy. Et sont néantmoins les Commissaires d'advis du contenu en cest article à cause de la stérilité en la pluspart de ceste Province, et du dégast faict par le passage des gens de guerre.

Les dicts magazins de bleds que sa Majesté a ordonné estre faicts ne sont pas particulliers pour ladicte Province de Normandie, mais pour toutes les autres de ce Royaume, pour s'en servir selon les occasions à la nourriture de ses armées, et au demourant veut sadicte Majesté que sesdictes Provinces se secourent et aydent l'un l'autre desdicts bleds, selon que Dieu leur en aura donné plus grande abondance, sans toutesfois qu'il s'en puisse transporter un seul grain hors cedict Royaume : comme sadicte Majesté en a faict très expresses deffences qui ont esté publiées. Et néantmoins le Roy descharge ledict païs des deux tiers.

XXXV.

REMONSTRENT pareillement à sadicte Majesté, que depuis la dernière convention desdicts Estats il s'est faict plusieurs levées extraordinaires sur ledict païs, tant à constitution de rente qu'autrement, qui a réduict le pauvre peuple en si grande misère et nécessité, qu'il n'a pour le présent aucun moyen de pouvoir respirer. Et néantmoins tout de nouveau et d'abondant l'on prétend lever quinze escus sur chacun clocher, et pour lesquels on permect la vente des biens des trésors et fabricques, ce qui empeschera beaucoup la dévotion des bons Catholicques, et cause de faire cesser le divin service, lequel autrement ne pourroit estre continué, par ce qu'en la plupart des parroisses il n'y a dequoy fournir le luminaire, et autres choses nécessaires à l'Eglise, joinct que plusieurs Eglises sont encores desmolies et ruinées par les troubles passez, et n'a le peuple aucun moyen de les pouvoir réparer.

AU ROY.

Lesdicts quinze escus pour clocher sont destinez pour les fraiz de la présente guerre, de sorte que sadicte Majesté ne s'en peut passer.

XXXVI.

Qu'il plaise à sadicte Majesté revocquer toutes commissions extraordinaires pour faire vente des bois audict païs, attendu que les forests sont quasi du tout ruinez sans aucun espoir de repeuplement pour ce que le fonds en la pluspart en a esté fieffé et assencé, joinct que le profit des glands, paissons, panages est anéanty au moyen desdictes ventes, aussi grand ou plus que celuy desdictes fieffes et ventes, et aussi qu'il n'y a plus de chesnes pour les réparations et constructions des Navires.

Au Roy. Et sont les Commissaires d'advis du contenu en cest article.

Sadicte Majesté ne fera plus aucunes ventes de bois extraordinaires en son dict païs sans grand besoing.

XXXVII.

Qu'il plaise à sa Majesté que quand il y aura taxe demandée pour les excez qui pourroyent estre faicts, tant aux eauës que forests, que lesdictes amendes soyent demandées et cueillies, dans un an après la taxe faicte, sur peine de prescription et de nullité desdictes amendes.

Au Roy. Et néantmoins sont les Commissaires d'advis que lesdictes amendes soyent demandées dans l'an du jour de la taxation d'icelles, et le payement poursuyvi dans trois ans prochains ensuyvans : sauf en cas de négligence après ledict temps passé, de les recouvrer sur les receveurs ou Sergens.

Le Roy trouve bon l'advis des Commissaires, qui sera suyvi.

XXXVIII.

Percistent pareillement lesdicts Estats à requérir la réparation des ponts et passages dudict païs, qui cause que la pluspart des villes sont inaccessibles, et le commerce arresté. Supplient très humblement sa Majesté y vouloir pourveoir et mander à ses Trésoriers généraulx y tenir la main, et faire besongner promptement.

AU ROY.

Accordé.

XXXIX.

Que le revenu du pied fourché du Bailliage de Costantin, après les gages des Juges présidiaux du siège payés, soit employé en la réparation des ponts et passages dudict Bailliage, au prorata de ce qui en revient en chacune Viconté, suyvant qu'il a esté cy devant plusieurs fois ordonné.

AU ROY.

Faut avoir l'advis des Présidens et trésoriers généraux de France, pour après leur y estre pourveu.

XL.

Pareillement, qu'il plaise à sadicte Majesté faire commandement aux Conseillers et Eschevins de la ville de Rouen, faire construire, bastir et rendre tout prest le Pont dudict lieu dedans un an pour le plus, et à faute de ce faire ledict temps passé, ordonner que tous les subcides et tributs qui se lèvent pour cest effect cesseront, et seront révocqués.

AU ROY.

En sera escript par sadicte Majesté ausdits Conseillers et Eschevins de Rouen.

XLI.

Que s'il advient que sa Majesté lève quelques emprunts sur les villes closes, il soit deffendu aux receveurs généraulx, Commissaires et tous autres, arrester ny faire arrester prisonniers les marchans allant pour leur commerce de marchandise en la ville de Rouen, et aïlleurs.

Au Roy. Et sont les Commissaires d'advis du contenu au présent article, pour la liberté dudict commerce.

Accordé, suyvant l'advis desdicts Commissaires.

XLII.

L'edict des démembremens des anciennes Eslections a esté faict par sa Majesté en partie pour la commodité de ses sujects, et faciliter la voicture et port des deniers des tailles en ses receptes, les approchans de la demeure de ses sujects ; mais le contraire est arrivé aux habitans de la Viconté de Gournay, qui de tout temps avoit esté de l'ancienne Eslection de Gisors, et maintenant elle est annexée en l'eslection d'Andely, à la foulle et oppression desdicts pauvres sujects de la Viconté de Gournay, faute que ceux qui ont faict le deppartement n'avoyent congnoissance de la distance des lieux, et non informez de la commodité ou incommodité qu'ils pourroyent recevoir par ledict démembrement. Et sont par ce moyen tenus lesdicts habitans de la Viconté de Gournay, porter les deniers de leur taille et ceux des Aydes audict lieu d'Andely, distant de la plus grande partie des villages de ladicte Viconté, de dix à douze grandes lieuës de chemin fort couvert des bois de la forest de Lyons, et dangereux pour le port desdicts deniers, et dont il s'est ensuyvi des volleries en l'année présente, et au paravant estant de ladicte eslection de Gisors, ils n'avoyent que cinq petites lieuës de chemin fort descouvert propre, commode et asseuré pour le port d'iceux deniers, à cause que de quart de lieuë en quart de lieuë y a bourgs et villages. Si supplient sa Majesté de réunir les habitans de ladicte viconté de Gournay en l'ancienne eslection de Gisors.

Se pourvoyent par devers les Trésoriers généraux, ausquels commission a esté adressée pour ce regard.

Il y est satisfait par la responce desdicts Commissaires.

XLIII.

Qu'il soit commandé aux Esleuz de faire leurs deppartemens des tailles, les signer et arrester, et distribuer les mandemens aux Commissaires de leur Eslection dedans trois jours après la réception du mandement, sur peine de privation de leurs estats, pour éviter au retardement des deniers du Roy, et aux exactions qui se font pour gaigner la faveur desdits officiers.

AU ROY.

Est enjoinct aux Esleuz des Eslections, de procéder diligemment au département incontinent après les mande-

mens des Trésoriers généraux receuz, et lesdicts départemens faicts, les signer et envoyer à l'instant, à peine de suspension de leurs offices, et est mandé aux Trésoriers généraux de France y tenir la main.

XLIIII.

Lesdicts Estats ont tousjours cy devant faict grande instance de la multiplicité d'officiers, comme à présent ils en requièrent la suppression. Et néantmoins tout de nouveau on a créé des Commissaires et Controolleurs pour faire la monstre des Visbaillys, et qui pire est, les gages prins sur le peuple, et levez pour cest effect, comme il appert par la commission de ceste présente année. Si supplient très humblement sadicte Majesté supprimer lesdictes offices, comme supernuméraires, déclarans iceux Estats qu'ils s'opposent à la levée desdicts deniers pour leurs gages, le tout jusqu'à ce que par sa Majesté autrement en ait esté ordonné.

AU ROY.

Lesdictes offices ont esté créez pour bonnes considérations pour lesquelles sadicte Majesté ne les peult supprimer quant à présent.

XLV.

Et pour ce qu'il a pleu à sa Majesté faire refformer la coustume dudict païs, qu'il luy plaise vouloir auctoriser et vallider quelques articles qui ont esté baillez à Messieurs les Commissaires à ce depputez pour les coustumes localles et particulières de chacune chastellenie.

Les Commissaires depputez pour la refformation et rédaction desdictes coustumes, tant génerales que localles, ont baillé leurs procez verbaux, et mis lesdicts articles au greffe de la Court de Parlement, et font maintenant procéder à l'impression d'icelles.

Il y est satisfaict par la responce desdicts Commissaires.

XLVI.

Qu'en toutes les parroisses èsquelles y a mixtion de jurisdictions Royalles, soyent les habitans d'icelles renvoyez au prochain siège Royal, et ce pour éviter à une infinité de procés provenans en transports de jurisdiction, desquels sont grandement vexez les sujects de sa Majesté, principallement pour la jurisdiction de Sainct Siluin, laquelle est meslée en plusieurs parroisses près Caen et ailleurs. Et que pour ce faire soit ordonné par le premier de Messieurs de la Court se trouvant sur les lieux estre informé de la commodité ou incommodité.

AU ROY.

Le présent article est renvoyé à la Court de Parlement de Rouen, pour faire informer de la commodité ou incommodité du contenu en iceluy, et ce faict en ordonner et donner tel reiglement qu'il appartiendra par raison.

XLVII.

Supplient sadicte Majesté que le prévillège Monsieur sainct Romain pour l'advenir ne soit concédé ny octroyé à autres qu'à ceux de ladicte Province, auquel il appartient seullement, et qu'à l'advenir aucun estranger n'y soit receu autres que les Normands.

AU ROY.

L'archevesque de Rouen et le chapitre ouys, y sera pourveu.

XLVIII.

Supplient sadicte Majesté faire inhibitions et deffences de

tenir foire ny marché aux jours de festes lesquelles sont dédiées pour le service de Dieu.

AU ROY.

Sadicte Majesté le trouve bon selon les Edicts qu'il en a cy devant faicts.

XLIX.

Et pareillement supplient sadicte Majesté de donner Jussion à sa Court de Parlement de Rouen, d'esmologer le concile Provincial approuvé par la saincteté, et sa Majesté, principallement pour le faict des seminaires.

AU ROY.

Et pour conclusion en faisant et donnant responce par les gens des trois Estats de Normandie, à la demande que vous Monseigneur leur avez faicte, de la somme de sept cens quatre vingts treize mille huict escus vingt sept sols six deniers, tant pour le principal de la taille, creuës, taillon, qu'autres deniers à plain déclarez és lettres patentes de sa Majesté, Dient lesdicts Estats qu'ils aroyent juste occasion de supplier sa Majesté les descharger desdictes demandes, du moins d'une portion de ce qui luy accordèrent l'année dernière. Suppliants très humblement sadicte Majesté considérer l'estat en quoy est de présent ce pauvre peuple de Normandie pour les trop grandes et insupportables charges qu'ils ont cy devant soustenues, les pilleries, volleries et larcins desdicts gens de guerre, mortallité et contagion de peste estant par tout ledict païs, cherté de grains et autres vivres depuis deux ans, la petite recueilte des grains de l'Aoust dernier, avec plusieurs autres calamitez notoires à un chacun. Toutes fois mettans en considération les grands et urgens affaires qu'elle aura à supporter l'année prochaine pour un si bon suject, et voullant faire plus que le possible, s'asseurans qu'à l'advenir il les deschargera d'un si pesant fardeau selon la bonne et sincère dévotion qu'elle en a, Luy accordent semblable somme comme l'année dernière, ne pouvant s'asseurer toutefois qu'elle puisse estre payée pour l'extresme pauvreté en quoy ledict païs est à présent réduict.

Assavoir, pour le corps principal de la taille, trois cens vingt cinq mil sept cens six escus deux tiers.

Pour les réparations et fortiffications des chasteaux et places fortes dudict païs, quatre mil soixante unze escus vingt sols tournois.

Pour le taillon, vingt sept mil cinq cens quatorze escus vingt quatre sols tournois.

Pour les gages deubs aux héritiers feu maistre Estienne du Val, quatre cens seize escus deux tiers.

Pour les gages et augmentation d'iceux, des Visbaillys, leurs Lieutenans, Greffier et archers, sept mil huict cens vingt deux escus cinq sols tournois, requérans le surplus qui est contenu en ladicte Commission estre retranché, et outre que le Visbailly de Costentin, et ses archers soyent privez de leurs gages, et les deniers employez pour les pauvres dudict Bailliage.

Pour les gages des postes, mil escus.

Pour les taxations des Commissaires et déléguez d'iceux Estats, et pour les fraiz communs dudict païs, cinq mil cent douze escus deux tiers.

Pour les Estats de messieurs les Gouverneurs et Lieutenans généraux audict païs, six mil quatre cens escus.

Montans toutes lesdictes parties à la somme de trois cens soixante dix huict mil quarante escus quarante neuf sols tournois, sur toute laquelle somme supplient très humblement sa Majesté leur vouloir accorder comme és années passées, la somme de quarante mil escus, qu'ils supplient très humblement sa Majesté leur vouloir desduire sur le corps principal de ladicte taille, au lieu qu'elle avoit accoustumé estre destinée pour le remboursement des officiers supernuméraires audict païs.

Et pour le regard du parisis des tailles et taillon, terme fort odieux, creuës des cent et deux cens mil escus, gages des Commissaires et Contreroolleurs ordonnez pour faire la monstre desdicts Visbaillys, creuë d'unze cens soixante six mille six cens soixante six escus deux tiers, cy devant demandées par le sieur Primat de Lyon, fraiz de la levée desdictes sommes, gages et taxations des officiers dudict païs, autre creuë ordonnée pour la garde de Monseigneur le Cardinal de Bourbon, et de Monsieur le Duc d'Aumalle, pour la faute de fonds qui s'est trouvée à raison des non valleurs sur plusieurs parties y mentionnées, construction de la Cytadelle de Verdun, le tout amplement desduict èsdictes lettres patentes, Supplient très humblement sa Majesté iceux Estats, les en vouloir descharger pour les causes cy devant amplement desduictes, et pour raison de leur extreme pauvreté, se contentant sa Majesté, si luy plaist, des offres susdictes, qui surpassent beaucoup plus que leur pouvoir, sans que pour ladicte année prochaine, il se face aucune autre levée de deniers que les dessusdicts accordez, et au surplus avoir le païs en bonne et singulière recommandation.

Faict en la Convention et assemblée des gens des trois Estats du païs et Duché de Normandie, tenant à Rouen, le dix neufième jour d'octobre, mil cinq cens quatre vingts sept.

Signé, GOSSELIN.

Les Commissaires tenans la présente convention, ayant veu la responce que les déléguez des Estats ont faicte à la proposition et demande à eux faicte de la part de sa Majesté, par laquelle accordent seullement lui payer pour l'année prochaine, mil cinq cens quatre vingts huict, semblable somme qu'en l'année dernière, qui est le principal de la taille, avec taillon et creuës ordinaires accoustumées estre levées chacun an sur le païs, selon que le tout est amplement mentionné au présent cahier de leurs doléances.

Supplians sa Majesté les vouloir du tout descharger, tant du parisis desdictes tailles et taillon, que des creuës de deux cens et cent mil escus, et autres parties et creuës à eux demandées à cause de leur extreme pauvreté, après avoir faict plusieurs remonstrances ausdicts déléguez pour le service de sadicte Majesté, et nécessité de ses affaires, et que sur icelles s'estans rassemblez par deux fois pour en adviser, ils ont dict ne pouvoir pour les causes dessusdictes, s'estendre à faire plus grandes offres que les premières, ausquelles supplioyent très humblement sadicte Majesté, se vouloir contenter. ICEUX COMMISSAIRES ont ordonné que deppartement et assiette sera actuellement faicte de toutes les sommes de deniers demandées par sadicte Majesté et mentionnées ès lettres de Commission pour ce expédiées selon la forme portée par icelles. Et néantmoins que la levée sera surcise jusques à un mois du jourd'huy, pendant lequel temps se retireront lesdicts déléguez par devers sadicte Majesté, pour entendre sur ce son bon plaisir, ce qui a esté prononcé publicquement ausdicts déléguez en l'assemblée desdicts Estats.

Faict à Rouen par les Commissaires tenans la convention des Estats du païs de Normandie, le dix neufiéme jour d'Octobre, mil cinq cens quatre vingts sept.

Signé,   Par lesdicts Commissaires.

LIGEART.

Sadicte Majesté est tousjours en la mesme bonne volonté et affection qu'elle a eu cy devant de descharger son peuple desdictes levées, et le soulager en icelles, autant qu'il luy sera possible : mais elle est constituée en si grandes et extraordinaires despences à cause de ceste présente guerre, qu'elle ne peut encores effectuer la susdicte intention, et leur remettre aucunes choses des sommes susdictes par elles demandées : ains auroit sadicte Majesté juste occasion de les augmenter. Toutesfois pour la compassion qu'elle a des autres charges que porte sondict peuple, elle a advisé de se contenter desdictes sommes, qn'elle veut estre levées suyvant ce qui a esté ordonné par lesdicts Sieurs Commissaires, Et néantmoins continuant la mesme gratification qu'elle a faicte les années passées ausdicts des Estats : Sadicte Majesté leur accorde la somme de quarante mil escus à prendre sur lesdictes sommes qui se léveront en ladicte année prochaine, pour employer au remboursement des officiers, desquels la suppression leur a esté cy devant accordée.

Faict au Conseil du Roy establY près la Royne sa mère, tenu à Paris, le dixiéme jour de Novembre, mil cinq cens quatre vingts sept.

Signé   HENRY.

Et plus bas.

PINART.

A Rouen, de l'imprimerie de Martin le Mesgissier, Imprimeur du Roy, demeurant près l'Eglise sainct Lo. M. D. LXXXXVII. Avec privilège dudict Seigneur. — Réimprimé d'après l'exemplaire de la Bibliothèque nationale.

DOCUMENTS

CONCERNANT

LES

ÉTATS DE NORMANDIE

ÉTATS D'OCTOBRE 1582

I.

EXTRAIT DES REGISTRES DE L'HOTEL-DE-VILLE DE ROUEN.

« En l'assemblée générale des Ecclésiastiques, Nobles, vingt-quatre du Conseil, gens de justice, marchans et autres représentans la communauté de la ville et bailliage de Rouen, présens et assistans les députez du tiers Estat des quatre vicontez d'iceluy bailliage, tenue en la grand'salle de l'Hostel commun dud. Rouen par nous Jacques Cavelier, escuyer, conseiller du Roy et lieutenant général aud. bailliage (1), le samedi 10ᵉ jour d'octobre 1582, aprez lecture faicte des lettres du Roy, à nous adressées, donnez à Fontainebleau,

---

(1) Jacques Cavelier, sʳ d'Auberville, lieutenant général civil et criminel au bailliage de Rouen, nommé président au siége présidial dud. bailliage en remplacement de Jacques de Brèvedent, pour exercer concurremment les deux offices, 4 mai 1581.

le 6ᵉ jour d'aoust dernier, par lesquelles nous est mandé faire assembler les gens des trois Estatz de ce dit bailliage, afin d'eslire et nommer six personnages, c'est assavoir : ung de l'Estat de l'Eglise, ung Noble, et quatre autres de l'Estat commun, ensemble deux conseillers et eschevyns pour assister en la convention génaralle desd. Estats, termez à tenir en ceste dicte ville, le 10ᵉ du présent moys et an ; — lecture aussi faicte des lettres-patentes du Roy, données aud. lieu de Fontainebleau, le 5ᵉ jour d'aoust dernier, par lesquelles nous est mandé que, en la prochaine convention que ferions desd. Ecclésiastiques, Nobles et gens du tiers Estat pour députer personnes pour assister ausd. Estatz, nous feissions, par mesme moyen, assigner par devant nous, en lad. convention, tous et chacuns les archevesques, évesques, doyens, chapitres, abbez, prévosts, prieurs, communautez et autres ecclésiastiques ayant fiefs ou jurisdictions, ducz, marquis, contes, barons, châtelains et autres seigneurs de fiefs, ayant terres et possessions ès enclaves de ce dit bailliage, ensemble les plus notables personnes de la Justice et les communautez des villes, tant des vicontez royalles, que jurisdictions subalternes, pour, en notre présence, nommer et députer telz d'entre eux qu'ilz adviseront bon de chacun Estat, pour comparoir, pour eulx et en leur nom, en ceste dicte ville, lors de la séance des Estatz, par devant MM. les Commissaires députez pour la rédaction et réformation de la Coustume de ce païs de Normandie, pour recevoir d'eulx le Cayer contenant les chappitres et articles de lad. Coustume refformée ; — pour satisfaire au contenu desquelles lettres, ont esté esleuz et nommez, c'est assavoir : pour l'Estat de l'Eglise, pour tout led. bailliage, Mᵉ Toussains De Laval, presbtre, curé de Sᵗ Vivien dud. Rouen ; pour l'Estat de Noblesse, messire Ysembart Du Bosc, sieur du Boys d'Ennebout, et, pour conseillers de lad. Ville, n. h. Jeh. de Vymont, et Rob.

de Hanyvel (1), ausquels a esté donné pouvoir, puissance et authorité d'assister avec les autres délégués.

» Pour l'Estat de la Justice des quatre Vicontez, ont esté nommez n. h. M⁽ᵉ⁾ Mathieu Poullain, sieur du Boscguillaume (1), avocat en la court, pour la viconté dud. Rouen; Nicolas Le Blanc, sieur de la Saussaye, aussi advocat au Pont de l'Arche; M⁽ᵉ⁾ Pierre Du Fay, viconte du Pont-Autou et Pont-Audemer, pour la viconté dud. lieu, et M⁽ᵉ⁾ Rob. Thiron, lieutenant général du viconte d'Auge, pour la viconté dud. lieu.

Prirent part à l'élection Maynet, avocat du Roy au bailliage de Rouen, 4 conseillers modernes, 2 chanoines, 9 anciens conseillers, 3 pensionnaires, le procureur syndic, les 4 quarteniers, plusieurs curés, vicaires, prieurs et autres ecclésiastiques en grand nombre, tant de la ville que du bailliage, plusieurs gentilshommes, entre autres les sieurs du Bois d'Ennebout, de Varneville, de Taconnières, de Frettemeules; Du Fay, vicomte du Pont-Audemer, Rob. Le Gras, avocat du Roi au bailliage; Nicolas Le Couturier, procureur, Beuzelin, assesseur; les députés des 4 vicomtés, plus 42 bourgeois dont les noms sont donnés, sans compter les autres.

Il est à remarquer que les délégués pour la convention ordinaire des Etats ne doivent pas être confondus avec les délégués pour la réformation de la Coutume, bien que les électeurs aient pu se contenter d'un seul et même acte de nomination pour les uns et pour les autres. Ainsi, les députés du tiers Etat des 4 vicomtés du bailliage de Rouen

(1) Avait été nommé avocat pensionnaire de la Ville en remplacement de Rob. Le Gras, décédé, août 1566; avait épousé Marie Ballue, sœur de Jean-Pierre Ballue, maître ordinaire en la Chambre des Comptes de Normandie; décédé en 1592.

ne figurent pas parmi ceux qui s'occupèrent de la réformation de la Coutume; et il n'est pas douteux que les hommes de justice qui coopérèrent à cette réformation, n'eurent aucune part à la délibération des articles du Cahier des Etats, au vote des impositions, pas plus qu'à la nomination des deux commissions pour le port du Cahier et pour l'audition des Comptes, ainsi qu'on le verra par la procuration que nous publierons ci-après.

« Avant que faire entrer le peuple, les vingt-quatre du Conseil estant en la grand'salle, Mᵉ Adrien Ballue et Louis Guérard, chanoynes, pour le Chapitre, avoient protesté qu'il ne leur pourroit porter préjudice de ce qu'ilz ne prenoient place au hault du banc du grand bureau pour l'absence de Monsʳ l'archevesque ou de ses grands vicaires, et en avoient demandé lettre, qui leur avoit esté accordée.

» Plus il avoit esté arresté que la forme ordonnée le 14 nov. 1578 pour la séance de la Noblesse en la place des quarteniers seroit suyvie, et que lesd. quarteniers prendroient lieu au bas (pour banc) des pensionnaires, sans préjudice des protestations d'iceulx quarteniers, dont pareillement lettre leur avoit esté accordée ».

11 oct. « Après la proposition faicte aux Estatz en l'assemblée de plusieurs des vingt-quatre anciens, estans présens devant nous.... lieutenant général, il a esté advisé que les députez de ce bailliage proposeront aux Estatz les excez et pilleries que font de présent les gens d'armes, premier et avant que rien délibérer, et si sèront supliez MM. les Commissaires vouloir en advertir le Roy, à ce qu'il plaise à S. M. y pourveoir, soit par leur faire délivrer estappes ou autrement. »

19 oct. « Sur l'instance faicte par les quatre quarteniers que, le jour de la nomination des députez de l'Eglise et

Noblesse, ilz feussent maincteñuz en leurs places accoustumées aux assemblées générales, sans les quicter aux Nobles, comme ilz ont faict puis l'année 1578; par protestation, sur quoy il a esté advisé que l'on verra les anciens registres, tant pour voyr la séance de l'Eglise que Noblesse, et néantmoins que lesdits quarteniers tiendront leurs places et séances accoustumez, nonobstant le reiglement de 1578 ».

II.

HARANGUE DU PREMIER PRÉSIDENT.

« *Remonstrance faicte par Monsr le premier Président aux Estatz de Normandye tenus par Monsr de Carrouges lieutenant du Roy, présence des sieurs de Grainville, Thibermesnil, président en la cour, de Bréaulté, bailly de Gisors, Destors* (1), *premier président en la Chambre des Comptes, de Plainbosc et de Novince, présidents des Bureaux et Généralitez de Rouen et Caen, et De la Porte procureur général du Roy, le 10 oct. 1582, et Dambray, receveur général en la Généralité de Rouen* (2) ».

« Messieurs, tous ceulx qui ont discouru sur la conservation d'un Estat ont pensé qu'il y a deux temps èsquelz doibt reluire esgalement la majesté d'un Roy et monarque; le temps de guerre et le temps de paix, èsquels la vertu d'un bon roy doit singulièrement paroistre en trois choses : en la Relligion, Justice, et Force, lesquelles toutesfois sont tellement conjoinctes que le deffault de l'une est suffisante pour faire tout tomber en ruine et subversion. Ce que le Roy

(1) René Duval, sieur d'Estors.
(2) Henri Dambray, receveur général en remplacement de Guill. Le Fieu, sieur de Méresville, qui était devenu maître des Comptes. Dambray avait été anobli par lettres datées de février 1582.

nostre souverain prince et seigneur, remettant devant ses yeux, et que le meilleur et plus certain conseiller qu'on peut avoir estoit le temps, lequel augmente le fruit, c'est-à-dire la prudence acquise par bon jugement, a bien voulu considérer le gouvernement, l'estat et comportement au temps passé, et que tous les royaumes, monarchies et aultres dominations, par succession du temps, par le période et révolution de leurs destinées, prennent fin, ou mutation par déclination en autres formes, conditions, establissemens et régimes, et par quelles fautes ou contraventions aux bonnes loix, sainctes observations, sanctions et louables ordonnances, par lesquelles ils s'estoient eslevés, establis et longuement conservez et entretenus en puissance, réputation, tranquillité et prospérité, ilz sont après tombez en décadence, ruinez ou annichilez par autre inconvénient, *sæpè enim accidit ut, Republica senescente, senescat hominum virtus, et legum minuatur authoritas*. Et comme les Roys, ausquels la divine Providence a donné les grandes dignités et prééminences doibvent entendre que cure, sollicitude, charité et amour envers leurs subjects sont conjointes et annexes, par droit primitif, à leurs Majestés, comme imposées à la fondation et création d'icelles, aussy révérence, dévotion et obéissance volontaire doibvent demeurer du costé des subjects envers leur Roy et prince souverain, ses loix, ordonnances et éeditz, *laudatissima in Republica harmonia aptissimo et utili consensu temperata*. Lesquelles considérations ont meu sa Majesté faire naguères assembler en son Conseil les princes, principaux officiers de la Couronne et autres grands personnages de son Conseil, pour adviser sur ces trois poinctz, circonstances et dépendances d'iceux, pour délibérer les moyens de retirer son domaine alliéné et icelluy réunir à la Couronne, comme le principal fleuron d'icelle; — pour donner ordre, comme il est requis en toute monarchie, que les finances soient basties et assurées sur un fondement certain et durable, et pour pourveoir, par tous moiens, au soulagement de son peuple. Mais comme cest affaire est ardu et d'une grande importance, aussi l'exécution en est difficile, sans une grande et exacte congnoissance, pour laquelle avoir sa Majesté a choisy, esleu et depputé certains personnages, hommes d'authorité et expérience, pour se transporter par toutes les provinces de ce Royaume selon la distribution d'icelles, pour s'informer de l'Estat ecclésiastique, du comportement de la Noblesse, du gouvernement de la Justice, des Finances de son peuple, pour, par telle instruction, bien et deument faicte, prendre une résolution certaine, afin qu'on puisse recongnoistre, par la déploration de ce temps, combien les meurs et coustumes des anciens, leur preudhommie et intégrité sont perverties et renversées, afin de remettre cest Estat à l'observation de l'ancienne discipline de France, comme le vray pillier et soustènement de ce royaume, et icellui réduire en sa première forme et reprendre les premiers linéamens, comme d'une bonne peinture à demy effacée. Et, pour y acheminer quelque ordre, sa Majesté a considéré que, pour y avoir un heureux progrès, le commencement debvoit estre par remettre la Justice, qui est une loy divine et principal lien de toute société humaine, à sa première splendeur et intégrité. Cicéron, au livre des *Loix*, dit qu'entre toutes les choses qui viennent en dispute entre les hommes, il n'y a riens plus excellent que cognoistre que nous sommes nez à Justice, pour estre une vertu aymable accompagnée de toutes les vertus morales, par l'ayde desquelles elle distribue à un chacun ce qui luy appartient, détermine quels sont à louer ou réprimer, laquelle à bon droict il appelle la royne de toutes autres vertus que Socrates, et Xénophon, appellent la vertu roialle, par ce qu'elle est merveilleusement bien séante à un roy, pour estre son vray habit et ornement, et n'estre acte tant royal faire la guerre, comme rendre et administrer Justice, laquelle naturellement il doibt à ses subiets, tout ainsy que ses subjects luy doibvent obéissance et submission. C'est Justice, laquelle confirme et entretient les roys successivement en leur authorité et grandeur, comme elle a fait depuis 1160 ans ce royaume, parce qu'elle faict que le filz, après la mort du père, le frère, après la mort du frère, prennent, suivant la loy du royaume, le sceptre et représentent tellement la personne du père ou du frère qu'il semble quasi avoir qu'il n'y a aucun changement ou mutation des personnes, estant l'ordre du royaume gardé et maintenu en toutes choses. C'est Justice qui faict que les subjectz, chacun en son estat et qualité, sont régis et gouvernez en paix et union, les vertueux et bienfaicts honorez et révérés, les mauvais et maléfices reprimez et amendez. Pour ceste cause il est escript que celuy qui ayme et faict Justice est oinct, de Dieu, de l'huille de liesse et de prospérité par dessus tous ses semblables (1) et son trosne demeure éternellement ferme et estable. L'excellence de ceste vertu est si grande, comme dit Aristote, au cinquième des *Ethicques*, que l'estoille de Lucifer, qui monstre, le matin, la clarté du jour prochaine, et Vespérus, qui monstre les ténèbres, et ne luit que quand elles commencent, ne sont point sy dignes d'admiration et émerveillables comme Justice, de laquelle on apprend comment, avec quel ordre et police, il fault que les hommes se maintiennent les uns avec les autres, le père avec le fils, le seigneur avec le vassal, et le citoyen avec le citoyen. Mais qu'elle est bien difficile d'estre administrée et contenue en ses limites, pour ne pouvoir estre exercée selon le debvoir de son mérite, sans grande cognoissance, et laquelle bien observée faict florir les

---

(1) *Dilexisti justitiam et odisti iniquitatem : propterea unxit te Deus, Deus tuus oleo lœtitiæ præ consortibus tuis.* Psaume XLIX, 8.

Royaumes! Marc Caton, parlant aux Rommains, leur dit :
« Ne pensez pas que la grandeur de l'empire romain soit
provenue de la force et puissance des Romains, ny par
leurs armes et chevaux; car, si ainsy estoit, nous l'aurions
à présent plus triomphant, d'autant que nous avons plus
grande abondance d'alliez, de confédérez et de citoyens,
plus d'armement et chevaux. Mais il a esté rendu grand par
d'autres moïens, que nous n'avons pas à présent, assavoir
l'industrie domestique, en la maison, et, dehors, juste empire
et domination, le courage libre à bien conseiller, et en ce
qu'ilz ont esté, envers leurs citoyens, subjects et confédérez,
vrais amateurs et distributeurs de Justice, au lieu desquelles
vertus nous avons avarice, publicque pauvreté et indigence,
et particulière richesse, et ambition qui possède les récompences de vertu, ne faisant aucune différence entre les bons
et mauvais. C'est pourquoy tout l'empire romain tombe en
ruine et est la servitude jà imposée. *Domesticæ disciplinæ
vitia penetrant in Rempublicam, Reipublicæ vitia in domos
singulorum ; et contagia utriusque corrumpunt ecclesiam* ».

Or, pour bien administrer cette vertu de Justice, le debvoir
consiste en trois poinctz : le premier concerne la personne
du Roy et est la sincérité et constance en la distribution de
Justice, de laquelle il doibt estre la vraye lumière, comme le
premier observateur et exécuteur de ses ordonnances. *Has
enim leges in precio habere debent, si eas a populo observari velint.*

Le second concerne l'introduction et l'entretènement des
loix et ordonnances, mutation ou abrogation d'icelles, qui
est le vray effort et exécution de la prudence et authorité des
roys. La loy, dit Démosthènes, est l'âme du royaume, et,
tout ainsy que le corps sans âme ne peut avoir vye ou mouvement, aussy ne peult le royaume subsister sans loy, laquelle contient chacun en son debvoir et office, et prescript

certain ordre politique, sans lequel toutes choses sont en confusion et désordre. Cela ne s'entend pas de la multiplicité des loix, laquelle engendre mespris et contemnement, et, comme dit Archilaus : « Où il y a abondance de lois, c'est où toute injustice et toute iniquité abonde », et le peu de nombre de loix, c'est une vraye marque de la volontaire obéissance, de la bonté et intégrité des subjects envers leur prince souverain.

Le troisième appartient à la création, élection, nomination et establissement des magistratz, pour, comme droit vivant et parlant, déterminer les différens d'entre les subjectz, faire garder les loix et ordonnances, avoir esgard à la police et aussi au gouvernement du royaume. En considération de quoy, le Roy, suivant les louables ordonnances, saintes observations des anciens empereurs, et depuis, par succession de temps, de nos roys de France, par son éedict du mois de juillet dernier, a prohibé et deffendu toute vénalité des offices de judicature et commandé par ses lettres closes, à ses cours de parlement, baillifz et séneschaulx de toutes les provinces de ce royaume, de luy envoyer une liste de ceux qu'ils congnoistront dignes et capables de doctrine, d'érudition, de grande expérience, et versez en affaires publiques avec honneur et réputation, pour après, vacation advenant, les pourveoir gratuitement des offices vaccans, comme S. M. a deslibéré de faire (à l'advenir) de toutes autres charges, estatz et dignitez, nommant les uns aux honneurs et dignitez ecclésiastiques, comme vrays observateurs et zélateurs de la loy de Dieu et pour servir de miroir et d'exemple à tous ses subjectz ; les autres aux affaires publiques concernant le fait de la guerre, (comme) bons et antiens cappitaines qui ont tousjours libérallement exposé leurs vies et leurs biens pour la manutention de l'antienne discipline de France, (pour) les honorer en recongnoissance de leur vertu ; les aultres au manîment des finances pour les distribuer sans intermission aucune au soulagement de son peuple, en quoy il espère lui faire veoir l'antienne discipline de France reluire en luy, et le royaume de plus en plus augmenter en tout bien, tout heur, prospérité; et si a faict sa Majesté solemne déclaration de rejetter et déclarer indignes de telz honneurs, offices et dignités tous ceux qui les demanderont ou pourchasseront par brigues, par argent ou par violences et prieres, qui sont les veoyes obliques, deffendues de tout droict, et par ce moien bannit de ce royaume toute ambition, laquelle, comme dit Salluste, a contrainct plusieurs personnes d'estre faux en cœur, dire l'un et penser l'autre et continuer l'amytié ou inimitié selon le proffit et dommage qui en pourroit arriver. Il n'est pas besoin de s'estendre sur les malheurs procédans de la vénalité des offices, pour estre chose, comme dit Cicéron, non seulement deshonneste, mais meschante et détestable. *Necesse est enim jus venale ibi esse, et qui in solidum emerunt particulatim, more institorum, vendant.* Il suffira seulement de dire que c'est le seul moyen qui a faict la bresche et ouverture à tous honneurs et offices et indifféremment admettre toutes personnes aux estatz et dignitez publicques, sans aucun respect de meurs, d'ingenuité, d'expérience, ny mesme de l'aage, qui a apporté un tel mespris et contennement aux pourveus, que ceux qui leur sont préférables et les surpassent en vertu et expérience ne veulent déférer l'honneur qui est deu à l'estat et *ex officio et necessitate*, dont peu à peu plusieurs s'estantz divertis de leur debvoir et office, ont oublié la submission et obéissance qui est deue de l'inférieur au supérieur et magistrat et *tandem* au prince souverain. *Nihil in Republica perniciosius quam contemptus majestatis. Inde legum authoritas labefacta est, et scelerum licentia crescit, que certum exitium secum trahit.* Or, retournons à mon premier propos, la sincère volonté de S. M. envers ses subjeciz et qu'il a au soulagement de ses subjectz, en establissant ses finances sur un fondement certain et durable, sans avoir recours par chacun an aux remèdes extraordinaires pour suppléer le deffault de fonds de ses finances, lequel deffault n'est provenu depuis l'advènement du Roy à la Couronne, mais a commencé dès le temps des feux roys qui ont esté forcez, à cause des guerres et troubles, engager leurs revenus domaniaux et emprunter deniers dedans et dehors le royaume, comme le Roy a esté contrainct, l'année présente, emprunter deniers pour le renouvellement de l'alliance avec les sieurs des ligues de Suisses, comme chose très utille et nécessaire à la manutention de cest Estat; et, combien que telz remèdes extraordinaires soient fort dommageables au public et quasi menaçant une ruine prochaine, comme chacun le veoit, le sent et touche au doigt, toutesfois l'estat de ce royaume ne pourroit estre autrement maintenu, sinon qu'il fût secouru par autres moiens plus convenables et moins dommageables au bien public; et d'autant que cest ordre n'y peult pas estre si tost donné, ains requiert traict de temps, comme toutes choses demandent leur temps et saison pour avoir grâce, fruit et proffit, et fault qu'ilz soient congnus en leur lieu, cependant S. M. vous a envoyé ses lettres patentes pour la Convention des présentz Estatz, par lesquelles il vous demande la somme de 595,841 escus 42 s. 11 d. t. pour votre part des 4 millions de livres pour le principal de la taille, pour votre part des crues des trois sols et 18 d. pour livre, avec le taillon pour l'augmentation de la gendarmerie et le parisis t. desd. sommes, qui est une cinquième partye, avec 3,000 escus sur les bailliages d'Evreux et Allençon pour l'entretènement des compagnies de Monsieur frère unique du Roy, et la somme de 18,000 escus, à laquelle les deux Généralitez de Rouen et Caen ont esté taxez pour leur part et portion de la somme de 93,333 escus un tiers, à quoy se monte le remboursement des offices d'audienciers, controlleurs des chancelleries de Paris, Toulouze, Bordeaux, Rouen, Dijon, Provence et Bretaigne et des secrétaires nouvellement créés, avec les autres deniers accoustumés estre levés par chacun an par le Cahier des Estatz. C'est ce qui est deu à S. M. afin de maintenir et garantir son peuple et l'Estat du royaume. C'est pourquoy on appelle les tailles et tributs, les nerfz du royaume, les subsides de la guerre, les ornemens de la paix. Que si l'on coupoit telz nerfz, il faudroit que le peuple trébuschast, et, en démolissant ses fondemens, le royaume tombast tout à plat. Le Roy a recours à vous, comme à ses très fidelles et très loyaux subjects, pour le secourir à la nécessité de ses affaires, et c'est pourquoy, Messieurs, nous vous requérons luy octroyer libéralement sa demande; et prenez garde que, par l'effect de vos actions, le Roy ne soit frustré de la confiance qu'il a en votre fidellité et obéissance ».

« Ledit jour de la Responce des Estats, qui fut le 15 oct. 1582, M. l'archevesque de Lion estant absent, le sieur de la Mothe-Fenelon, Blanmesnil, conseiller et maistre des Requestes, et feu sieur de Soucy, conseillers depputez par S. M. pour les provinces de Normandie et Bretaigne pour une réformation générale, entrèrent ausdits Estatz auparavant la lecture du Cahier des doléances par commandement du Roy contenu en lettres patentes, dont lors lecture fut faicte, ensemble de leur commission, et remonstrèrent les affaires du Roy, qui leur avoit donné charge de demander 250,000 escus par an pour supplément de fonds de ses finances, faisant portion de la somme de 1,500,000 escus, pour estre portée partie de lad. somme de 250,000 escus sur le plat pays, et l'autre partie sur les villes closes, auxquels fut respondu par les depputez des Estatz que leur pouvoir estoit expiré, et ne pouvoient faire autre responce. »

III

NOMINATION DES DEUX COMMISSIONS POUR LE PORT DU CAHIER ET POUR L'AUDITION DES COMPTES.

« Du mardi avant midi 16e jour d'octobre 1582, passé en la grand salle archiépiscopalle de l'archevesché de Rouen.

Furent présens vénérable et discrecte personne, Me Toussains Delaval, docteur en théologie, curé de St Vivien de Rouen, délégué pour l'Eglise du bailliage de Rouen; Messire Ysambart Dubosc, seigneur du Boscdennebout, chevalier de l'ordre du Roy, délégué pour la Noblesse dud. bailliage; nobles hommes Jehan de Vymont, sieur de Beaumont, notaire et secrétaire du Roy, maison et couronne de France, et Robert de Hanyvel, sieur de la Chevallerie, conseiller du Roy et secrétaire de ses finances, conseillers eschevins de la ville de Rouen; Claude Guerard, délégué pour la viconté de Rouen (1); Robert Breauté, pour la vic. du Pont de l'Arche; Francois Chefdeville, pour la vic. du Pont Audemer et Pont Autou; Olivier Le Pilloys, pour la vic. d'Aulge, tous délégués en la convention des Estatz pour le baill. de Rouen, année présente 1582 (2); — discrecte personne Me Loys Allain, presbtre, curé de Viquemare, délégué pour l'Eglise du bailliage de Caux; noble homme François Le Fournier, sieur de Vergemont, pour la Noblesse dud. baill.; Jehan Lucas, délégué pour la vic. de Caudebec; Jeh. Hérault, pour la vic. de Moustierviller; Hubert Duplis, pour la vic. d'Arques; Guill. Quatresolz, pour la vic. de Neufchastel, et Georges Langloys, pour la

(1) Nommé par procuration passée devant le lieutenant général, le 4 oct.

(2) Nommés par procurations passées devant le lieutenant particulier le 22 sept.

vic. de Gournay; — noble et vénérable personne Mᵉ Philippe Delagreverie, abbé de Belle Estoille, délégué pour l'Eglise au baill. de Caen; n. h. Charles Collardin, sieur de la Champaigne, pour la Noblesse aud. baill.; Mathieu Pouterel, pour la vic. de Caen; Richard La Nyesse (1), pour la vic. de Bayeulx; Emon Le Portier, pour la vic. de Falaize, et Jeh. Mesgnet, pour la vic. de Vire; — vénérable personne Mᵉ Charles Benard, chanoyne de Coustances, délégué pour l'Eglise du baill. de Costentin; n. h. Pierre de Grimouville, sieur des Marestz, délégué pour la Noblesse dud. baill.; Jeh. Jourdain, pour la vic. de Coustances; Jacques Le Viconte, pour la vic. d'Avrenches; Guill. Ravent, délégué pour le vic. de Carenten; Gilles Bonhoumet, pour la vic. de Vallongnes, et Jacques Fortin, pour la vic. de Mortaing; — discrecte personne Mᵉ Thomas Crestien, chanoyne de Lisieulx, délégué pour l'Eglise du baill. d'Evreux; n. h. Jacques Le Roy, sieur du Jarrier, délégué pour la Noblesse dud. baill.; Jeh. Duchemyn, délégué pour la vic. dud. Evreux; Jeh. Le Temple, pour la vic. de Beaumont-le-Roger; Gilles Crespet, pour la vic. de Conches et Bretheuil, et Jeh. Ozenne, pour la vic. d'Orbec; — discrecte personne Mᵉ Pierre Foubert, presbtre, curé de Civières, délégué pour l'Eglise du baill. de Gisors; n. h. Berthelemy de Pillavoyne, sieur de Boisemont, délégué pour la Noblesse dud. baill.; Ch. Rouveray, délégué pour la vic. de Gisors (2); Simon Le Normand, pour la vic. de Vernon; Hector Le Mercyer, pour la vic. d'Andely; Mᵉ André Maillard, pour la vic. de Lions; Jeh. Le Clerc, pour la vic. de Chaulmont, et Nicolas Sonnoye, pour la vic. de Pontoise; — discrecte personne Mᵉ Claude Des Essartz,

(1) Ce nom dans le cahier des États a été imprimé sous la forme La Mepée (pour La Niepce).

(2) Fut nommé par le Roi, 27 février 1583, receveur des deniers communs et d'octroi de la ville de Gisors.

presbtre, prieur de la Genevraye, délégué pour l'Eglise du baill. d'Allençon; n. h. Réné de Sainct Denys, chevalier, sieur de Hertré, délégué pour la Noblesse dud. baill.; Robert Caiget, sieur de Loriers, pour la vic. dud. Allençon; Lucas Badoyes, pour la vic. d'Argenten; Jeh. Bourgouing, pour la vic. de Damphrond; Lazare Le Roy, pour la vic. de Verneuil; Jacques Bellenger, pour la vic. du Perche.

» Tous les dessus dits députez et représentans les gens des troys Estatz du pays et duché de Normandie, et tenans la séance desd. Estatz en ceste dicte ville de Rouen, suyvant la Convention faicte par le vouloir et commandement du Roy, lesquelz, èsdictes qualitez, et suyvant le pouvoir porté par les procurations que chascun d'eulx disoit porter respectifvement, ont député, nommé, constitué et estably leurs procureurs généraulx et espéciaulx, c'est assavoir lesd. Delaval et Foubert pour led. estat d'Eglise; lesd. sieurs de la Champaigne et de St Denys pour l'estat de la Noblesse, et lesd. Duplis et Ravent pour le tiers Estat, et noble homme Me Jeh. Gosselin, sieur de la Vacherie, procureur général desd. Estatz (1), ausquels et à chacun ou l'un d'eulx lesd. déléguez, èsd. noms et qualitez, ont donné et donnent plain pouvoir ....de poursuivir, envers la Majesté du Roy et Messeigneurs de son Conseil, la responce et expédition des articles du Cayer, le jour d'hier arresté et signé desd. depputez, sans aucune chose augmenter ne diminuer, contredire la levée du parisis et des creues de deux cens et cent mil escus, et supplier très humblement sadicte Majesté en descharger led. pays, pour leur extresme pauvreté, sans en accorder aucune chose ny partie, etc.

(1) Il ne fut pourtant anobli qu'en sept. 1585, alors qu'il était devenu maître en la chambre des Comptes de Normandie. Avant d'être procureur syndic des Etats, il avait été greffier et procureur syndic de l'Hôtel de ville de Rouen. Voir *Mémoriaux de la cour des Aides*.

» Présens Claude Brunet et Jacques Louchel, huissiers desd. Estats. »

Les mêmes, le même jour, nomment, pour assister « à l'audition des comptes des frais communs et au remboursement des officiers et autres affaires dud. pays, qui seront présentez à MM. les Trésoriers généraux suivant la commission du Roy, procéder à la taxe des députés, arrester les frais de voyage du procureur syndic et autres personnes qui se sont employées durant la présente année pour le service du pays, » Ch. Benard et Claude Des Essarts pour l'Eglise ; — les sieurs du Jarrier et de Boisemont pour la Noblesse ; — Jacques Le Viconte et Lazare Le Roy, pour le tiers Estat, et led. Gosselin, sieur de la Vacherie (1).

IV.

PIÈCES DIVERSES.

Procuration donnée par MM. du Chapitre de Lisieux au chanoine Thomas Chrétien, pour comparoir, en leur nom, dans l'assemblée à tenir pour l'élection des députés.

« A tous ceulx qui ces présentes lettres verront ou orront, le Chapitre de l'église cathédrale St Pierre de Lisieulx, le sieur doien d'icelle absent, sçavoir faisons que nous, cerciorez de la congrégacion et assemblée des gens des trois Estatz de ce païs et duché de Normendie, termez à tenir par le Roy, notre sire, en ses villes de Rouen ou bien au Pont-de-l'Arche (2), pour les causes contenuz et mentionnez ausd. lettres

---

(1) Ces deux procurations se trouvent dans les registres d'héritages du Tabellionnage de Rouen.

(2) On avait songé à Pont-de-l'Arche, parce qu'il était question de peste à Rouen.

dudit sieur, au dixième jour d'oct. prochain venant, et autres pour ce bailliage d'Evreulx en la ville du lieu d'Evreulx, au dimenche 7ᵉ dud. mois d'oct., nous, confians aux sens, science, prudence, légallité et expérience de vénérable et discrette personne maistre Thomas Chrestien, chanoine dud. Lizieulx, notre confrère, icelluy pour ces causes avons constitué, nommé et desputé seul et singulier, constituons, nommons et depputons par ces présentes notre procureur général et certain messager spécial, auquel avons donné plain pouvoir, puissance et auctorité de comparoir ausd. lieux et ailleurs où il apartiendra et y estre présent à l'ellection des autres qui seront députez dud. bailliage ou province de Normandie, pour comparoir ausd. Estatz et consentir lesd. depputez, s'il voit que bon soit, pour ouyr, dellibérer, proposer, requérir et conclure, avecque les autres depputez dud. bailliage et pays de Normandie, sur ce qui sera proposé par le Roy, notre dit sieur, ou Commissaires par luy envoiez et députez à iceulx Estatz tenir, pour l'utilité de l'Estat ecclésiastique et autres Estatz dud. pays de Normandie, faire, tenir et accorder ce qui sera conclud ausd. Estatz pour le bien, profict et utilité dud. Estat eclésiastique et d'icellui païs de Normandie ou autrement ce qu'il verra estre nécessaire suivant la teneur desd. lettres envoiez par le Roy, notre dit sieur; à la parfin et générallement faire, dire et conclure, en toutes choses et chacune d'icelles, ce qui sera à faire et procurer à ce qu'il sera utile et profitable pour led. Estat ecclésiastique et païs de Normendie, promettans tenir et avoir agréable ce qui sera utille, pour led. Estat de l'Eglise et païs, dict, faict, requis et proposé par led. Chrestien, chanoyne, sur l'obligation des meubles et héritages présens et advenir de notre dict Chappitre. En tesmoing desquelles choses avons faict mectre à ces présentes le seel de notre dit Chappitre et icellui faict signer par le soubzscript notre scribe ou secrétaire ordinaire. Donné en lad. eglize catrédralle, où estions deument et capitulairement congrégez et ensemblez, ce mercredy 12ᵉ jour de sept. l'an 1582. Signé par le commandement de mesdits sieurs du Chappitre de Lisieulx, Morisset, ung seing et paraphe de cire vert.

» Collation faicte à l'original en parchemin par moy soubz signé, greffier des Estatz du pays de Normandie, ce jourd'hui 9ᵐᵉ oct. 1582 (1). LIGEART. »

Extraict du registre des présentations faictes à Rouen au greffe des Estatz de Normandie par les deputez des bailliages et vicontez dud. païs pour le faict de la refformation et émologation des coustumes d'icellui, de ce qui ensuict.

« Pour l'evesque, doyen et chappitre de l'église cathédralle de Sainct-Pierre de Lizieulx, s'est presenté, le xᵉ jour d'octobre mil Vᶜ quatre-vingz deux, discrette personne Mᵉ Thomas Chretien, chanoyne en lad. eglize suivant la procuration à luy passée par devant les tabellions royaulx dudit Lizieulx le vendredy, cinquiesme jour dudit mois d'octobre oudit an 1582.

» Collationné sur le registre, LIGEART (2). »

Ensuict les sommes de deniers demandez par le Roy contenues en la commission du cinquiesme d'aoust 1582.

« Assavoir :
Pour le principal de la taille, y comprins le parisis,
    407,133 escus, 1 s.

---

(1) Arch. du Calvados, F. du Chapitre de Lisieux. Je dois la connaissance de cette pièce et de celles qui se trouvent plus loin et qui sont indiquées comme provenant du même fonds, à l'obligeance de mon collègue, M. Bénet, archiviste du Calvados.

(2) *Ibid.*

Pour la contynuàtion et fortification des chasteaulx,
5,409 escus 13 s. 1 d.

Comme l'an passé pour les deux articles.

Pour les gaiges du vibailly de Rouen, Caen, Caulx, Costentin et Evreux et Gisors, à chacun, 666 escus 2 tiers.

A celuy d'Allençon, 993 escus 2 tiers.

Pour les gaiges ordonnez au lieutenant général du prévost des mareschaulx au gouvernement de l'Isle de France,
189 escus 22 s.

A Jehan de Saint-Léger, cy-devant prévost,
166 escus 2 tiers.

Les quatre parties accollées ne se montent ensemble qu'à 5,276 escus 2 tiers, et y auroit augmentation de 73 escus 1 tiers.

Pour l'augmentation des gaiges desdits visbaillifz,
673 escus 1 tiers.

Ceste partie n'estoit emploiée l'an passé et fault veoir l'augmentation qui leur feust accordée par les Estatz.

Pour autres gaiges ordonnez au prévost des mareschaulx du Perche. 593 escus 1 tiers.

Comme l'an passé.

Pour augmentation de gaiges audict prévost,
73 escus 1 tiers.

Fault veoir lad. augmentation.

Pour le paiement des postes, 1,000 escus 10 l.

Comme l'an passé.

Pour les gaiges et taxations des officiers ès deux Généralitez de Rouen et Caen, à cause dudit principal,
10,471 escus 16 s. 8 d.

Augmentation d'un escu, et fault requérir déduction estre faicte des gaiges de ceulx qui ont esté remboursez, et dont les gaiges se portoient sur led. parisi.

Pour les gaiges du prévost des mareschaulx de Chasteauneuf, 366 escus 2 tiers.
Comme l'an passé.

Pour augmentation de gaiges dudit prévost, 56 escus 2 tiers.
Fault voir l'augmentation.

Pour les gaiges des officiers de lad. Ellection de Chasteauneuf, 358 escus 1 tiers.
Comme l'an passé.

Montant lesdictes parties qui seront levez avec ledit principal, 431,224 escus 51 s. 9 d.

Pour les creues de 200 et 100,000 escus, comprins aussy ledit parisy du tournois, 91,605 escus, assavoir pour celle de 200,000 escus, 61,070 escus.
Et pour celle de 100,000 escus, 30,535 escus.
Cy, lad. première somme de 91,605 escus.

Pour les taxations de six commissaires, 1,106 escus 2 tiers.
Pour les taxations des delléguez desd. Estatz et frais de la convention d'iceux, 946 escus.
Pour les frais communs, 2,000 escus.

Pour la solde et entretenement de la garnison du chasteau de Caen, 1,866 escus 2 tiers.

Pour les estatz et entretenement des trois gouverneurs dud. païs, 6,400 escus.
Comme l'an passé.

Pour le paiement des gens de guerre à pied qui se doibvent entretenir ès villes baillées en appennage à Monseigneur le duc frère du Roy, 3,000 escus.
Comme l'an passé et est la dernière année.

Pour le remboursement du dernier tiers des chevaulx et harnois prins et fournis par aulcuns particuliers pour faire charier l'artillerie et munitions en l'armée conduicte par le sieur de Matignon en l'année 1574, 1,689 escus.
Y a augmentation de 5 escus 10 s., et fault faire lad. déduction, comme dessus.

Pour les taxations desd. officiers desd. Généralitez, à cause desd. creues, 1,253 escus, 11 s. 6 d.
Pour le remboursement des offices d'audienciers, controlleurs des chancelleries de Paris, Thoulouse, Bordeaux, Rouen, Dijon, Provence et Bretaigne, et des secrétaires nouvellement créés, la province de Normandie en porte pour sa portion, 18,000 escus.
Ceste partie n'estoit emploiée l'an passé, et la fault contredire.

Montans lesdictes parties qui seront levez comme lesdictes creues, 128,326 escus 32 s. 6 d.

Pour le taillon et augmentation de la géndarmerie, comprins le parisis du tournois, 33,393 escus.
Pour les gaiges et taxations desd. officiers desdictes Généralitez de Rouen et Caen, à cause dudict taillon, comprins

les gaiges des officiers d'icelluy taillon supprimez, qui sont sà rembourser, et aussi comprins 15 escus et demi 4 s. 4 d. pour les taxations des Esleuz, greffiers et receveurs de Chasteauneuf en Thimerays, 1,480 escus 2 tiers 1 s.

Pour les gaiges deubz aux héritiers de feu Mᵉ Estienne Duval, en son vivant, receveur général dudict taillon, aussi suprimé, 416 escus 2 tiers.

Comme l'an passé.

Montans lesdictes parties ensemblement à cause dudict taillon, 36,290 escus 18 s. 8 d.(1). »

Octroy concédé pour remettre sus une université complète en la ville de Caen. — « Henry, par la grâce de Dieu, roy de France et de Pollongne, à noz amez et féaulx les gens de noz Comptes et Court de noz Aides à Rouen, Trésoriers généraulx de France ès Bureaulx de noz Finances aud. Rouen et Caen, et bailly dud. Caen, ou son lieutenant et à chacun d'eulx, comme il appartiendra, salut. Les gens des trois Estatz de notre païs et duché de Normandye et les habitans, maire et eschèvins de la ville dud. Caennous ont faict remonstrer que noz prédécesseurs roys et ducs dud. duché de Normandie auroient pieça, pour une ancienne et singulière remarque, honneur et décoration dud. païs, institué et establi en notre ville de Caen, comme seconde ville et des plus anciennes, fameuses et meilleures de lad. province, une université complète de toutes les cinq facultez, et en laquelle abondoient et affluoient de toutes partz grand nombre de doctes hommes, professeurs en tous artz, bonnes sciences et langues. Mais la malice des temps auroit apporté que, tant

(1) Arch. du Calvados, F. du Chapitre de Lisieux. Cet état me paraît porter les réponses particulières du bailliage d'Evreux aux demandes du Roi.

à l'occasion des guerres, troubles, divisions et mortallitez passées, que aussi pour le peu de moiens et gaiges qui estoient donnés aux docteurs, régens, maistres et précepteurs d'icelle université pour leur entretènement (eu esgard aux chertez des vivres et autres denrées, que de temps en temps seroient grandement enchéries), lesdictz docteurs, régens, maistres et précepteurs auroient quicté et abandonné lad. ville et université, en laquelle à présent il ne se faict point ou peu d'exercice et discipline, pour n'estre fournie, ainsy qu'il appartient, desd. docteurs, régens et professeurs èsd. sciences et langues, ainsi qu'elle soulloit cy-devant. Pour à quoy pourveoir et remectre lad. Université en son ancienne splendeur, dignité et auctorité en lad. ville de Caen, lesd. des Estatz et habitans, maire et eschevins de lad. ville de Caen, nous auroient très humblement supplyé et requis que, suivant la requeste et remonstrance qu'ilz nous en auroient cy-devant faicte et cy-attachée soubz notre contre-seel, sur laquelle nous leur aurions, entre autres choses, permis de pouvoir lever, chacun an, la somme de mil escuz sol sur le sel vendu et débité aud. païs ou autre meilleur moien que iceulx Estatz pourroient mieulx adviser pour employer aux effectz susdictz, que notre bon plaisir soit leur octroyer sur ce noz lettres et provisions nécessaires. A ces causes....., avons iceux supplians permis..... qu'ils puissent, durant ce temps et terme de six ans ensuivants et consécutifs, prendre et percevoir la somme de dix deniers t. sur chacun minot de sel qui deschargera, se vendra et débitera ès havres, portz, quaiz, descentes, greniers à sel et chambres en dépendant de notre dit païs...., laquelle somme de dix d. t. pourra, à peu prez, revenir par chacun an à lad. somme de mil escus sol par supputation de la quantité de sel qui est nécessaire pour l'usage de nos subjets et se débitera en icelle province, pour icelle somme levée estre employée à l'effect susdit, selon et ainsi que par les commissaires qui seront par nous commis pour la réformation de lad. Université sera advisé, et non ailleurs. Donné à Bloys, le 20ᵉ jour d'avril 1581. »

Verifié par la Chambre des Comptes qui modéra la levée à 6 d. au lieu de 10, 3 février 1582. *Mémoriaux de la Chambre des Comptes* (V. l'art. xix du Cahier).

Exemption de tailles pour les habitants de Charleval. — « Henry, par la grâce de Dieu, roy de France et de Pologne..... Noz chers et bien amez les habitans qui sont demeurez logez à Charlesval nous ont faict remonstrer que le feu roy Charles, notre très cher seigneur et frère, que Dieu absolve ! par ses lettres patentes données à Charlesval le 3 juillet 1572....., les auroit affranchiz, quitez et exemptez de toutes tailles, taillon et autres charges....., à la charge qu'ils paieroient, durant 12 années, ès mains du trésorier du bastiment de Charlesval, la somme de 1,200 livres, et qu'ils entretiendroient le pavé de la grande rue de Charlesval..... Ont joui de cette exemption, fors du taillon qui leur avoit esté distraict par les vérifications de la Chambre des Comptes..... Néantmoins on les veult comprendre au paiement desd. tailles, suivant le 22ᵉ article du Cahier des Remonstrances faictes par les habitans du païs de Normandie, au préjudice de leurs privilèges. » Le Roi leur accorde confirmation de l'affranchissement des tailles, fors et excepté du taillon pour pareil temps de 12 années à commencer du jour du dernier octroi..... Dernier mars 1583. — Jussion, 10 novembre 1583. — Vérification de la Chambre des Comptes, 17 décembre, même année. — *Mémoriaux de la dite Chambre.*

Extraits des Registres du Bureau des Finances de Rouen. — 9 février 1582 : « Le procureur des Estatz de Normandye, voiant appertement la difficulté qui se trouve en l'exécution de la vériffication du nombre des vins qui sont entrez depuis le premier jour d'oct. jusques au dernier déc. ensuivant 1581 et à qui ce seroit à paier led. subcide, dict qu'il se trouvera encores moings d'apparence de pouvoir juger et taxer ce que led. droict d'augmentation pourroit monter durant led. quartier d'oct. pour les causes et considérations amplement desduictes par les remonstrances des eschevins de la ville de Rouen, lesquelles ne sont moings considérables pour les autres villes et bourgs dud. pays de Normandie, desquelz sa dite Majesté ne peut tirer de grans deniers, soit par lad. recherche ou par le moyen de lad. cottisation, qui est très pernicieuse et de grande importance, et que, en tout évènement, ce seroit aux marchans estrangers, qui ont vendu led. vin à payer le subside, et non aux habitans dud. païs, qui auroient achepté ; partant, veu les difficultez apparentes et les débatz, discordz, procez et contentions qui s'en pourroient ensuivre les ungs contre les autres, joinct aussy que ledict éedict n'a esté vériffié aud. païs que à commencer dud. 1er janvier, le procureur des Estatz, persistant aux remonstrances cy-devant faictes à S. M., supplie très humblement icelle qu'ayant esgard qu'il ne croist que bien petit nombre de vin aud. païs, où se paie le quatrième de toutes boissons, et ès autres provinces le huictiesme seullement, mesmes aux grandes impositions qui se paient sur led. vin depuis Paris jusques à Rouen, et aussy qu'il se lève à 12 s. 6 d. pour muid de vin sans le gros, le hors et autres impositions qui se preignent et lèvent pour les affaires d'icelles villes de Rouen, il plaise à S. M. voulloir descharger les habitans dud. pays d'icelle augmentation durant le quartier d'octobre. » Faict à Rouen, le 7e jour de febvrier. Collationné (1).

(1) La ville de Rouen se soumit avec peine aux lettres patentes du Roi

27 av. 1582. « Sur la présentation des lectres patentes du Roy obtenues à la requeste du procureur des Estatz de ce pays de Normandie contenant la descharge faicte par le Roy de la tierce partye de la subvention des villes closes, que S. M. a ordonnée estre faicte en la présente année, a esté ordonné que lesd. lettres seront par nous véryffiéez selon leur forme et teneur, et que coppyes d'icelles seront envoyez aux baillifz avec notre ordonnance pour, procédant par eulx à la cottisation de lad. solde, faire la descharge portée par lesd. lectres. »

1er août 1582. « Sur la requête de Martin Megissier, libraire imprimeur pour le Roy en ceste ville de Rouen, à ce qu'il nous pleust lui faire taxe d'avoir imprimé et faict imprimer des Cahiers et remonstrances faictes en l'assemblée et convention des trois Estats de Normandie, tenuz à Rouen le 15 nov. et autres jours suivans 1581, avec la responce et ordonnance sur ce faicte par le Roy le 18 ensuivant aud. an, et ce jusques au nombre de cent desd. articles, remonstrances et responce de Sa dite Majesté, iceulx reliez en parchemyn, plus pour avoir imprimé et faict imprimer les commissions pour les estappes dud. païs en placardz pour en délivrer aux depputez, comme est accoutumé, veu la certification du procureur desd. Estatz, du 28 juin, signée : Gosselin, nous avons taxé aud. suppliant, comme ès années précédentes, la somme de 16 escus sol qui lui seront payez par Me Michel de Bournes, trésorier desd. Estats. »

du 7 déc. 1581 pour la levée de 5 s. et 15 s. d'augmentation pour muid de vin entrant aux villes et gros bourgs du royaume, avec droit de faire recherche, par les caves des bourgeois, du nombre de vin qui y était entré dans le cours de l'année. Les députés de la Ville et ceux des Etats partirent en cour et joignirent leurs efforts pour obtenir la révocation de cet impôt. Il fut maintenu. (Voir Délibération de l'Hôtel de Ville de Rouen. A. 20, penultième de déc. 1581.)

26 octobre 1582. « Sur la présentation faite au Bureau des lettres-patentes du Roi, données à S¹ Maur des Fossez, le dernier aoust dernier, en forme de jussion, par lesquelles S. M. nous mande et très expressément enjoinct qu'ayons à procedder à la vérification et enthérinement des lettres du bail faict des greniers à sel des Chambres d'Argentan et Louviers....., lesquelles aurions ordonné estre communiquées au procureur des Estats du païs de Normandie, sur la communication desquelles se seroit opposé..... Veu la responce du procureur des Estatz, qui dit avoir communiqué de lad. levée en l'assemblée générale des Estatz, tenus le 10 d'icelluy mois, qui en ont dressé article spécial pour supplier S. M. que les impositions mises sur le sel soient levées, et le peuple deschargé d'icelles, nous avons surciz lad. levée jusques à ce que S. M. leur ayt déclaré son intention. »

Même date. « Sur la présentation des lettres-patentes du Roy, données à S¹ Maur des Fossés, le 28ᵉ jour d'aoust dernier, par lesquelles S. M. veult et nous mande qu'ayons, incontinent et tous affaires cessant, à procedder à la vériffication et accomplissement du contenu aux lettres-patentes de S. M. du 10 juillet dernier, par lesquelles icellui attribue à chacun des grènetiers et contrôleurs des greniers à sel dud. païs de Normandie une creue et augmentation de droictz jusques à six d. t. pour chacun minot de sel, comprins leurs anciens droictz; ordonnances de nous, par lesquelles nous avons ordonné qu'elles seroient communiquées au procureur des Estatz du pays de Normandie; remonstrance sur icellui du procureur des Estatz, du 25 du présent moys, par laquelle il s'oppose à lad. levée extraordinaire jusques à ce que, lesd. députez oys en leurs remonstrances, autrement par S. M. en ayt esté ordonné; Veu lad. responce du procureur des Estatz du 25 dud. mois, par lesquelles il dict avoir communicqué de lad. levée en l'assemblée générale d'iceulx, tenuz le 10 dernier, qui en ont dressé article spécial, pour supplier S. M. que les impositions mises sur led. sel soyent levées, et le peuple deschargé d'icelles, nous avons surciz lad. levée jusques à ce que S. M. leur ayt déclaré son intention, et que lesd. lettres soient vériffiées en la Court des Aydes de Normandie. »

9 novembre. Plainte déposée contre Nicolas Mussart, receveur général des finances de la Généralité de Rouen, par le trésorier des Etats Michel de Bornes. Il réussit à s'échapper en 1584. Sa caution, Mdééric Le Roux était encore détenu prisonnier le 2 avril 1583.

16 oct., Robert Le Moulinier, receveur des tailles en l'Election d'Alençon, expose la grande pauvreté et ruine des contribuables à l'occasion des maladies contagieuses.

23 oct., le receveur des tailles de Châteauneuf dit qu'il lui a été impossible de cueillir toute la taille, « pour estre le pays tellement entaché de la maladie contagieuse, que la plus grande partie des habitans se sont retirez en des villages, et mesme les habitans de Châteauneuf. »

26 nov., requête des habitans de Goderville. Un incendie, arrivé le 7 mars, avait détruit leurs maisons, écritures, biens, grains, bestiaux et marchandises.

10 oct. 1582, 17 janv. 1583, contagion à la ville d'Eu. Il avait fallu de grands frais pour établir des logis aux pestiférés et pour les nourrir.

16 nov. 1582. — « Sur la remonstrance faite au Bureau par aucuns paroissiens du ressort et estendue du grenier à sel du Pont-Audemer, contenant que, en vertu des lettres-patentes du Roy, du 14 oct. dernier et attache dud. Bureau, signé le Presbtre, le 5e novembre dernier, contenant vériffication desd. lettres, les grènetier et controlleur dud. grenier

auroient envoyé leurs mandements par les parroisses de l'estendue d'icelluy pour lever l'impost mis sur le sel par ung nommé Le Fay, commissaire, qui seroit contrevenir aulx ordonnances par nous cy-devant expédiées et l'accord faict par le Roy sur les articles du procureur des Estatz mentionné en nos dictes ordonnances, requérant leur estre sur ce par nous pourveu, attendu la conséquence que ce leur seroit qui esquipoleroit à une seconde taille ; nous avons ordonné, attendu qu'il n'est apparu aud. Bureau desd. lettres patentes, ny qu'il y ayt esté faict par nous vérifficacion d'icelles, led. Bureau assemblé ; mesmes que les registres du greffe ne portent lad. levée avoir esté vériffiée par trois de nous, comme il est porté par notre règlement, aussy l'instance faicte, tant l'année passée que la présente, par les Estatz dud. païs contenue en leur Cahier de remonstrances à faire à sa dite Majesté ; le grand pris que se vend led. sel pour chacun minot ; aussy la responce faicte par sa dicte Majesté sur les articles à elle présentez par le procureur des Estatz dud. païs, mentionnée en nosd. ordonnances, que deffences seront faictes, et les faisons aud. grènetier et contrôleur de Pont-Audemer et autres où l'on prétend lever led. impost, estant du ressort de ceste Généralité, de permectre, ny cueillir la dicte levée dud. impost, ny souffrir estre levé, et enjoinct à eulx renvoyer quérir les mandements par eulx envoyés ausd. parroisses, sur peine de pure perte de leurs gaiges et de suspension de leurs charges ; et leur sera la présente ordonnance signiffiée par le premier huissier ou sergent, à ce qu'ilz n'en prétendent cause d'ignorance. »

14 mars 1583. « Sur la présentation des lettres-patentes du Roy, données à Paris le 4 mars 1585, par lesquelles S. M. nous mande que, sans avoir esgard à l'opposition faicte par le procureur des Estatz du païs de Normandie, sur la levée

de 80 escus de gaiges que S. M. avoyt accordés à Mᵉ André Fournier, son procureur ès sièges royaulx de Pontoise, ayons à asseoir….. sur les contribuables aux tailles dud. païs lesd. gaiges à commencer de sept. 1581….. nous avons ordonné qu'il jouira de l'effect et contenu ès dictes lettres-patentes….»

18 mars 1583. « Deffenses sont faictes à Mᵉ Henry Dambray, paier aucune chose à Mᵉ Michel de Bornes, trésorier des Estatz dudict païs, de la somme de 26,000 tant d'escuz, destinez pour le remboursement des officiers supprimez, jusques à ce que par nous luy soit ordonné, sur peyne d'en respondre en son propre nom, et luy sera la présente ordonnance signiffiée. »

28 mars 1583. «Sur la requeste présentée par Mᵉ Michel de Bornes, trésorier des Estatz du païs de Normandye, tendant à ce que payement luy soit faict par Mᵉ J.-Bᵗᵉ Champin, ayant contracté avec S. M. des creues mises sur le sel, de la somme de 7,000 escus, dont le Roy a cy-devant faict don aux gens desd. Estatz, à prendre et avoir par chacun an sur le premier demy-parisis levé sur led. sel, pour employer au remboursement des officiers supprimez aud. pays, nous avons ordonné que led. De Bornes sera payé par led. Champin ou son commis, etc. »

Pénultième de mars 1583. « Sur la présentation des lettres-patentes du Roy donnez à Paris le 18 nov. dernier, par lesquelles S. M. nous mande que, faisant apparoir par le sieur de Raffetot de la taxe à luy faicte par le bailly de Caux ou son lieutenant pour ung voyage par luy faict vers sadite Majesté, comme deputté par les gens du Clergé, de la Noblesse et autres de la vicomté de Caudebec, ayons à faire imposer,….. sans aucuns fraiz, la somme à laquelle se treuvera monter lad. taxe sur les contribuables aux tailles des

Ellections du bailliage de Caulx..... Veu lad. taxe,..... montant 235 liv. 30 s., nous avons ordonné qu'il sera levé ladicte somme..... avec la prochaine levée. »

« Sur la requeste présentée par Jacques Binel, Adrian Le Corps et Jacques Broyson, messagers ordinaires de la recepte génerallé de Rouen, à ce qu'il nous pleust leur faire taxe de 64 journées par eux vacquez d'avoir esté par tous les bailliages, tant de la Génerallité de Rouen que celle de Caen, porter les Cahiers des Estatz de la présente année, tenuz en l'année dernyère au moys d'octobre, avec lettres missives du procureur desd. Estatz, à raison de 30 s. par jour à prendre, sur Me Michel de Bornes, trésorier desd. Estatz, nous avons taxé ausd. supplians la somme de 31 liv. 30 s. pour lesd. 63 journées à raison de 30 s. »

Certificat constatant le privilège des affranchis et donnant le détail des impositions d'une paroisse. — 9 déc. 1583. « Fut présent Richard Du Bosc, affranchy des tailles, creues et taillon, tant ordinaires qu'extraordinaires levez en l'Ellection de Rouen durant l'année 1584, demeurant en la par. de St Georges sur Fontaines le Bourg, lequel a certiffié et attesté pour vérité, à nos seigneurs de la Chambre des Comptes à Rouen et tous autres qu'il appartiendra, que Jehan Deshaies..... Le Blond, Nicolas Morel et Martin Le Villain, asséeurs, collecteurs de la taille de lad. par., année présente, l'ont tenu quicte et deschargé de la somme de 21 escus 57 s. tant pour lesd. tailles, creues et taillon levez durant lad. année 1583, assavoir : pour le corps de la taille, 9 escus 10 s. comprins le parisis; 2 escus 10 s. 3 d., renduz à 14 s. 2 d. ob. pour escu ; pour la creue de 600,000 liv., 2 escus 43 s. 6 d., à la raison de 17 s. 10 d. pour escu ; pour le taillon, 57 s. 3 d. ob. à la raison de 6 s. 3 d. pour escu; pour la creue des 200,000 escus, partie des 1,500,000 escus, 5 escus

23 s. 4 d. revenant à 35 s. 2 d. pour escu; pour la creue du remplacement des rentes reculez, 34 s. 3 d., à 3 s. 8 d. pour escu; pour la creue du remboursement des officiers de Chasteauneuf, 20 s. 7 d. revenant à 2 s. 3 d. ob. pour escu; pour la creue de la munition des vivres des compagnies des gens de guerre estant au gouvernement du sieur de Carrouges, en attendant l'embarquement du sieur de Brissac, 2 s. 3 d., à la raison de 3 d. pour escu; pour le remboursement des offices des audienciers, controlleurs des chancelleries et des secrétaires nouvellement créez, 29 s. 8 d., à la raison de 3 s. 3 d. pour escu; pour la creue du remboursement des sommes delivrées aux compagnyes destinez pour l'embarquement qui s'est faict soubz la charge du commandeur de Chastes, 6 s. 10 d., à la raison de 9 d. pour escu, le tout suyvant les mandements de ce envoyez, et que de toutes lesd. sommes cy-dessus déclarez il ne leur en a aucune chose payé ny à aultres personnes quelzconques; et pareillement lesd. collecteurs susdits ont certiffié à mesd. sieurs des Comptes et tous aultres qu'il appartiendra que Me Pierre Cavé, receveur en lad. Ellection de Rouen, les a tenuz quictes et deschargez de lad. somme de 21 escus 17 s. contenue cy-dessus, tant pour les tailles, creues et taillon levez en lad. Ellection durant lad. année, comme dit est, et que d'icelle somme ilz ne luy en ont aucune chose payé ny à aucunes personnes quelzconques. En tesmoing, etc..... » Suivent les signatures (1).

Le Règlement pour les traites domaniales, daté de St Maur des Fossés, juillet 1580, n'avait pu être vérifié à la Cour des Aides de Normandie que le 23 mars 1582, et sur des lettres de jussion (Voir art. 4 du Cahier).

(1) Tab. de Rouen, Meubles. Déclaration du même genre, de Louis Quesnel et d'Antoinette Dupuys, sa mère, affranchis de S.-Germain-sur-Cailly, 3 fév. 1582. *Ibid.*

La ville de Rouen ne fut pas heureuse dans les démarches qu'elle fit pour obtenir la suppression d'un nouvel impôt sur la draperie.

3 mai 1583. « Mémoires et articles abrégez des requestes présentées au Conseil d'Estat du Roy par les Conseillers, eschevins et habitans de la ville de Rouen, lesquelles ont esté remises à S. M. pour, par aprez avoir entendu le contenu d'icelles, en ordonner. » Réponses du Roi aux dits articles. « Les Conseillers, eschevins et habitans remonstrent que, à cause de l'usaige commun des draps de soye et serge d'Italie et de Flandre, le trafiq des draps du seau est grandement diminué, à raison de quoy ils supplient très humblement le Roy les descharger de l'impost de 12 d. pour livre qu'il entend lever sur lesd. draps et manufacture de layne; autrement le commerce s'en va du tout délaissé et perdu, au grand inthérest de S. M. et de son pauvre peuple qui, pour son extresme pauvreté, entrera en désespoir. — *Le Roy ne peut toucher cet article pour estre la levée générale par tout son royaume, estant jà les deniers advancez et destinez pour les Suisses.* » — Les mêmes Mémoires contiennent des articles contre l'édit de la réévaluation des marchandises portées hors du royaume, « considéré que l'impost des traites domaniales est déjà une charge insupportable; » les artisans se retirent en Angleterre, et ailleurs, « dont adviendra que la ville de Rouen demeurera champêtre et déshabitée; » — contre l'impôt sur le papier, cartes et tarots qui donneroit occasion aux ouvriers de se retirer en pays estranger; » — contre la taxe de 80,000 l. pour la solde de 50,000 hommes à pied (26 avril 1582). — La Ville de Rouen renvoya en cour, pour porter ses plaintes, M. Vymont, sieur de Beaumont.

La Commission pour faire la recherche des terres vaines et vagues, se composait de François Anzeray, président au

Parlement, Georges Langlois, président au Bureau des Finances, Nicolas Langlois, Trésorier général de France, Guillaume Le Fieu, maître ordinaire en la Chambre des Comptes, 1583. *Mémoriaux de lad. Chambre* (Voir l'art. XVI du Cahier).

Commission pour la réformation générale du royaume. — Les Commissaires nommés par le Roi pour s'informer des mesures à prendre en vue de la réformation étaient les conseillers d'Etat, l'Archevêque de Lyon (1), MM. de la Motte-Fénelon, de Blancmesnil (2) et de Soucy (3).

Des délibérations furent prises à ce sujet, dans les cours souveraines (4, au bailliage (5) et à l'Hôtel-de-Ville de Rouen (6).

(1) Pierre d'Espinac, archevêque-comte de Lyon. Il logea à Rouen, chez le chanoine de Quintanadoines, qui, sur sa demande, fut dispensé « d'assister au service, sy non lors qu'il pourroit, pour le temps que Monsieur de Lion, estant logé en son logis, seroit en cette ville ». Reg. capitulaires.

(2) Nicolas Potier, sieur de Blancmesnil, maître des requêtes ordinaires de l'Hôtel du Roi.

(3) Pierre de Fitte, sieur de Soucy, conseiller au Conseil privé.

(4) « Samedi 13 octobre 1583. La Chambre (des comptes) a ordonné : MM. les Commissaires sçavoir Mons. de Lion, La Motte Fenelon, de Soulcy et Blancmesnil, venantz en lad. Chambre, prendront scéance au dessus des maistres du costé droict. » *Mémoriaux* de lad. Chambre.

(5) 13 oct. 1582. Le Chapitre est convoqué au bailliage pour le mardi 16 octobre, afin de délibérer les articles baillés par Mons. de Lyon. Le 15, on délégua les chanoines Cossart et Benard. Le 17, Clerel, qui avait accompagné ces 2 délégués, donna au Chapitre lecture des articles, auxquels MM. de Péricard, de Martimboz et Cossart furent priés de répondre en termes généraux. *Délib. capitul.*

(6) Le Chapitre fut également convoqué à l'Hôtel-de-Ville; mais ses délégués, MM. Sequart et Cossart, crurent devoir se retirer, parce qu'on ne leur avait pas donné la séance à laquelle ils prétendaient avoir droit. *Ibid.*

Il en fut de même dans les principales villes de la province.

Voici le texte des articles d'après une copie conservée aux archives du Calvados (1).

« Articles sur lesquelz le Roy entend estre faict assemblée par les villes des sièges et vicontez ressortissans au bailliage et siège présidial d'Évreulx, pour sur iceulx estre rendu raison à messire Pierre de Pinac, archevesque, conte de Lyon, primat des Gaulles, conseiller au Conseil d'Estat du Roy, maistres Nicollas Pottier, sieur de Blancmesnil, conseiller et maistre des Requestes ordinaires de son hostel, et Pierre de Fitte, sieur de Soucy, conseiller au conseil privé de S. M. et commissaires par elle depputez en lad. province pour le bien de son service et soullagement de ses subjectz.

PREMIÈREMENT.

Le bailly dud. Evreux ou son lieutenant au bailliage et siège présidial dud. lieu envoiront incontinent la coppie de ces présentz articles aux autres lieutenantz particulliers des sièges, vicontez et jurisdictions ressortissantz aud. bailliage et siège présidial pour eulx s'assembler en chacun desd. sièges avec quelques ungs du clergé et de la noblesse desd. sièges, officiers du Roy, tant de justice que de finances, conseillers eschevins et notables bourgois desd. villes et veoir ensemblement, deslibérer et donner advis, par escript signé de leurs mains, ausd. sieurs Commissaires, sur lesd. presentz articles, et iceulx advis, par ung ou deulx personnes qui seront depputtez en chacun desd. sièges, envoyer ausd. sieurs commissaires en lad. ville d'Evreulx au vingt-deuxième jour de ce présent mois de janvier, ce que enssemble feront lesd. bailly ou son dict lieutenant en icelluy bailliage pour

(1) F. du Chapitre de Lisieux.

donner pareil advis et icellui apporter ausd. sieurs Commissaires aud. lieu et jour que dessus.

Sy les ecclésiasticques sont empeschez en l'exercice du service divin, et par qui; s'ilz jouissent de leurs maisons bien et revenu.

Sy lesd. ecclésiasticques, qui sont chargez de résidence, résident, et s'ilz font le service qui est deu à leurs églises, et qui sont les titullaires desd. béneffices.

S'il y a ausd. bailliages aucunes personnes qui usent d'excedz et viollences, mesmes qui exigent sur le peuple, tant par imposition de deniers, corvez que aultrement.

Aussy quel debvoir lesd. officiers ont faict et font en l'administration de la justice, et s'il y en a aucuns qui commettent faulte et versent mal en l'exercice d'icelle.

Lesd. officiers, par l'advis des ecclésiasticques, ceulx de la noblesse et principaulx de la ville, feront ung roolle des plus capables et vertueulx personnaiges, tant officiers qui tiennent aujourd'hui les offices de judicature, que de ceulx qui sont les plus dignes de succéder en leur lieu, quand vaccacion adviendra.

Viendront aussy les vibailliz, garnis de leurs procès-verbaulx et des escroues des captures et des emprisonnemens par eulx faictz, pour rendre compte de leurs charges.

Sy ceulx qui ont jouy du dommaine du Roy par don ou alliénation ont entretenu les maisons, auditoires, halles, estaulx, estangs, pontz, chausséez, moullins et généralement tout ce à quoy ilz sont tenus; et s'il n'a esté faict, sçavoir surquoy les thésauriers de France et thésauriers de S. M. sur les lieux n'y ont tenu la main.

Des usurpations et entreprinses faictes sur led. dommaine, et le moien d'en faire la réunion à icelluy.

Sy, aulx baulx des aydes et aultres impositions, a esté commis quelques abbus, soit par les officiers du Roy ou aultres; pareillement à l'engaigement d'icelles; quel moien il y a de les augmenter, procédant à nouveaulx baulx.

S'il se trouve personne qui vueille prendre lesd. fermes et les augmenter jusques à la moictié, tiers ou quart, ou bien entreprendre en quelque année le rachapt des rentes constituées, pour, en fin d'icelles annéez, remettre sa dicte Majesté quicte au revenu desd. aydes, comme, en semblable, s'il peult faire accroissement du revenu du dommaine de sa dicte Majesté, ou, s'il se présentoit aucun, auquel, laissant le revenu pour quelques années de certaines portions dud. dommaine alliéné, qui vueille rembourser les acquéreurs d'icelles, et, en fin desd. années, remettre aussi sa dicte Majesté quicte en la jouissance desd. portions du dommaine. Sy les assinez pour fiefz et omosnes, rentes constituez et aultres charges sur lesd. dommaines, aydes et aultres revenus du Roy, sont paiez, et s'il y auroit moien de les extaindre, avec quelque advantaige pour le service de sadicte Majesté.

Quelz abbus ont esté commis aux forestz, ventes de boys, terres vaines et vagues, confiscations procédans des malversations, récollemens desd. forestz, paissons, grandz passaiges et pasturaiges, droictz de tiers et danger, grurye... mesme sur ce qui a esté cy devant vendu.

Les Elleuz de l'Ellection dud. Evreulx dresseront ung estat, signé d'eulx et de leur greffier, de tous et chacuns les deniers, vivres, munitions, chevaulx de l'artillerie et pionniers imposés et levez en leurs dictes Ellections, tant par commissions de S. M. que aultrement, et par quelles personnes ilz ont esté emploiez, et ce depuis l'an 1574 jusques à la présente.

Sy ceulx qui sont subjectz à la contribution des tailles y sont cotisez, et à somme raisonnable; aussi s'il se commect aucuns abbuz ou malversations par les officiers.

Sy les procureurs et conseillers de Ville, représentantz le

corps d'icelle, et générallement toutes personnes ont quelques plainctes à faire, soit des officiers de la justice ou des finances, tant comptables que aultres, à cause de leur mauvaise administration; pareillement s'il y en a ès affaires de villes ou communaultez d'icelles.

Sy les deniers affectez aux barrages et péaiges sont bien levez et emploiez à l'entretènement des pavez, pontz, chemins et chaussées; sy aucuns usurpent aucuns péages ou augmentent les anciens, et s'il se lève pour cet effect aucune crue sur le sel.

Quelz deniers de don et octroy ilz ont; sur quoy ilz sont prins, spéciallement ceulx sur le sel; s'ils sont emploiez aux effectz auxquelz ilz sont destinez; combien ilz ont à durer, et sy l'occasion cesse.

Quelles faultes, abbus et malversations sont commises par les Elleuz, conseillers, procureur èt advocat du Roy, receveur greffier de lad. Ellection d'Evreulx, soit en la cotization et département des tailles et aultrement; ce que lesd. Elleuz, controlleurs et receveurs prennent pour leurs prétenduz droictz des rolles et expéditions des quictances, et quelle taxe prennent aussy les sergentz, collecteurs desd. tailles et greffiers des parroisses.

Tous receveurs, controlleurs, grènetiers et aultres comptables de lad. Ellection dresseront promptement un estat au vray, signé de leurs mains, de la recepte et despence de leur charge et administration depuis le dernier compte par eulx rendu en la Chambre des Comptes jusques à huy, pour led. estat, ensemble le double desd. comptes ainsy par eulx rendus, estre représentés ausd. sieurs Commissaires, à leur arrivée aud. Evreulx, et par eulx vériffiez.

Et de tout ce que dessus sera apporté mémoires par escript et pièces justificatives du contenu en iceulx.

Et générallement s'il y a quelques autres plainctes et dolléances à faire, pour quelque occasion que ce soit, ou remonstrances concernant le soullagement du peuple et bien de ce royaume, en apporteront aussy amples mémoires, pour leur estre pourveu par lesd. sieurs Commissaires.

Faict à Angers, le huictième jour de janvier l'an 1583; et plus bas est escript, Par ordonnance de mesdits seigneurs, Pelloquin, avec ung paraphe. »

« Monsieur, vous verrez par les articles que présentement vous envoions quelle est la volonté du Roy sur la charge qui luy a pleu nous donner, suyvant lesquelles vous ferez sçavoir incontinent à Messieurs du Clergé et de Noblesse, et manderez à tous les aultres, de se trouver au lieu et jour porté par lesd. articles, instruictz et préparez de respondre et satisfaire par escript au contenu en iceulx, selon l'intention de S. M., au bien de ses affaires et service et soullaigement de ses subjectz, ainsy qu'il se peult espérer que ne voudrez rien oublier de ce qui deppend de vostre charge et office. Et, sur ceste asseurance, nous ne vous ferons plus longue lettre, de laquelle vous baillerez certifficat de la réception au porteur d'icelle, nous recommandant humblement à votre bonne grâce, pryant Dieu vous donner, Monsieur, en santé, bonne vie et longue.

De Angers, le huictiesme jour de janvier 1583; et plus bas est escrit : Vos affectionnez amys de Pinac, archevesque de Lyon, Pottier et de Fitte. Et à superscription est écrit : Monsieur Monsieur le bailly d'Evreulx ou Monsieur son lieutenant. Et plus bas est écrit : Collation faicte signé : Le Conte, ung paraphe (1).

(1) On trouve le texte des mêmes articles au registre A. 20 des Délibérations de la ville de Rouen. Les réponses furent délibérées en assemblée générale, 20-21 oct. 1582 : « Il y a plusieurs prieurez, combien qu'ilz soient conventuelz de leur fondation, ilz sont de présent devenuz

Et au dessoubz est escript : collation faicte, quatre feuilletz escriptz, ce présent comprins ; signé : Dessin, ung saing.

Collation faicte des présentes coppies aux pièces y transcriptes en pappier par Ollivier Carrey et Jehan De Bray, tabellions roiaulx à Lisieux, le 27ᵉ jour de janv. l'an 1583, à la requeste du vénérable Chappitre de l'église cathédralle Saint-Pierre de Lisieux, stipullé par noble personne Mᵉ Thomas Crestien, prebstre, chanoine prébendé en lad. eglise cathédralle, porteur desd. présentes, à luy rendues pour servir et valoir, en temps et lieu, ainsi qu'il appartiendra.

Quatre feuilletz escriptz. CARREY, DEBRAY (1). »

« Messieurs, nous vous envoyons la coppie des articles par nous receuz ce jourd'huy de la part de nossieurs les Commissaires depputez par le Roy en ceste province de Normandye, pour le bien de son service et soullagement de ses subjectz, par lesquelz articles vous verrez comme lesd. sieurs Commissaires désirent estre satisfaictz du contenu en iceulx en la ville d'Evreux le 22ᵉ jour de ce présent moys de janvier, chose fort pressée, et à quoy difficillement nous pourrons satisfaire dedens ledict temps. Toutes foys, affin que le retardement ne nous soyt imputé, nous avons advisé faire l'assemblée mentionnée ausd. articles vendredy prochain en ce lieu d'Orbec, ce qui nous occasionne vous pryer depputer, suyvant lesd. articles, quelques ungs de votre clergé à com-

---

simples pour ne s'y trouver aucuns religieux... En la pluspart des bénéfices il ne se faict aucune résidence par les titulaires, dont adviennent plusieurs abuz... Les hospitaulx, maladeryes ou léprosaries sont à la pluspart ruynez, tant à l'occasion des troubles que aultrement, dont le revenu est applicqué par aucuns à leur prouffict particulier ; et, encore qu'il se présente malades et pauvres passans, l'on ne les veult recevoir. »

(1) Arch. du Calvados, F. du Chapitre de Lisieux.

paroir led. jour de vendredy prochain, neuf heures de matin, en ce dict lieu d'Orbec, où nous convocquerons ce que nous pourrons recouvrer de la Noblesse et autres, pour l'effect mentionné ausd. articles. Et estimantz que n'y vouldrez faillir, nous ne vous ferons la présente plus longue, vous pryantz en donner responce avec recepissé desd. articles à ce porteur, que vous envoyons exprez, et en cest endroict recepvoir nos humbles recommandations à voz bonnes graces, pryantz Dieu vous donner

Messieurs, en très bonne santé, longue et heureuse vye. D'Orbec, ce 18 janvier 1583.

Vos humbles voysins et serviables amys.

Les lieutenants et officiers du Roy en la vicomté d'Orbec.

LEGRAND (1). »

« Le Chappitre de l'église cathédralle de Lisieux, ayant receu, tant pour lui que pour le clergé dud. lieu lettres des officiers du Roy en la viconté d'Orbec, avec le double des articles de MM. les Commissaires députez par S. M. pour entendre les complainctes et doléances des Estatz de cette province de Normandie, en premier lieu :

Loue et remercie Dieu que, par sa providence et bonté infinye, il a inspiré le Roy de vouloir entendre lés clameurs, doléances et complainctes de son paouure peuple, de sy long temps affligé de toutes partz et maintenant réduict à toute extremité de calamitez, paouureté et misères, et de ce qu'il a pleu à sa dicte Majesté vous choisir, Messieurs, commectre et députer pour ouyr lesd. complainctes.

Remonstre (en adhérant aux humbles supplications et remonstrances faictes par le clergé de la province de Normandye, les Estatz derniers tenus en la ville de Rouen), que le clergé de Lisieux est du tout ruyné, tant pour les exces-

(1) Arch. du Calvados, F. du Chaptire de Lisieux.

sives taxes de subventions et décimes ordinaires et extrordinaires, que pour avoir esté du tout saccagez et ruynez continuelement depuys les troubles et principalement depuis quatre ans sans cesse ;

Que la plus part des bénéficiers et autres ecclésiasticques ont esté contrainctz de quitter et abandonner leurs maisons et lieux de bénéfices, et à ceste occasion le service divin a esté discontinué en plusieurs endroictz dud. diocèse, et encores à présent y a plusieurs desd. bénéficiers qui veullent remettre leurs bénéfices entre les mains de l'ordinaire, ne pouvant plus servir lesd. bénéfices à cause de leurs pauuretez et des indignitez qui leur sont faictes, tant par plusieurs de l'Estat de la noblesse, qui ne veulent payer aulcunes dixmes de leurs terres, et, ne se contentanz de cela, par menaces, intimidations et voyes de faict, contraignent lesd. bénéficiers de bailler lesd. dixmes et autre revenu à tel pris que bon leur semble, tellement que leur revenu est en cela diminué d'une moictié, les noms desquelz ledit Chappitre supplye estre dispensé d'exprimer, et pour cause, que aussy par les incursions des gens de guerre, qui ont couru depuys quatre ans continuellement, qui ont du tout spolié les paoures subjectz du Roy et spéciallement lesd. ecclésiasticques et leurs fermiers, tellement qu'il ne se peult plus trouver homme qui ose prendre leur bien et revenu à ferme, estant rançonnez par lesd. gens de guerre à sommes de deniers insupportables, oultre la despence extraordinaire et pilleries que lesd. gentz de guerre font ès maisons desd. pauures subjectz ; et, oultre tout cela, sont bastuz et molestez cruelement, aulcuns jusques à la mort. Faict au Chapitre de Lisieux, le vendredi 21 janvier 1583.

De l'ordonnance de Messieurs dud. Chappitre.

JOSSELIN (1). »

(1) Arch. du Calvados, F. du Chapitre de Lisieux.

ÉTATS DE NOVEMBRE 1583

I

EXTRAIT DES REGISTRES DE L'HOTEL-DE-VILLE DE ROUEN

Lettres du Roi au bailli de Rouen datées de St-Germain-en-Laye 13 oct. 1584, fixant la réunion des Etats à Rouen, au 15 nov. suivant.

Assemblée tenue en la grand'salle de l'Hôtel-Commun pour l'élection des députés sous la présidence du lieutenant général du bailli. Prirent part à l'élection, outre les officiers du Roi, conseillers, officiers de la Ville et députés des 4 vicomtés du bailliage, un grand nombre de curés et de vicaires de cette circonscription, 52 bourgeois dont les noms sont indiqués, sans compter les autres, qui étaient en grand nombre. On nomma pour l'Eglise Jean Dadré, docteur en théologie, chanoine et pénitencier; — pour la Noblesse, messire de Roncherolles, baron du Pont-St-Pierre, chevalier de l'ordre du Roi, gouverneur de la ville d'Abbeville; comme conseillers échevins, honorable homme Ch. Dufour, et Nicolas Restout, sieur de Fontaines.

Avant d'entrer en la grande salle, les chanoines avaient demandé séance au grand bureau, derrière le banc où se siet Monsr l'archevesque, entre ledit banc et celui des anciens conseillers.

Il avait été décidé que l'ordre contenu au registre de l'an 1575 serait suivi, « la compagnie entendant qu'il n'y assistât que 2 chanoines qui seroient assis au dessous des anciens conseillers, le banc du grand bureau ne devant être occupé que par mons. l'archevesque ou son grand vicaire. » Les chanoines protestèrent et se retirèrent, ainsi que le pénitencier, qui comparaissait en vertu des lettres de l'archevêque sans être son grand vicaire. Après leur départ on fit entrer le peuple dans la grande salle, et on entendit la *Proposition* du lieutenant général.

Le 13, après qu'il eût été établi que le baron de Roncherolles était absent du pays, on nomma à sa place noble homme Alonce Le Clerc, sieur de Croisset.

II

HARANGUE DU PREMIER PRÉSIDENT.

Remonstrance faicte par mons. le premier président, le 16ᵉ de novembre 1583, aux Estatz tenus par mons. de Carrouges, en l'absence de mons. le duc de Joyeuse (1), *gouverneur de Normendye, présence des sieurs comte de Tillières, de Bréaulté, Thibermesnil, président en la cour, de Stor, premier président en la Chambre des Comptes, Langlois et Novince, présidens aux Bureaux des Généralitez de Rouen et Caen, et De la Porte, procureur général en lad. Cour.*

« En tout le discours des formes de République, les anciens autheurs et philosophes sont tombez en mesme résolution, que la dignité roialle et domination d'un seul estoit la première et plus ancienne, comme la plus naturelle et agréable à l'homme. Car, comme l'homme, s'il se veult contempler soy-mesme, il se trouvera composé de plusieurs membres, pour le gouvernement et conduicte desquelz Nature luy a baillé un seul chef, auquel seul le sens et l'entretènement de l'homme consiste, aussy, à son exemple, toute

(1) Anne, duc de Joyeuse, avait été nommé gouverneur de Normandie au mois de mars 1583. Il fit son entrée à Rouen le 25 mars.

République, comme disoit Thibère César, estant un seul corps, se doibt naturellement conduire et gouverner par un seul chef; autrement, ce seroit chose monstrueuse et contre nature, qu'un seul corps eût plusieurs chefs.

» Ce néaulmoins les mesmes autheurs ont diversément jugé de l'origine des roys. Aucuns en ont parlé comme hommes n'ayans congnoissance de Dieu et mesurans toutes choses par raison naturelle, et ont attribué leur origine à la Nature mesme, comme chose merveilleusement proche de Nature. Quand tost aprez la création de l'homme, le genre humain print accroissement, et finallement estans multipliez commencèrent à faire distinction des familles, en chacune desquelles le père de famille seul commandoit, et comme les familles eurent multiplié et augmenté, ils entrèrent en confusion et désordre, alors, ensuivant ce qui estoit prescript par Nature, choisirent et esleurent un roy, auquel ils attribuèrent superiorité et domination, et luy submirent le gouvernement de leurs personnes, femmes, enfans et biens. Les aultres, qui ont recongneu le gouvernement de l'Univers ne se pouvoir du tout attribuer à une raison naturelle, ains qu'il estoit gouverné par un Dieu Créateur, conducteur et modérateur d'icellui, ont parlé plus hautement de l'origine des roys, et ont estimé que la dignité roiale estoit divinement octroyée de Dieu, pour en icelle estre remarquée quelque figure et semblance de la Majesté divine en terre; et pour ceste cause, les antiens Romains ont creu qu'il y avoit aux roys quelque sainteté. Et lors que Romme a esté gouvernée par les roys, ils faisoient leurs sacrifices par la volonté d'iceux; et, quand ils n'eurent plus de roys, afin que ceste sainteté, qu'ils estimoient estre en eux, ne défaillist, ils nommèrent roy le superintendant de leurs sacrifices. Mais ces témoignages seroient de peu de valeur et force, s'ils n'estoient conformes à l'Escripture sainte, et confirmés par plusieurs dons et grâces de Dieu, spéciallement données et octroyées aux roys, lesquelles font pleine foy de la majesté et sainteté des roys, créée et ordonnée de Dieu. Le roy Salomon en est le principal tesmoing, quand il dict : « Roys qui prenez plaisirs en thrones et sceptres, escoutez et entendez. Vous, juges des fins de la terre, apprenez ; prestez les oreilles, vous qui gouvernez les peuples et qui vous glorifiez en la multitude des nations, que la puissance vous est donnée par le Seigneur, et principauté par le souverain Dieu. » Parlant par Samuel, Dieu lui promet de bailler un roy à son peuple, et incontinent que Saül fut faict roy et oinct par Samuel, à l'instant il eust l'esprit de prophétie et de prudence, et changea de cœur et de volonté. De quoy l'on peult recueillir deux choses singullières, l'une que Dieu donne le roy au peuple, l'autre qu'il a voulu qu'il fût oinct pour ressentir quelque chose de la divinité ; laquelle onction a esté successivement continuée aux roys chrestiens et spécialement aux nôtres, lesquels, à l'instant de l'onction, ont toujours ressenty quelque chose de divinité, comme il est remarqué en quelques grâces spéciales à eux octroyées de Dieu. Voilà donc l'ancienne forme de République créée et ordonnée de Dieu, et d'autant plus parfaicte et admirable par dessus les aultres de combien Dieu, qui est autheur de la dignité royalle, est plus parfait et admirable que l'homme, qui est la simple créature et imparfaict. Les autres, plus modérés, n'ont voulu attribuer l'origine des roys ny à Nature ny à la divine puissance, mais tiennent qu'elle procède du tout de l'establissement et puissance du peuple, pour l'amour et gré duquel il estoit estably ; et puisque le peuple establissoit le roy, que le corps du peuple estoit par dessus le roy, pour estre chose évidente et raisonnable que celuy qui est estably par un autre et receoit authorité de luy, soit estimé moindre que celuy qui l'a estably, et duquel il receoit subsistence ; que la République est comparée à un navire, dont le roy tient la place du pillote, et le peuple est seigneur du vaisseau, obéissant à son pillotte, tant qu'il a le soing du salut public ; brief, que le roy tient du peuple et possède, comme par emprunt, toute son authorité et puissance, et que, en cas de trangression des roys, le peuple pouvoit donner règlement légitime à l'Estat. En quoy ils ont fort travaillé pour parvenir à leurs intentions, trop eslongnées de la tranquillité et repos publicq, prenant le chemin des troubles qui ont rendu nostre siècle fort lamentable, calamiteux et misérable, pour, en continuant telles brisées, faire congnoistre au peuple quelle peult estre la puissance légitime d'un roy, et jusques où elle s'estendoit ; pour, par tel déguisement, s'efforcer leur faire paroistre plusieurs mauvais effects, voire jusques à l'esclaircir par quels moiens l'on pouvoit résister à son prince souverain, et, par tels artifices, destourner les subjects de leur bienveillance et naturelle obéissance, le tout soubz le manteau et tiltre spécieux d'une liberté du bien public et anéantissement d'impositions, tributs et subsides. L'on a appellé ceux qui usent de tels artifices *démagoges*, traduict, suivant l'éthimologie du mot, conducteurs du peuple, qui font et disent au gré du peuple tout ce qu'ils peuvent pour un temps, afin d'avoir sa bonne grâce et eux accroistre en authorité et richesses, qui sont deux fins de sédition et remuement d'Estat, comme, au contraire, les deux autres fins sont d'hommage et d'honneur ; désirant l'un et fuyant l'autre; prenant cette maxime pour guide que le droict nous enseigne et commande de maintenir notre vie et liberté, sans laquelle vie n'est pas vie, contre toute injure, oppression et violence ; que Nature a empreint ceste impression aux bestes bruttes allencontre des autres, et encores d'avantage à l'homme contre l'homme ; que, si quelqu'un s'efforce de l'opprimer et violler, la patrie, à la conservation de laquelle tous sont obligés par Nature, par les loix et par promesses solennelles, le droict des gens, commande de prendre les armes pour y résister, et qu'il n'y a serment, convention et obligation particulière qui les en doyve retenir. Voilà donc le fruit de ce beau voile de liberté de bien public et anéantissement d'impositions et tributs, que prendre les armes ! Mais la fin de l'œuvre n'est que l'accroissement d'authorité et proffit particulier. Et, comme disoit Quintius aux ambassades Aitoliens : *Callida hujusmodi consilia, prima specie læta, tractatu dura, et eventu tristia sunt.* C'est le poison qui a travaillé de longtemps nos voisins, comme ils sont encores de présent, ne sachant plus à qui se vouer ny moins en quelle forme de République s'arrester ; car ils abhorrent la domination d'un seul ; ils rejettent le Gouvernement des plus advisés et moins pervers, goustent la domination et puissance du peuple, lequel n'a pour guide que sa seule oppinion et première impression plantée en son foible et débile cerveau, et qui n'est jamais amateur de l'estat présent. Et, sans rechercher les exemples estrangers qui sont infinis, les croniques et histoire de France nous représentent assez devant les yeux les fruitz et les effectz qu'ont receu les peuples et subjects par les evènemens et succez des guerres suscitez sous le manteau d'une liberté et du bien public, par l'yssue desquelles, tant s'en fault que les subjects ayent esté relevez de foulle et d'oppression et soullagez d'impositions et tributs, que, au contraire, ce leur en a esté un redoublement, tant pour les ruines et calamitez souffertes durant icelles guerres, que de ce qu'il a convenu, aprez la guerre finye, surcharger le peuple pour la satisfaction des fraiz qu'il a convenu faire durant icelles. Car s'il y a temps de nécessité auquel il soit besoing faire augmentation de tailles et impositions nouvelles, c'est toujours au retour des guerres civiles ou de la guerre fondée sur le bien public, comme de présent c'est le mal qui afflige ce royaume. Voilà donc comme, au lieu d'une liberté et exemption de charges, follement imaginée, l'on se fait serf et esclave des passions d'autruy, se faisant du nombre des malheureux que récite Hémocrate parlant aux mauvais citoyens de Sicille : *Qui malunt sustinere quævis pericula et bellorum civilium dubios eventus quam in presenti levem jacturam facere.* C'est pourquoy le Roy a mandé lettres à toutes les courtz de parlement, gouverneurs des provinces, baillifs et sénéchaux, faisant mention de ce beau voile de bien public, afin que ses peuples et subjects soient bien advisés qu'en désirant traverser la mer à pied sec, ils ne soient guidés par un imposteur qui les face noyer, et qu'en cherchant un libérateur, ils ne suyvent quelqu'un qui, prétendant les faire exempter d'une surcharge, maintienne, luy-mesme, en autre sorte, toute oppression, et qu'en pensant chasser le mal présent, il n'en attirent un plus grief et du tout insupportable. Il est bien certain que toute nouvelleté est tousjours agréable aux curieux ; et ceux qui s'ingèrent à l'introduire se saisissent de la force et authorité souveraine, congnoissant que tel remuement ne peult estre faict sans force et viollence. Il fault donc revenir à ce poinct que les bons et fidelles subjects, à qui l'affaire touche comme au Roy, doibvent volontairement prester leurs biens, leurs moiens et facultés pour la conservation de l'Estat. Les difficultés dont est enveloppé le bandeau royal sont si glissantes et sy grandes que, comme elles ne peuvent estre supportées sans la bonne volonté et secours des subjects, aussy ne peuvent les subjets estre gardez de la viollence et main des grands, ne estre conseillés et desconseillez pour congnoistre l'utile et dommageable, sy premièrement ilz ne recongnoissent que du Roy chacun receoit son pouvoir et moien, en la main duquel est, comme en fidelle dépost, le repos du bien public. Et ceux qui se sont imaginés tirer d'ailleurs leurs moyens et pouvoir, se sont tousjours approchés de la

ruine de leurs biens et de la perte de la vie et de l'honneur ;
et, sy les troubles ont réduict ce royaume en moindre splendeur, en moindre liberté, immunité et exemption de charges,
qu'il n'a esté auparavant iceux, outre que ce sont choses qui
ont tousiours varié et changé par la vicissitude des temps et
condition des choses humaines, si fault-il recongnoistre que
cela procedde de la puissance infinie et sapience, incompréhensible par dessus et contre tout discours d'humain entendement, lequel ne pouvant pénétrer jusques au fond des
jugements de la divinité pour en voir les motifz et fondemens, en attribue bien souvent la cause à je ne sçais quelle
fortune, voire à quelques mauvais mesnagemens. Mais ceuxlà se perdent à sonder un tel abisme. *Non est potentia, non
est consilium neque sapientia contra Dei consilium.* Rien
n'advient ny se faict sans la permission de celui qui est la
justice mesme et vérité essentielle, devant qui riens n'est
futur ny passé, et qui sçait et entend les choses casuelles
nécessairement. Et, comme dict Monsr St Augustin, en la
Cité de Dieu, toutes ces angoisses et afflictions doivent estre
attribuées à la divine providence, laquelle ordinairement
chastie et amende par divers fléaux la corruption de la vie
dépravée en meurs des hommes, exerçeant avec mesmes
malheurs la vie louable des bons. Or venant au principal
subject de ceste convention d'Estatz, le Roy, après avoir ouy
le rapport des Commissaires qu'il avait envoyés par toutes
les provinces de ce royaume, comme personnages dignes de
leurs charges, qui ont représenté à l'œil de Sa Majesté les
grandes foulles et afflictions de son peuple, tant par le moien
des gens de guerre, du passage desquels ils avoient esté fort
travaillés et molestés, que aussy pour le nombre extraordinaire des levées de deniers qui se sont faictes sur les contribuables de la taille ; que sy tost qu'ils avoient payé, pensant,
par un payement dont ils avoient faict estat, estre deschargés,

sy tost revenoit un autre sergeant pour les exécutter, tellement que telles courses de sergeans, collecteurs de deniers, sallaires, taxations d'officiers, droict de quictance, dont il en failloit quatre par an sur chacune nature de deniers, qui sont frais insupportables, qui amènent autant de despence que le sort principal, c'est ce qui a meu Sa Majesté avoir faict rechercher toutes lesd. levées et faict dresser un estat d'icelles pour en avoir une entière congnoissance et pourveoir à la descharge des contribuables selon que le temps le peult permettre, lesquelles levées, tant pour le principal de la taille que creues, montant, sans comprendre les cottisations des villes franches, la somme de huict cent trente trois mil huict cent quarante six escus, dix huict sols, onze deniers, laquelle somme le Roy, pour la compassion qu'il a de son pauvre peuple et le soulager, a modéré et réduicte, au lieu de toutes les dites levées et assiettes, à la somme de 759,812 l. 15 s. 8 d., qui seroit moings que l'année présente de la somme de 77,954 l. 3 s. 3 d., de laquelle les contribuables de la taille demeurent deschargés, espérant Sa Majesté continuer, année par année, à la mesure qu'il rentrera à ses revenus ordinaires du domayne, gabelles et subsides ; et, outre ladite somme, il vous demande dix-huit deniers pour livre de toute icelle, tant pour satisfaire aux frais de la levée qui s'en faira, que pour employer au payement des gaiges, taxations et droicts des anciens officiers des deux Généralitez; et si la dite crue de dix-huict deniers pour livre n'estoit suffisante pour le payement que dessus, le Roy fera payer le résidu sur la totale somme, tous lesquels deniers seront levés par mesmes assiettes d'icelle et par quatre quictances aux quatre termes esgaux.

Caton, parlant au peuple romain, qui demandoit hors saison une distribution de bled, leur disoit qu'il estoit bien difficile de réduire à la raison par remonstrances un ventre qui n'a point d'aureilles. Aussy il seroit bien difficile vous persuader de payer librement la somme que le Roy vous demande et différer à un autre temps et saison une diminution d'icelle, si ce n'estoit que, comme bons et fidelles subjects, vous vous représenterez devant les yeux que Sa Majesté a travaillé en tout ce qui luy a esté possible pour la descharge de ladicte partye de 77,954 l. Le médecin ne peult pas remédier au malade, pour congnoistre la fièvre, laquelle est facile à descouvrir; mais il fault qu'il congnoisse la cause efficiente, laquelle souvent, pour n'estre bien congnue, occasionne que les patiens ne sont pas bien secouruz. C'est en quoy sa Majesté désire maintenant estre esclaircie en l'assemblée de St Germain, pour résouldre les moiens et remèdes les plus salutaires, tant pour la conservation de son Estat, que soulagement de ses subjects.

Il est impossible d'arracher tout à un coup les incommodités et surcharges extraordinaires que la nécessité des troubles et guerres civiles a apportées en ce royaume, non plus que restablir tout à un coup les choses que le Roy et son prédécesseur ont esté contraints de remettre pour acquérir repos au peuple, ce qui importe à leur grandeur et manutention de leur Estat. J'ay dict surcharges extraordinaires; car on sait assez que, sans les tailles, les tributs et subsides ordinaires, l'Estat de ce royaume ne peult estre maintenu, estans comme disoit Tulius Hostillius, sixième roy des romains, le principal nerf de la République, *quia neque quies sine armis, neque utrumque sine tributis haberi potest.* Et si le temps et la saison estoit propre et convenable pour obtenir descharge et diminution d'une partye de la demande que le Roy vous faict, vous ne feustes jamais assistés de seigneur qui eust plus d'intelligence et plus de faveur envers sa Majesté que Monsieur le duc de Joyeuse, gouverneur de ceste province, duquel vous devez attendre et espérer toute singullière dévotion et intime affection, estant, à son grand regret, empesché par maladie de se trouver en cette séance, pour, avec le service de sa Majesté, faire publicque démonstration de la volonté qu'il a au bien et utilité de tous les affaires de ce pays, et, comme en temps et lieu, il sera par vous congnu. »

III.

NOMINATION DES DEUX COMMISSIONS POUR LE PORT DU CAHIER ET POUR L'AUDITION DES COMPTES.

« Du jeudi avant midy 24ᵉ jour de novembre 1583, passé en la grand salle de la maison archiépiscopale de l'archevesque de Rouen.

» Furent présens noble et discrette personne Mᵉ Jehan Dadré, chanoine et pénitencier en l'église N. D. de Rouen, délégué pour l'Esglize du bailliage de Rouen; noble homme Allonce Leclerc, sieur de Croisset, délégué pour la Noblesse dud. baill.; n. h. Charles Du Four et Nicolas Restoult, sieur de Fontaines, conseillers eschevins modernes de ceste ville de Rouen; Claude Legrand, délégué pour la vicomté de Rouen; Jeh. Guernot, pour la vic. du Pont de l'Arche; Jeh. Macaire, pour la vic. de Pont Audemer; Bernard Thiboult, pour la vic. d'Aulge; — discrette personne Mᵉ Pierre Grumel, presbtre, curé de la par. Sᵗ Jacques de Neufchastel, délégué pour l'Esglize du baill. de Caux; n. h. Guill. Lengloys, sieur d'Angiens, delegué pour la Noblesse dud. baill. de Caux; Nicolas Estienne, délégué pour la vic. de Caudebec; Jeh. Herault, pour la vic. de Montiervillier; Hubert Duplis, pour la vic. d'Arques; Nicolas Le Boullenger, l'un des eschevins de la ville de Neufchastel, pour la vic. dud. lieu; Georges Langlois, pour la vic. de Gournay; — discrette personne Mᵉ Germain Jacques, prieur de Sorbonne, bachelier formé en la faculté de théologie, en l'université de Caen, délégué pour l'Esglise pour le baill. de Caen; n. h. Jacques Fresnel, sieur du Bois et de Lamberville, délégué pour la Noblesse pour led. baill. de Caen ; Michel Angier et Jacques Lemarchant, delléguez pour la vic. dud. Caen (1); Me Loys De la Folye, pour la vic. de Bayeulx; Loys De Courcymault, pour la vic. de Fallaise ; Jeh. Mesgnet, sieur du Fay, pour la vic. de Vire et Condé ; — discrette personne Me Martin Bellin, chanoine de la prébende de Noirpalu en l'esglise cathédral d'Avranches, depputé pour l'Esglise pour le baill. de Costentin; n. h. François de St Martin, sieur de la Haye, dellégué pour la Noblesse pour led. baill. de Costentin; Nicolas Brullé, dellégué pour la vic. de Coustances; Me Pierre Sanson, pour la vic. de Carenten; François Boullon, pour la vic. de Vallongnes; Hervé Le Presbtre, pour la vic. d'Avrenches; Jacob de Lossendière, pour la vic. de Mortaing ; — noble et discrette personne Me Guillaume Postel, chanoine et official en l'esglise cathédral d'Evreux, depputté pour l'Esglise pour le baill. d'Evreux; n. h. Philippe d'Oinville, sieur et baron de la Ferté et de Houetteville, dellégué pour la Noblesse pour led. baill. d'Evreux; Pierre Delaroche, depputé pour la vic. dud. Evreux; Me Jacques Le Painteur, pour la vic. de Beaumont-le-Roger; Pierre Langlois, pour la vic. de Conches et Bretheuil; Jeh. Taffin, pour la vic. d'Orbec ; — discrette personne Me Robert Pellé, presbtre, l'un des curez de N. D. d'Andely et official en l'esglise dud. lieu, depputté pour l'Esglise pour le baill. de Gisors; n. h. Robert Le Bret, sieur de Neucourt, dellégué pour la Noblesse

(1) L'un, Michel Angier, bourgeois de Rouen, était député du tiers Etat de la vicomté de Caen ; l'autre, Jacques Le Marchant, de la par. de Rucqueville, avait été nommé par ceux du plat pays. Il s'éleva une contestation à ce sujet. Il fut ordonné par provision qu'ils prendraient place, l'un et l'autre, comme délégués. *Matrologe de la ville de Caen.*

pour led. baill. de Gisors; Charles Rouvray, receveur des deniers communs de la Ville de Gisors, depputté pour la vic. dud. lieu; Symon Le Normant, procureur de la Ville de Vernon, depputé pour la vic. dud. Vernon; Nicolas Sonnoye, pour la vic. de Pontoise; Jehan Bradechal, pour la vic. de Chaumont; Marin Duval, pour la vic. d'Andely; Robert Robillart, pour la vic. de Lions; — discrette personne Mᵉ Richard de Lescluze, presbtre, dellégué pour l'Esglise pour le baill. d'Allençon; n. h. François de la Moriciere, sieur de Vicques, depputé pour la Noblesse dud. baill. d'Allençon; François Hardy, depputé pour la vic. dud. Allençon; Nicolas Furault, pour la vic. d'Argenten; Guill. Louvel, pour la vic. de Dampfront; Lazare Le Roy (1), pour la vic. de Verneuil et Jehan Brisart, pour la vic. de Perche, — tous les dessus dits depputez et représentans les gens des trois Estatz du pays et duché de Normandie et tenans la séance desd. Estatz en ceste ville de Rouen, en ceste présente année 1583, suyvant la Convention faicte par le voulloir et commandement du Roy, lesquelz, èsdictes qualitez et suivant le pouvoir porté par les procurations que chacun d'eulx disoit porter respectivement, ont depputé, nommé, constitué et establi leurs procureurs generaulx, c'est assavoir lesd. sieurs Dadré et Postel pour l'Estat de l'Esglize; lesd. sieurs Philippes d'Oinville, sieur d'Houetteville, Francois de la Moriciere, sieur de Vicques, pour l'Estat de la Noblesse; et lesd. Bernard Thibout, et Loys de Courcymault pour le tiers Estat, et n. h. Mᵉ Jehan Gosselin, sieur de la Vacherie, procureur général desd. Estatz, ausquelz et à chascun d'eulx ou l'un d'eulx, lesd. delleguez ont donné plain pouvoir de poursuir devers la Majesté du Roy et nosseigneurs de son Conseil la responce et expedition des articles du Cayer, ce jour d'huy

1) Était échevin de cette ville, le 18 nov. 1583.

arresté et signé desd. depputez, sans aucune chose augmenter ne diminuer, etc. Présens Claude Brunel et Jacques Louchel, huissiers desd. Estatz. »

Suivent les signatures.

Les mêmes, le même jour, délèguent pour l'audition des Comptes, Germain Jacques et Robert Pellé pour l'Eglise; Alonce Le Clerc, sieur de Croisset, et Robert Le Bret, sieur de Neucourt, pour la Noblesse; Pierre De la Roche et François Hardy, pour le tiers Etat, et le procureur syndic Gosselin.

IV

PIECES DIVERSES

Dans l'intervalle qui s'écoula entre les Etats de 1583 et ceux de 1585, François duc d'Anjou vint à mourir. Comme c'était uniquement en sa faveur qu'on avait rétabli l'Echiquier d'Alençon, il ne fallut pas un grand effort pour en obtenir la suppression, ainsi que la réunion de son ressort à celui du parlement de Normandie. Il est à remarquer que la Cour de Rouen, à qui l'Hôtel-de-Ville avait offert l'aide de ses députés et du procureur des Etats, ainsi que les fonds qui pouvaient être nécessaires pour obtenir l'expédition de l'édit de suppression, tint à honneur d'agir seule. Cependant l'édit de juin 1584 fut enregistré au parlement, 2 juillet même année, avec cette mention : « Sur la Requête du procureur général et la supplication du procureur des Etats. »

Lettres patentes pour le sel. — Le contrat fait avec J. B. Champin pour raison des droits de gabelle et augmentations qui se lèvent sur le sel porte la date du 21 mai 1582. Il ne fut enregistré à la Chambre des Comptes de

Normandie qu'à la fin d'avril 1583, à la suite de lettres de jussion, du 22 de ce mois, avec cette injonction : « Sans vous remettre à en communiquer en toute sorte au procureur des Estas de notre païs de Normandie. » *Mémoriaux de la Chambre des Comptes.*

ÉTATS DE NOVEMBRE 1584.

I

EXTRAITS DES REGISTRES DE L'HÔTEL-DE-VILLE DE ROUEN.

Lettres du Roi au bailli de Rouen, du 9 septembre, fixant la réunion des États au 15 novembre, au lieu du 15 octobre, terme porté dans de précédentes lettres.

Assemblée tenue en la grande salle de l'Hôtel-commun pour l'élection des députés, sous la présidence du lieutenant général du bailli, le 11 octobre. Prirent part à l'élection, outre les officiers du Roi, conseillers, officiers de la Ville, un seul député de vicomté, Jean Labbé, de la paroisse du Fresnay, 45 curés et vicaires, 62 bourgeois dont les noms sont cités, sans compter grand nombre d'autres, ecclésiastiques et bourgeois. On nomma pour l'Eglise Pierre Sequart, docteur en théologie, curé de Saint-Maclou ; pour la noblesse, Messire Jacques de Clères, baron du lieu, chevalier de l'ordre du Roi.

Dans cette séance, les 24 du Conseil, délibérans à part dans la salle ordinaire, avaient décidé que, « pour le faict des présens de confitures pour donner à aucuns de MM. du Conseil, suivant les lettres de M. Romé de Laigle, il estoit remis à MM. du Bureau. »

Les députés du Pont-de-l'Arche, Pont-Audemer et Auge

ne comparurent pas, à raison du retard de la convention. Labbé avait été nommé, le 7 octobre, par procuration passée devant le lieutenant général du lieu. Dès le 18 octobre 1584, le baron de Clères s'excusa par lettres auprès de la Ville. On n'admit pas ses excuses, parce qu'il eût fallu rassembler de nouveau les ecclésiastiques et les nobles, « ce qui eut été de grande importance et de merveilleuse conséquence, sans les frais qu'il eût convenu pour cet effet. » On résolut donc d'insister auprès de lui, et, en cas de refus, de lui faire signifier sa nomination par le sergent de la Ville.

14 nov., veille des États. Après que la Ville se fût assurée, par le rapport d'un homme envoyé exprès en poste auprès du baron de Clères, de la validité de ses excuses et de la réalité de sa maladie, on nomma à sa place le baron d'Esneval.

Prirent part à cette nomination les députés des 4 vicomtés.

Dans cette séance, on délibéra sur les lettres closes du Roi des 20 et 24 oct. précédent, touchant la constitution de 15,000 écus de rente qu'il voulait vendre à la ville (1). On arrêta de remontrer à Mgr de Joyeuse, gouverneur de la province, l'impossibilité de cette mesure, en lui rappelant que les échevins avaient déjà fourni ce qu'ils avaient pu à la constitution des premiers 15,000 livres de rente et que la misère était grande par suite de la maladie contagieuse qui *pullulait* à Rouen.

A cette assemblée générale « étoient séans au dessus des anciens conseillers, MM. Guernyer, prieur de Beaumont, et Guérard, chanoines députés pour le Chapitre ; Sequart, député de l'Eglise de ce bailliage pour assister aux prochains Estats. »

(1) La vente fut faite à la Ville, le 23 déc. 1584, de 15,000 écus, partie de 30,000, contenus dans l'édit de fév. précédent. *Tab. de Rouen.*

Le baron d'Esneval s'excusa à son tour, alléguant sa jeunesse : il n'avait pas encore 18 ans. Carrouges appuya sa demande, et fit nommer à sa place, le 15 nov., Guillaume de Vipart, sieur de Silly.

II.

NOTES DU PREMIER PRÉSIDENT GROULART.

Etats 1584. — « La convention des trois estas de la province de Normandie fut tenue à Rouan le 15 nov. 1584, et y estoient commissaires Messieurs de Joyeuse (1), Carrouges, Le Jumel, sieur de Lisores, second président de la court de Parlement de Rouan (2), de Tillières (3), de

(1) Anne, duc de Joyeuse, premier gentilhomme de la Chambre, pair et amiral de France, pourvu par le roi Henri III du gouvernement du duché de Normandie, mars 1583, fit son entrée à Rouen, comme gouverneur, le 25 mars; tué à Coutras, le 30 oct. 1587. « En l'an 1583 en mars, le roy Henri 3e remist le gouvernement (de la Normandie) en ung, et en fist gouverneur Mr de Joyeuse, son beau-frère, et ses lieutenans, les srs de Carrouges et de la Mailleraye, qui vendirent leur honneur par de l'argent, recevant chacun d'eus 20,000 escus, et se contentans d'estre lieutenans generaus. » Notes de Groulart, Bib. de Rouen, Y, 202.

(2) Pierre Le Jumel, sr de Lisores.

(3) Jacques Le Veneur, comte de Tillières, capitaine de 50 hommes d'armes des ordonnances du Roi, pourvu des charges de bailli et de capitaine de la ville et des châteaux de Rouen, en survivance de son père Tanneguy Le Veneur, sr de Carrouges, lieutenant général de S. M. ès bailliages de Rouen en l'absence de M. de Joyeuse, par lettres du 19 mars 1576. ANSELME, Hist. généal., VIII, 259. « Le 24 sept. 1583, le sr de Grainville (gendre de Carrouges) estant mort, comme si l'on eust supprimé son estat, le sr de Tillières fust déclaré lieutenant général de M. de Joyeuse, à la survivance néantmoins de son père, duquel il n'est pas dit lieutenant, et aux modifications de la Chambre des vacacions fust dit qu'il l'exerceroit comme avoit fait le feu sr de Villebon. » Notes de Groulart. *Ibid.*

Bréauté (1), Du Val, premier président de la Chambre des Comptes en Normandie (2), Groulart sieur de la Court, De la Porte, procureur général en la court de Parlement de Rouen (3), Langlois sieur de Plaimbo, Langlois sieur de Mauteville, Novince (4), Montmor, généraus des finances ès bureaus de Rouan et Caen, et Vauquelin, lieutenant général au bailliage de Caen.

Outre ceus-là, le sieur Bretel sieur de Lanquetot, pour avoir avec moi eu commission d'accompagner, ladite année, ledit sieur de Joyeuse visitant son gouvernement et recevoir les plaintes que les subjects feroient, obtint aussi letres de commission pour assister, cette année seulement, en ladite assemblée, ce qu'il fist et eust séance devant moi.

Ledit jour, d'autant qu'en la commission j'estois nommé devant les thrésoriers généraus, comme aussi estoit ledit procureur général, ils voulurent faire instance pour nous préférer, et fusmes ouïs. Ils remonstroient pour tout que, par les ordonnances contenant la création du thrésorier, il doit précéder tous conseillers de Cours souveraines. Nous disions que généralement en France l'ordre de la justice précédoit celui des finances; qu'ils ne pouvoient parvenir à estre conseillers du Conseil Privé, que nous le pouvions; que nous pourrions estre leurs juges et réformateurs; que pour de l'argent on parvenoit aisément en leurs estas, et aus

---

(1) Chevalier de l'ordre et bailli de Gisors, assista généralement aux Etats, en qualité de Commissaire du Roi, à partir de 1571.
(2) Le même qui précédemment est désigné sous le nom de Destors.
(3) Georges de la Porte, sieur de Montagny.
(4) Guillaume de Novynce, baron de Crespon, sieur d'Aubigny, conseiller de l'hôtel ordinaire de S. M. et de la reine sa mère, président au Bureau des Finances de Caen. Un autre Novynce, Anne Novynce, sr d'Esquay, était trésorier de France au même Bureau, cité 12 août 1585 *(Tab. de Rouen).*

nostres après longues estudes; finallement que nous estions membres dépendans du Privé Conseil; et, suivant ce, fut, ledit jour, jugé par les autres commissaires que nous précéderions, et le procureur général aussi.

Le 16 dudit moys, ledit sieur de Joyeuse proposa au peuple la volonté du Roy au soulagement de son peuple et le soing qu'il avoit de régler son royaume et le remettre en sa pristine splendeur; qu'encor qu'il y eust une infinité de charges, toutesfoys que pour ceste année il remettoit à la Normandie 50,000 escus des sommes qu'il avoit levées l'an passé (1), exhortant tout le peuple à s'efforcer de subvenir au Roy en ses nécessités et que ceste sienne venue servît d'éguillon à les inciter de se largir en leurs offres. Et outre apporta une révocation générale de tous édits de nouvelles inventions que S. M. vouloit estre suprimés.

Après que les gouverneurs ont parlé, le premier président a de coustume de porter la parole pour le mesme effect, et le plus souvent prend son thème sur le devoir des subjects envers leurs princes, et les convie à supporter doucement les charges que la nécessité du temps contraint de leur imposer. Ceste année n'i ayant, pour le décès du premier président (2), autre de pourveu en sa place, le président de Lisores, second président, qui prétend que c'est au deu de sa charge, en l'absence dudit premier, de faire la proposition, l'obtint, n'i ayant personne qui lui peust contredire; et de fait parla en ladite assemblée après ledit sieur de Joyeuse.

Puis furent leues tant la commission que révocation

---

(1) Le Roi demandait 766,077 écus; les Etats n'en offraient que 449,296; ils obtinrent une remise de 50,815 écus, et il fut entendu que sur la somme levée ils auraient 40,000 écus pour le remboursement des officiers.

(2) Claude Groulart, nommé premier président à la place de Jacques de Bauquemare, décédé, prit possession le 6 avril 1585.

d'édits, et fust donné temps de trois jours aux délégués des Estats pour faire leur response et offre.

Ledit 19, fust fait ladite response et offres, se passant le tout pour ceste année sans autre aigreur ni chose de remarque qui fust demandée par les Estas, qui toutesfoys selon la coustume ont esté renvoyés au Roy pour leur estre pourveu sur leurs plaintes et doléances.

Le 20 de novembre 1584, les délégués des Estas demandèrent en leurs cahiers, entre autres choses, qu'il pleust à S. M. décerner commission pour informer contre Me Denis Peloquin (1) pour plusieurs malversations qu'on disoit qu'il avoit commises en l'exécution d'une commission. Il y eust plusieurs avis, d'autant qu'il n'i avoit aucun des délégués qui se fist partie ni qui eust charge en sa procuration de se plaindre nommément de luy, ni qui voulust bailler articles particulièrement sur lesquels on eust peu informer, et que il se falloit donner de garde de laisser insérer dans les cahiers des choses que quelques-uns seulement avoient à ceur. Toutesfoys s'estant présenté ung délégué qui dit que, à la vérité, sa procuration ne contenoit rien, mais qu'il avoit *in mandatis*, on arresta que l'article demeureroit comme il estoit couché, après avoir averti les délégués d'i prendre garde à l'advenir et de ne metre rien aus articles qui ne fust arresté entre eus. Et comme ledit Peloquin se fust présenté devant les commissaires, qui demandoit à estre receu à se justifier et d'avoir partie contre laquelle il se pourroit adresser, fust ordonné seulement que sa protestation seroit insérée après ledit article. »

(1) Denis Pelloquin, conseiller en la Chambre des Comptes, anobli par Henri III, 1582.

III.

PIÈCES DIVERSES.

Noms des députés. — Aux noms des députés qui furent élus à l'Hôtel-de-Ville de Rouen, il faut ajouter ceux de Jean Labbé, de la par. du Fresnay, député du tiers Etat de la vicomté de Rouen, nommé par procuration passée devant le lieutenant général du bailli le 7 oct.; Etienne Dagoumer, de la par. d'Ailly, député du tiers Etat de la v^{té} du Pont-de-l'Arche, nommé le 27 oct.; Etienne Le Brun, de Rougemontier, député du tiers Etat de la v^{té} du Pont-Audemer, nommé le 25 sept., Bernard Thibout, député du tiers Etat de la v^{té} d'Auge, nommé le même jour (1); Jean Le Gay, prêtre, curé de Daubeuf, député de l'Église du bailliage de Gisors; Jean Dehors, député du tiers Etat de la v^{té} de Gisors (2).

ÉTATS D'OCTOBRE 1585.

I.

EXTRAITS DES REGISTRES DE L'HÔTEL-DE-VILLE DE ROUEN.

Lettres du Roi au bailli de Rouen, du 27 août, fixant la réunion des États à Rouen au 15 octobre. Remise au 25 du

---

(1) Voir le Reg. des délibérations de l'Hôtel-de-Ville de Rouen, 14 nov. 1584.

(2) Ces deux derniers présentèrent requête (17 nov. 1584) aux Etats de Normandie pour la suppression de l'office de contrôleur des tailles et aides de Gisors. Elle fut accordée. Voir les Registres de vérification de lettres patentes, F. du Bureau des Finances de Rouen.

même mois par autres lettres du dernier jour de septembre.

Assemblée à l'Hôtel-commun pour l'élection des députés, sous la présidence du lieutenant général du bailli qui fit d'amples remontrances. Prirent part à l'élection : Laillet, procureur du Roi au bailliage de Rouen, 6 conseillers modernes, 2 chanoines de la cathédrale, 8 conseillers anciens, un avocat pensionnaire de la Ville, le procureur de la Ville, les 4 quarteniers, les délégués des 4 vicomtés, 51 curés ou vicaires, dont les noms sont cités, sans compter plusieurs autres curés, vicaires, gens d'église et environ 400 notables bourgeois.

La séance était commencée quand on vit venir Monsr Me Michel de Mouchy, conseiller en la cour, grand vicaire de Monsr le Cardinal, lequel prit séance au banc destiné pour Monsr ou ses grands vicaires.

On nomma pour l'Église, Me François Guernyer, prieur de Beaumont-le-Roger, chanoine et promoteur en l'église de Rouen; pour la noblesse, Messire Antoine de Bigardz, s^r de la Londe, chevalier de l'ordre du Roi; comme conseillers échevins, nobles hommes Pierre Rocque, s^r du Genestay et Jean Trencart.

II.

NOTES DU PREMIER PRÉSIDENT GROULART.

Etats 1585. — « Proposition faite par le sieur de Carrouges et moy. Les députés demandèrent temps de huitaine pour y venir respondre et faire leurs offres. Leur fust dit qu'ils auroient deux jours. Insistèrent fort d'en avoir trois, ce qui leur fust enfin accordé, après toutefois qu'il en eust esté fort disputé entre les commissaires, d'autant qu'ils n'avoient accoustumé de leur bailler qu'un jour seulement et que, par quelque occasion, en ayant esté donné deus, les députés avoient tousjours persisté d'en avoir autant, et que, si on leur en accordoit trois, que ce seroit autant qu'il leur en faudroit cy-après accorder, et qu'en telles assemblées le plus tost qu'on les peut dissoudre est le meilleur, d'autant qu'ils n'ont tant de loisir de faire leurs menées, de façon que le sieur de Carrouges prononcea que ce seroit sans tirer à conséquence par cy-après.

La response se fist le mercredi 3e du moys, où les Estas ne firent plus grant offre que leur accoustumée : et néantmoins fust ordonné par les commissaires que la somme demandée par les députés seroit levée.

Le Roy avoit envoyé une commission à mess. de Lizores, Courvaudon (1), de Gremonville (2) et moi pour faire lire en l'assemblée des Estats le cahier de la reffermation de la coustume nouvellement refformée. Pour ce faire, fust donné ung jour de prolongation, qui fust le mercredi dernier dudit moys, et en la salle archiépiscopale en fust faite la lecture et ordonnames qu'elle seroit insérée à la fin dudit cahier. »

III.

NOMINATION DE DEUX COMMISSIONS POUR LE PORT DU CAHIER ET POUR L'AUDITION DES COMPTES.

« Du jeudi avant midi dernier jour d'octobre 1585, en la maison archiépiscopale de ceste ville de Rouen.

Furent présentz noble et discrecte personne Me Françoys Guernyer, prieur de Beaumont, chanoyne et promoteur en l'église cathédrale N. D. de Rouen, délégué pour l'Eglise au

---

(1) François Anzeray de Courvaudon, nommé président en la Cour du Parlement en 1581.

(2) Raoul Bretel, sieur de Grémonville, conseiller en la même Cour.

baill. de Rouen ; hault et puissant s^r Messire Anthoine de Bigardz, chevalier de l'ordre du Roy, s^r de la Londe, délégué pour la noblesse du bailliage (1) ; nobles hommes Pierre Roque, s^r du Genestay, et Jeh. Trencart, conseillers modernes de la ville de Rouen, delléguez pour lad. ville de Rouen (2) ; honorable homme Jeh. Froissart, de la par. du Boscasse, délégué pour la viconté de Rouen ; Richard Marsollet, de la par. de S. Martin de la Corneille, delégué pour la viconté de Pont-de-l'Arche (3) ; Jeh. Helley, de la par. de Beuzeville, delégué pour la viconté de Pontautou et Pontaudemer (4) ; Robert Gosse, de la par. de Gerrotz, delégué pour la viconté d'Auge (5) ; — noble et discrecte personne Me Nicolas Petit, presbtre, trésorier en l'église collégial de Notre-Dame de Sauqueville, délégué pour l'Eglise au bailliage de Caux ; noble homme Gilles de Gostimesnil, s^r du lieu, dellegué pour la Noblesse dud. bailliage de Caux ; honorable homme Andrieu Le Normant, de par. de Butot, délégué pour la viconté de Caudebec ; Guill. Le Clerc, de la par. de St Aubin, dél. pour la viconté de Montiviller ; Jacques Parmentier, s^r de Caumont, délégué pour la viconté d'Arques ; Jacques Engren, bourgeois de Neufchastel, délégué pour la viconté dud. lieu ; Georges Langloys, demeurant à Gournay, délégué pour la viconté de Gournay ; — discrecte personne Me Simon Le Galloys, prévost du Chapitre de Séez, chanoyne prébendé aud. lieu, délégué pour l'Eglise du bailliage de Caen ; noble homme Thomas d'Oillenson, s^r de St Germain Langot, délégué pour la Noblesse dud. bailliage ; honorable homme N^{as} Le Pelletyer,

---

(1) Signe A. Delalonde.
(2) Nommé le 7 octobre.
(3) Nommé le 26 septembre.
(4) Nommé le 27 septembre.
(5) Nommé le dernier septembre.

sr de la Fosse, dellégué pour la Ville de Caen ; Pierre Le Villain, de la par. de Creuly, dellégué pour la viconté de Caen ; Hemeri Le Quesne, demourant aux faulxbourgs de Bayeulx, délégué pour la viconté dud. lieu ; Alexandre Margueritte, bourgeois de Fallaize, délégué pour la viconté dud. lieu ; Jeh. Mesgnet, demeurant à Vire, délégué pour la viconté de Vire et Condé ; — discrècte personne Olivier Le Got, archidiacre et chanoyne en l'Eglise d'Avranches, dellégué pour l'Eglise du bailliage de Costentin ; noble homme Roulland de Gourfalleur, sr de Bonfossé, dellégué pour la Noblesse dud. bailliage ; Gilles Corbet, demeurant à Coustances, dellégué pour la viconté de Coustances ; Pierre Hue, bourgeois et eschevyn de St-Lô, dellégué pour la viconté de Carentan et St-Lô ; Guill. Jobart, bourgeois de Vallongnes, dellégué pour la viconté de Vallongnes ; Guill. Gérard la Vallette, dem. à Avranches, dellégué pour la viconté dud. Avranches ; Olivier Laurens, demeurant à Sourdeval, dellégué pour la viconté de Mortaing ; — discrecte personne Me Raoul Boullenc, chanoyne et trésorier de l'église N.-D. d'Evreux, délégué pour l'Eglise dud. bailliage ; noble homme Jeh. de La Lande, sr du lieu, dellégué pour la Noblesse dud. bailliage ; honorable homme Pierre De la Roche, bourgeois d'Evreux, délégué pour la viconté dud. lieu ; Pierre Daupelley, demeurant à Beaumont, délégué pour la viconté dud. lieu ; Pierre Langlois, demeurant à Conches, délégué pour la viconté de Conches et Bretheuil ; Jacques Mauduyt, bourgeois de Lisieux, délégué pour la viconté d'Orbec ; — discrette personne Me Symon De la Mare, prebstre, curé d'Escouys, délégué pour les gens d'Eglise du bailliage de Gisors ; noble homme Philippe du Vivier, sr de Villers, dellégué pour la Noblesse dud. bailliage ; honorable homme Jeh. Dehors, bourgeois de Gisors, dellégué pour la viconté dud. lieu ; Symon Le Normant, demeurant à Vernon, délégué pour la viconté de Vernon ; Jeh. Le Vasseur, bourgeois de Pontoise, délégué pour la chastellenye de Pontoise; Jeh. Bradechal, demeurant à Chaumont, délégué pour la viconté dud. Chaumont et Magny ; Jeh. Boulloche, demeurant au Petit-Andeli, délégué pour la viconté dud. lieu; N^{as} Descourtys, demeurant à Lyons, dellégué pour la viconté de Lyons ; — discrecte personne Me Robert Lorel, promoteur de Mgr l'Evesque de Séez, délégué pour l'Eglise du bailliage d'Allencon ; noble homme Françoys de Rupierre, s^r de Seurvye, dellégué pour la Noblesse dud. bailliage; honorable homme Françoys Le Tessier, s^r du Tertre, dellégué pour la viconté d'Allençon ; N^{as} Furault, demeurant à Argenten, dellégué pour la viconté dud. Argenten ; Pierre Couppel, s^r de la Paulinière, délégué pour la viconté de Dampfront ; Edmond Maucorps, demeurant à Verneuil, délégué pour la viconté dud. Verneuil et Chasteauneuf, et Pierre Piau, demeurant à Bellesme, dellégué pour le conté du Perche et chastellenie de Nogent-le-Rotrou ; tous les dessus ditz députez et représentans les gens des trois Estaz en la ville de Rouen en la présente année 1585, suyvant la convencion faicté par le voulloir et commandement du Roy, lesquels, ès dictes qualitez et suyvant le pouvoir porté par leurs procurations, que chacun d'eulx disent porter respectifvement, ont depputé, nommé... lesd. Lorel et Guernyer pour l'Eglise; lesd. s^{rs} de la Londe et Bonfossé pour la Noblesse, et lesd. Dehors et le Tessier pour le tiers Estat, et noble homme Me Jeh. Gosselin, s^r de la Vacherye, procureur desd. Estatz,... ausquelz et à chacun d'eulx ont donné plain pouvoir de poursuyr, vers la Majesté du Roy et nosseigneurs de son Conseil, la responce et expédicion des articles du Cayer, ce jour d'huy arresté et signé desd. s^{rs} députez, sans aucune chose augmenter ni diminuer; et davantage ne pourra le procureur des Estatz faire ni négocier aucune chose des affaires dud. pays durant l'année et jusques aux Estatz prochains sans le commandement desd. sieurs procureurs nommez audit blanc ; et, avenant affaires dud. pays, soit par levées de deniers, non accordez ausd. Estatz, et généralement de toutes autres affaires qui concernent led. pays, sera tenu led. procureur des Estatz en advertir lesd. procureurs pour avec eulx en deslibérer et faire qu'il appartiendra. »

Les mêmes, le même jour, délèguent pour l'audition des comptes, pour l'Eglise : les s^rs Boullenc et Le Got ; pour la Noblesse : les s^rs de Gostimesnil et De la Lande ; De la Roche et Le Normant pour le tiers Etat.

IV.

PIÈCES DIVERSES.

Assemblée du clergé. — 22 juillet 1585, au palais archiépiscopal. Messire Jehan de Lesselie, évêque de Rosse, suffragant, MM. Michel de Mouchy, archidiacre d'Eu, Ch. de la Roque, trésorier, chanoines en l'église de N.-D. de Rouen, vicaires généraux du cardinal de Bourbon, Michel de Bouju, chanoine, Franç. Guernyer, promoteur général de l'archevêché de Rouen, députés du clergé du diocèse dud. lieu ; — Michel Herbelyne, chanoine de l'église de Bayeux, député du diocèse dud. lieu ; Vincent Le Got, archidiacre de Mortain en l'église d'Avranches ; et Martin Bellin, chanoine en lad. église, députés pour le clergé du diocèse dud. Avranches ; Robert Lorel, promoteur et chanoine de l'église de Sées, et frère André Le Noul, prieur de l'abbaye de St Martin de Sées, députés du clergé dud. lieu ; Jeh. Guesbert, pénitencier et chanoyne en l'église d'Evreux, député pour le diocèse dud. lieu ; Jeh. Bezuquet, doyen de l'exemption de Saint-Cande-le-Vieux, député de Lisieux, reconnaissent que, par l'établissement fait en l'assemblée générale du clergé de France, en 1579 et 1580, il fut avisé « qu'il y auroit deux agents en la suite de la cour, pour négocier des affaires occurrentes du clergé, lesquels seroient pris, l'un par les provinces de delà et l'autre dans les provinces de deça la rivière de Loire, pour être en charge pendant deux ans, lesquels étant expirés, autres seroient choisis en leur lieu, chacun d'iceux par l'une des provinces, suivant lequel establissement appartiendroit à ceux de Normandie nommer ung agent pour succéder à M... Nomination de Me Jean Dadré, docteur en théologie, chanoine et pénitencier en l'église métropolitaine de Rouen.

Les mêmes nomment, pour procéder à l'audition des comptes du receveur général du clergé pendant deux ans, Marian de Martimbos, conseiller du Roi au Parlement.

Les mêmes supplient Mgr le cardinal de Bourbon « vouloir faire cet honneur au clergé de sa province, de se trouver en l'assemblée générale du clergé de France, indicte au 25 de ce mois de juillet, ainsi que Messire Anne de Givry, évêque de Lisieux, et Me Marian de Martimbos..., pour demander et requérir l'accomplissement de ce qui est contenu au contrat de Melun.., demander la cassation des autres contrats... Au cas que, en l'assemblée générale, l'on proposeroit au clergé de s'obliger en quelques nouvelles impositions, soyt par forme de décymes, don gratuit ou autrement, déclarer qu'ils n'ont aucune puissance de l'accorder. » *Tab. de Rouen,* Meubles.

ÉTATS DE NOVEMBRE 1586.

I.

EXTRAITS DES REGISTRES DE L'HÔTEL-DE-VILLE DE ROUEN.

Lettres du Roi au bailli, datées du 19 juillet, fixant la réunion des Etats de Normandie à Rouen au 10 oct. — Remise au 15 novembre par autres lettres du Roi, du 10 sept.

Assemblée à l'Hôtel-de-Ville de Rouen sous la présidence du lieutenant général du bailli. Prirent part à l'élection Thomas s^r de Verdun, premier avocat du Roi au parlement, Laillet, procureur de S. M. au bailliage, 5 conseillers modernes, Jehan Bigues s^r de Saint-Désir, chanoine, archidiacre et grand vicaire de Mons. le cardinal, 2 chanoines, 8 anciens conseillers, 1 pensionnaire, le procureur de la Ville, 3 quarteniers, les députés des 4 vicomtés, 30 ecclésiastiques et 27 bourgeois, dont les noms sont donnés, sans compter « plusieurs autres en grand nombre, tant ecclésiastiques, que autres notables bourgeois de la ville. »

On nomma pour l'Eglise, Me Marin Le Pigny; pour la Noblesse, le baron du Bec-Thomas, qui fut, à raison de son absence constatée, remplacé le 11 nov. par Barthélemy de Lymoges, s^r de St-Just; comme conseillers échevins, Richard Grisel, s^r de Franqueville, notaire et secrétaire du Roi, et Etienne De Laval.

II.

NOTES DU PREMIER PRÉSIDENT GROULART.

« Les Estatz estoient termés au 10 octobre; toutes foys ils furent depuis différés jusques au 15 novembre. Y estoient commissaires lesdits sieurs de Joyeuse, Carrouges, de Tillières, de la Court, premier président, Lizore, second président, Breauté, Langlois-Mauteville, premier président des Contes ; Bretel-Lanquetot, Langlois-Plaimbos, président au Bureau de Rouan, Pagalde, Thrésorier (1), Novince, président au Bureau de Caen, Repichon (2), Trésorier, De la Porte, procureur général ; Séguier, grand maître des eaux (3), Vauquelin et Dambray.

Le 16 estant feste, fust l'assemblée remise au lundi 17e, où se trouverent lesdits commissaires, fors les sieurs de Joyeuse, De la Porte, Séguier, Vauquelin et Dambray, et d'autant que Servian, recepveur alternatif à Rouan, n'estoit dans la commission, il obtint lettres à cest effect, lesquelles furent levées aussi ledit jour (4).

Le mesme jour, fust la proposition faite par le sieur de Carrouges et moi, et les députés, parlans par Peigné, chanoine de Rouen (5), demandèrent jusques à jeudi, qui est le 20, lequel leur fust accordé.

(1) Pierre Pagalde, pourvu par le Roi des 2 offices de 6e et 7e Trésorier de France au Bureau des Finances de Rouen, 1582. Ce fut dans son hôtel, situé devant l'église Saint-Ouen, que logea le duc d'Epernon, lors de son entrée à Rouen en 1582 (Arch. de la ville de Rouen).

(2) Michel Repichon, Trésorier de France à Caen.

(3) Jérome Séguier, sieur de Drancy, Bréviande, St-Brisson, capitaine et gouverneur des deux Andelys et du Château-Gaillard, nommé à l'office de grand-maître des eaux et forêts de France au pays et duché de Normandie, par lettres du Roi, 4 sept. 1584.

(4) Enemont Servient, conseiller du Roi et receveur général de ses finances à Rouen. Le 16 mars 1588, il demandait au Bureau des Finances de Rouen d'ordonner fonds à Michel de Bornes, pour convertir au paiement de la taxe à lui accordée pour sa séance aux Etats de 1586.

(5) Marin Le Pigny se sépara du Chapitre pendant la Ligue, et se signala par sa fidélité à Henri IV ; fut vicaire-général du cardinal de Bourbon, et aumônier et prédicateur du Roi.

Le 18, les députés prièrent M. de Carrouges de s'assembler chez lui, et qu'ils vouloient parler de quelques articles desquels ils désiroient estre résolus par S. M. auparavant que respondre sur la demande. Ils deputèrent quelques ungs d'entre eus qui apportèrent une requeste contenant trois chefs : l'un qu'il pleust à S. M. révoquer la commission qui s'exerceoit par les trésoriers généraux qui forceoient les personnes de prester argent au Roy à la charge d'en faire rente sur la recepte générale, encore que l'arrest de la Court de Parlement porte que ce seroit de gré à gré et sur les volontaires ; leur fust respondu qu'on en escriroit à S. M. ; cependant qu'ils s'adressassent à la Cour, et qu'elle feroit deffense d'exécuter que contre les volontaires (1) ; l'autre, que la commission du régalement qui se faisoit par les conseillers de la Court des Aydes fust révoquée, comme le Roy l'avoit promis, lorsque je fus en court (2) ; leur fust aussi promis que par semblable la Cour y pourverroit ; le troisième, que l'on révoquast l'édict de restablissement des nouveaux bureaux d'Election (3) ; leur fust dit qu'ilz missent cest article au cahier. Ils s'en retournèrent contens de ces responses. Le vingtième, se fist la response par l'abbé de Saint-Jean, de la maison de Chailloué (4), où ne se trouva point le sieur de Pagalde, d'autant qu'il entendit que les deputés vouloient l'empescher et dire quelque chose contre lui de fâcheus, de façon qu'avec M. de Carrouges il pensa que, pour ne rien troubler, il s'abstiendroit ceste journée là, faisant le malade.

(1) Allusion à des emprunts forcés qualifiés ventes de rentes sur les Aides.
(2) Régalement des tailles.
(3) Cet édit est du mois de mai 1585. Il fut enregistré à la Cour des Aides le 12 nov. de cette année.
(4) Jean de Vieux-Pont, abbé de S. Jean de Falaise, en 1580, qui devint évêque de Meaux en 1602.

Ledit jour, l'excuse de M. de la Fresnaye (1) fust enregistrée d'autant qu'il ne s'i estoit peu trouver à cause de sa maladie.

III.

NOMINATION DE DEUX COMMISSIONS POUR LE PORT DU CAHIER ET POUR L'AUDITION DES COMPTES.

Du jeudi avant midi, 20 nov. 1586, passé en la maison archiépiscopale (2).

Fut présent noble et discrète personne Me Marin Le Pigny, curé de Sassetot, docteur en médecine, chanoine de Rouen, délégué pour l'Eglise du bailliage de Rouen (3); noble homme Berthélemy de Lymoges, sieur de St-Just, délégué par la Noblesse dudit bailliage; nobles hommes Richard Grisel, sieur de Franqueville, notaire et secrétaire du Roy, et Estienne De Laval, conseillers eschevins modernes de la ville de Rouen, délégués pour lad. ville; Jean Briffault, pour la vicomté dudit Rouen; Jean Le Mercier, pour la vicomté du Pont-de-l'Arche; Loys Denise, pour la vicomté du Pont-Audemer (4); Pierre Le Coq, pour la vicomté d'Aulge (5), délégués pour le tiers Estat dudit bailliage de Rouen; — noble et discrète personne Me Estienne Vion, prestre, curé d'Auzebosc, délégué pour l'Eglise du bailliage de Caux; noble homme Robert de Dampierre, sieur de la Forest, délégué

---

(1) Probablement Vauquelin de la Fresnaye, lieutenant général au bailliage de Caen, cité plus haut sous son nom de Vauquelin.

(2) *Tab. de Rouen.* Meubles.

(3) Le Chapitre de Rouen, avisé de sa nomination le 8 nov. 1586, le dispensa *per totum* « pour estre préparé de mieulx s'acquitter de sa charge ». Registres capitulaires.

(4) De la par. Saint-Mards, nommé le 26 septembre.

(5) Nommé le 23 septembre.

pour la noblesse dudit bailliage; Pierre Pernelle, pour la vicomté de Caudebec; Guill. Le Boullenger, pour la vicomté de Moustiervillier; Thibault De Quièvremont, pour la vicomté d'Arques; François De Cléry, pour la vicomté de Neufchastel; Georges Langloys, pour la vicomté de Gournay, délégués pour le tiers Estat du bailliage de Caux; — noble et discrète personne Me Jehan Gueroult, curé de Rampaon, délégué pour l'Eglise du bailliage de Caen; noble homme Loys de Bordeaulx, sieur du lieu et baron de Coulonches, dellégué pour la noblesse dudit bailliage; Pierre Beaullart, délégué pour la Ville de Caen; Jehan De Quinchie, pour la vicomté dudit Caen; Thomas Vavasseur, pour la vicomté de Baieulx; Jehan De Beauvoyr, pour la vicomté de Fallaise, et Guill. Lambert pour la vicomté de Vire et Condé; — noble homme et discrète personne Me Nicolas Le Matinel, presbtre, chanoine à Coutances, dellégué pour l'Eglise du bailliage de Costentin; noble homme Loys Guillotte, sieur et patron d'Auxais, délégué pour la Noblesse dudit bailliage; Guill. Le Maistre, pour la vicomté de Coutances; Christofle Penon, pour la vicomté de Carantan et Saint-Lô; Jacques Fréret, pour la vicomté de Vallongnes; Hervé Guillard, pour la vicomté d'Avranches; Pierre Le Cointe, pour la vicomté de Mortain; — noble homme Me Robert Toustain, chanoine de Lisieux, délégué pour l'Eglise du bailliage d'Evreux; noble homme Jehan Des Perroys, sieur de Sirfontaine, délégué pour la Noblesse dudit bailliage; Marc Le Gendre, pour la vicomté d'Evreux; Imbert Le Painteur, pour la vicomté de Beaumont-le-Roger; Jean Salmon, pour la vicomté de Conches et Breteuil; Lois Telles, pour la vicomté d'Orbec; — noble et discrète personne Me Pierre Foubert, docteur en la faculté de théologie, curé de Sainte-Geneviève-de-Vernon, délégué pour l'Eglise du bailliage de Gisors; noble homme Hellye de Maynet, sieur de la Tourelle, délégué par la

Noblesse dudit bailliage : Jehan Dehors l'aisné, pour la vicomté de Gisors; Simon Le Normant, pour la vicomté de Vernon; Jehan Le Vasseur, pour la chastellenie de Pontoise; Estienne Le Brun, pour la prévosté de Chaumont et Magny; Laurent Foubert, pour la vicomté d'Andely; Jeh. Huillart, pour la vicomté de Lyons; — noble et discrète personne M⁰ Jehan de Vieupont, abbé de St-Jean, chantre en l'église cathédrale de Séez, délégué pour l'Eglise du bailliage d'Alençon; noble homme Messire Charles de Royers, chevalier de l'ordre du Roy, sieur de la Brisellière, délégué pour la Noblesse dudit bailliage; Robert Paulmier, pour la vicomté d'Allençon; Symon D'Almenesches, pour la vicomté d'Argenten; Jehan Bourgouain, pour la vicomté de Damfront, et Jacques Boullenger, sieur de la Troche, pour le comté du Perche et chastellenie de Nogent-le-Rotrou,

Députent, pour l'Eglise, l'abbé de St-Jehan, Toustain, chanoine de Lisieux; pour la Noblesse, les sieurs de St-Just et d'Auxais; pour le tiers Estat, Pierre Beaullart et Jehan Dehors, avec M⁰ Jeh. Gosselin, procureur syndic des Etats, « auxquels ils donnent plein pouvoir de poursuivre, vers la majesté du Roy et Messeigneurs de son Conseil, la responce et expédition des articles du cayer arresté et signé desdits sieurs depputez, sans aulcune chose augmenter ny diminuer en général et en particulier, obligeans tous les biens et revenus de ce païs de Normandie, ainsi que faire le peuvent. » Présents Jacques Louchel (?) et Michel Basiret, huissiers des Etats. — Suivent les signatures.

Les mêmes, le même jour, nomment pour l'Eglise, Le Pigny et Foubert; pour la Noblesse, Des Perrois et le sieur de la Brisellière; pour le tiers Etat, Le Normant et Paulmier, avec Gosselin, procureur syndic des Etats, « avec charge d'être présents et assister à l'audition des Comptes et frais communs qui seront présentés à Messeigneurs les Trésoriers généraux des finances. — Suivent les signatures.

IV.

PIÈCES DIVERSES.

Droit reconnu à la ville de Caen d'être représentée aux Etats par un député particulier, décembre 1586. — Lettres patentes de Henri III, autorisant les habitants de la ville de Caen à députer un d'entre eux pour assister à toutes les assemblées d'Etats, généraux et provinciaux, et au département des tailles, à y avoir voix délibérative, à son rang et séance, et à percevoir la taxe de 13 écus un tiers qui sera délivrée à ce député pour ses frais et dépens.

17 octobre 1587, requête de Jacques Du Moustier, l'un des échevins de Caen, député pour cette ville à l'assemblée des Etats de Normandie, pour obtenir que les lettres-patentes précitées fussent entérinées au greffe des Etats.

2 janvier 1592, lettres patentes de Henri IV, au camp devant Rouen, portant confirmation des lettres de Henri III. — 7 mars, même année, ordonnance de la Chambre des Comptes séante à Caen, portant qu'en considération de la fidélité des habitants de cette ville lesdites lettres seraient enregistrées (1).

Commissaires nommés par les Etats pour les Etapes. — Par acte du 20 nov. de cette année (1586), les délégués des

---

(1) *Matrologe de la ville de Caen*. — Requête des échevins de Caen aux commissaires des Etats de Normandie, pour obtenir que la taxe de leur député fût levée, comme celle des autres mandataires, sur les deniers communs du pays, 20 novembre 1586, *Ibid*. — En 1583, il s'était élevé une contestation entre les habitants de la ville de Caen et ceux du plat pays et vicomté pour l'Election du député du tiers Etat.

gens des trois Etats du pays, charges et Généralités de Normandie, commettent Robert Mahiel, sieur du Bosc, Guillaume Picot de Beuzeville, fils Martin, et François Hulline, sur le fait des étapes pour le passage des gens de guerre en la vicomté de Pont-Autou et Pont-Audemer, durant une année commençant à ladite Convention 20ᵉ novembre 1586 et finissant à la Convention à venir 1587; savoir ledit Mahiel pour commissaire de la vicomté du Pont-Audemer, ledit Guill. Picot pour faire la recette par le menu et tenir compte des vivres, victuailles et argent comptant qu'il conviendra lever sur les contribuables de ladite vicomté pour la fourniture desdites étapes, et ledit Hulline pour contrôleur (1).

ÉTATS D'OCTOBRE 1587.

I.

EXTRAITS DES REGISTRES DE L'HOTEL-DE-VILLE DE ROUEN.

Lettres du Roi, du 12 septembre, fixant la réunion des Etats à Rouen, au 15 octobre.

Assemblée à l'Hôtel-de-Ville sous la présidence du lieutenant-général du bailli.

Prirent part à l'élection, les fonctionnaires et officiers précédemment cités, les députés des 4 vicomtés, 36 curés, tous étrangers à la ville, 10 bourgeois, nommés, et « plusieurs autres desquels n'a peu estre prins les noms pour leur subite départie ».

On nomma, pour l'Eglise, Nicolas Buret, curé de Saint-

---

(1) Dom Lenoir, *La Normandie, anciennement pays d'Etats*, p. 240-241.

Vivien; pour la Noblesse, François de Cormeilles, sieur de Tendos; comme conseillers échevins, nobles hommes Thomas Dupont, et Pierre Guillots, sieur de Touffreville.

II.

NOTES DU PREMIER PRÉSIDENT GROULART.

« Les Estas estoient termez au 15ᵉ octobre, et toutes foys, d'autant que la commission ne fust apportée que le jeudi 15, bien tard, la proposition ne se fist que le 16, par M. de Carrouges et moy.

» Avant qu'entrer, l'huissier, premier nommé (1), fust receu, et lui fist faire M. de Carrouges le serment. Ledit estat est à la nomination du gouverneur, et aussi cestui-ci avoit letres de provision de M. de Joyeuse. Après se présenta ung différend entre deux autres huissiers, l'un s'estant fait pourveoir par Monsʳ de Joyeuse, l'autre par les Estas qui prétendent avoir droit de ladite nomination, et arresté que, par manière de provision, l'un et l'autre y demeureront jusques à ce qu'autrement en fust ordonné, à la charge qu'ils n'auroient pour eux deux que les gages d'un seulement.

» Après la proposition faite, le curé de Saint-Vivian, pour les députés, parla et demanda temps jusques à mardi; il lui fust donné jusques à lundi 19 du moys.

» Les commissaires estoient Mʳˢ de Joyeuse, Carrouges, Tillières, moi, le président Lysore, Bréauté, Mauteville,

---

(1) 2 fév. 1588. — Michel Baziret pourveu par les Etats à la charge d'huissier, requiert le Bureau des finances d'ordonner qu'il sera payé de ses gages nonobstant les arrêts faits sur iceux par Ellye Laurens; il invoquait une ordonnance des commissaires députés en l'auditoire du compte des Etats, du 4 oct. 1587. Le Bureau des finances fit droit à la requête de Baziret.

Bretel, Le Prestre, St Bonnet (1), Montmor, De la Porte, Vauquelin et les deux recepveurs, qui s'y trouvèrent, fors ledit sieur de Joyeuse, Bréauté et Le Prestre (2).

La response se fist par le curé de Saint-Vivian (3). Il n'i eust rien de remarquable en ces Estas-là, sinon que la vois du député du tiers estat de Falaise qui détestoit une compagnie en laquelle parler du païs estoit reputé sacrilège. Il s'apelloit Boileau (4). Au Cahier ils voulurent taxer MM. Chandor et Langlois, commissaires de l'Edit de 30,000 escus de rente (5); l'article se passa sans nommer personne. Et aussi qu'estans avertis que M. de Guyse, au conté d'Eu, faisoit faire une arrière-ban separé de Caux, et qu'ils eussent à en demander révocation, ils dirent qu'ils ne vouloient en rien préjudicier audit sieur de Guise, et principalement les prestres (6). »

(1) Jean Camus, sieur de Saint-Bonnet et de la Chapelle, conseiller notaire et secrétaire du Roi et de ses finances.

(2) Guillaume Le Prestre, Trésorier de France au Bureau des finances de Rouen.

(3) Nicolas Buret, chanoine de la cathédrale et archidiacre d'Eu, décédé le 6 janvier 1605 et enterré dans le chœur de Saint-Vivien ; se signala comme ligueur pendant les troubles.

(4) Le nom du député du tiers-état de la vicomté de Falaise était Guillaume Le Normant. Peut-être Boileau était-il un sobriquet. La compagnie à laquelle Groulart fait allusion ne pouvait être que la Cour des Aides, constamment vue de mauvais œil par les Etats, à raison de ses attributions fiscales, et par le Parlement, qui voyait en elle une rivale.

(5) Allusion aux lettres-patentes du Roi, du 20 mai 1586, pour vente forcée de 30,000 escus de rente sur les aides et tailles en Normandie. La part de Rouen avait été fixée à 17,500 écus. Comme la Ville ne se prêtait pas aux intentions du Roi, le président de Chaudon reçut ordre de procéder par cotisation et contrainte. La Ville se décida à offrir, le 1er septembre 1586, 150,000 écus. Voir délib. de l'Hôtel-de-Ville de Rouen.

(6) En marge, de la main de Groulart. « Nota Ligue ».

III.

NOMINATION DES DEUX COMMISSIONS POUR LE PORT DU CAHIER ET POUR L'AUDITION DES COMPTES.

« Du lundi avant midi, 19 octobre 1587, passé au manoir archiépiscopal de Rouen.

Furent présents discrète personne Me Nicolas Buret, presbtre, curé de Saint-Vivien de Rouen, délégué pour les gens d'Eglise au bailliage de Rouen; noble homme François de Cormeilles, sieur de Tendos, délégué pour les Nobles aud. bailliage de Rouen; nobles hommes Thomas Dupont et Pierre Guillots, sieur de Touffreville, notaire et secrétaire du Roy, conseillers eschevins de ceste ville de Rouen, déléguez pour la ville de Rouen; honorable homme Abraham Desabris, demeurant à Sideville, délégué pour le tiers Estat de la viconté dudit Rouen (1); honorable homme Jehan Nicolle, demeurant à Ellebeuf, dellegué pour la viconté du Pont de l'Arche; honorable homme Gaultier Baudain, demeurant à Conteville, délégué pour la viconté du Pontaudemer et Pontautou (2); honorable homme Marin Le Chanteur, demeurant à St Saulveur de Dyve, délégué pour la viconté d'Aulge (3); — vénérable et discrète personne Me Jehan de Clery, doien au doienné de Neufchastel et curé de l'église N. D. dud. lieu, délégué pour l'Eglise du bailliage de Caux; noble et puissant seigneur Anthoine de Canouville, chevalier, sieur de Raffetot, délégué pour les Nobles du bailliage de Caux; honorable homme Jacques Le Fèvre, demeurant à Saint-Valery en Caux, délégué pour la viconté de Caudebec;

(1) Nommé le 10 octobre.
(2) Nommé le 5 octobre.
(3) Nommé le même jour.

honorable homme Jacques Reaulté, laboureur de la parroisse de Saint-Germain de Moustiervillier, délégué pour le tiers Estat de la viconté dudit Moustiervillier; honorable homme Nicolas Héron, laboureur, demeurant à Bertreville, délégué pour la viconté d'Arques; honorable homme Jacques Engrend, bourgeois de Neufchastel, délégué pour la viconté dud. Neufchastel; honorable homme Georges Langloys, demeurant à Gournay, délégué pour la viconté dud. Gournay; — discrète personne Me Philippe Le Vavasseur, chanoine du Saint-Sépulcre de Caen, délégué pour les gens d'Eglise dud. bailliage de Caen; noble seigneur Messire Jehan de Percy, chevalier de l'ordre du Roy, sieur de Cloz, délégué pour les gens Nobles dud. bailliage de Caen; honorable homme Jacques Du Moustier, demeurant à Caen, délégué pour la Ville dudit Caen; honorable homme Medartz Hébert, de la paroisse de Vaulx, délégué pour le tiers Estat de la viconté dud. Caen; honorable homme Jeh. Durand, bourgeois de Bayeulx, délégué pour le tiers Estat de la viconté de Bayeulx; honorable homme Guill. Le Normant, demeurant à Villers, délégué pour le tiers Estat de la viconté de Fallaize; honorable homme Antoine Laumosnier, demeurant à Vire, délégué pour la viconté dud. Vire et Condé; — discrète personne Me Vincent Le Got, chanoine et archidiacre d'Avranches, délégué pour les gens d'Eglise du bailliage de Costentin; noble homme Jehan de Hennot, sieur de Cosqueville, délégué pour les Nobles dud. bailliage de Costentin; honorable homme Raoul Grenesai, demeurant à la chastellenie de Grandville, délégué pour la viconté de Coustances; honorable homme Me Pierre Sanson, demeurant à Saint-Lô, délégué pour la viconté de Carenten et Saint-Lô; honorable homme Jehan Boullon, de la paroisse de Tourlaville, délégué pour la viconté de Vallongnes; honorable homme Gilles Langloys, bourgeois de la ville d'Avranches, délégué pour la viconté d'Avranches; honorable homme Jean Legot, pour la viconté de Mortaing; — discrète personne Me Jeh. Saulmont, chanoine à Evreux, délégué pour les gens d'Eglise du bailliage d'Evreux; noble homme Mons. Henry, sieur des Vietz, délégué pour les Nobles dud. bailliage d'Evreux; honorable homme Thomas Le Mareschal, bourgeois d'Evreux, délégué pour le tiers Estat de la viconté d'Evreux; honorable homme Nicolas Beroult l'aisné, demeurant à Beaumont-le-Roger, délégué pour la viconté dud. Beaumont; honorable homme Pierre Langloys, bourgeois de Conches, délégué pour la viconté de Conches; honorable homme Sébastien Duval, demeurant à Bernay, délégué pour la viconté d'Orbec; — discrète personne Me Simon Delamare, curé d'Escouys, délégué pour les gens d'Eglise du bailliage de Gisors; noble homme Robert Le Bret, sieur de Neucourt, délégué pour les Nobles dudit bailliage; honorable homme Jeh. Dehors l'aisné, bourgeois de Gisors, délégué pour la viconté dud. Gisors; honorable homme Nicolas Le Moyne, procureur-syndic de la Ville de Vernon, délégué pour la viconté dud. Vernon; Claude Vatherie, délégué pour la viconté de Pontoise; honorable homme Martin David, du Grand-Andely, délégué pour la viconté dud. Andely; honorable homme Pierre Aubin, demeurant en la paroisse de Bezu, délégué pour la viconté de Lions; — discrète personne Me Christophe Rouillé, presbtre, curé de Condé, délégué pour les gens d'Eglise du bailliage d'Alençon; noble homme Guill. Le Coustellier, sieur de Bourses, délégué pour les Nobles du bailliage d'Alençon; honorable homme François Hardi, bourgeois d'Alençon, délégué pour la viconté dud. Alençon; honorable homme Lucas Badoire, demeurant à Argenten, délégué pour la viconté dud. Argenten; honorable homme Pierre Couppel, sieur de la Poüillinière, demeurant à Dampfront, délégué pour la viconté de Dampfront;

honorable homme Emond Maucorps, bourgeois de Verneuil, délégué pour la viconté de Verneuil et Chasteauneuf en Thimeroys, députent pour poursuivre, vers la Majesté du Roy et nos seigneurs de son Conseil, la responce et expédition des articles du Cayer, arresté et signé des députez sans aucune chose augmenter ni diminuer, Buret et Saulmont pour l'Eglise ; de Percy, seigneur de Clos et Henry, seigneur de Vietz, pour la Noblesse; Dehors et François Hardy, pour le tiers Estat. » — Les mêmes, le même jour, députent, pour assister à l'audition des Comptes, Le Got et De la Mare pour l'Eglise; — de Tendos et Le Bret, pour la Noblesse; Dumoustier et Maucorps, pour le tiers Etat, avec Jean Gosselin, procureur syndic.

« Mercredi 4 octobre 1587, en l'escriptoire du tabellionage de Rouen.

« Marin Le Chanteur, de la viconté d'Aulge, Gaultier Baudain, de la viconté de Pontautou et Pontaudemer, Pierre Langlois, de la viconté de Conches et Breteuil, Jeh. Nicole, de la viconté de Pont de l'Arche, demeurant à Ellebeuf, délégués pour le tiers Etat, délèguent (noms en blanc) pour comparoir par devers la majesté du Roy et nosseigneurs de son Conseil. »

IV.

PIÈCES DIVERSES.

Taxes aux députés qui avaient porté le Cahier au Roi.— 18 janvier 1588. « Sur la requeste présentée par Jehan Dehors, procureur scindicq des habitans de Gisors, l'un des depputez pour porter le cahier des Estatz par devers le Roy, ad ce que taxe luy soict par nous faicte de seize et douze journées, par luy vacquées tant à aller, séjourner, que retourner pour l'obtention des lettres pour la révocation de la levée des bledz (1), et ordonner paiement luy estre faict de la somme de 32 escus 12 s. pour le sceau desd. lettres, 4 escus à Monsr Bagneaux, secrétaire, et 2 escus 30 s. pour la grosse d'icelle et commission obtenue pour les 40,000 escus et arrière-ban de Caen (2). Veu le consentement du procureur des Estatz de Normandie, auquel lad. requeste a esté communiquée, et après affirmation faicte par led. Dehors desd. journées vacquées et du paiement par luy faict des sommes contenues en lad. requeste, avons taxé au suppliant la somme de 36 escus pour les douze journées à raison de 3 escus par jour, qui luy seront paiez par Me Michel de Bornes, avec les sommes contenues en lad. requeste, auquel mandons ainsy le faire sans difficulté.

» Sur la requeste presentée par led. Dehors, ad ce que taxe luy soit faicte de dix journées par luy vacquées à la poursuitte des commissions pour l'arrière-ban du bailliage de Caen et la diminution de 40,000 escus sur le païs de Normandie et ordonner paiement de 4 escus 10 s. pour le sceau de la commission de l'arrière-ban, Veu le consentement dudit procureur des Estatz, et après affirmation faicte par ledit Dehors, avons taxé la somme de 30 escus pour lesd. 10 journées à raison de 3 escus par jour, qui luy sera paiée par Me Michel de Bornes avec lad. somme de 3 escus 10 s., auquel mandons ainsy le faire sans difficulté. »

9 mai 1588. — Le même demande « taxe pour ses vacations d'avoir été, le 20 janvier précédent, à Paris, pour sup-

(1) En 1586, la Ville de Rouen s'était déjà opposée à la traite des blés. « Ceste Générallité n'est païs de blarie, et en la meilleure et plus fertile année a besoing et est secourue des circonvoisins, mesmes des païs estrangers qui en font venir par mer. » 5 mars 1586. Délib. de l'Hôtel-de-Ville de Rouen.

(2) Il avait obtenu une diminution de 40,000 escus.

plier S. M. de décharger la province de la levée de 40,000 escus. » Il y avait employé 88 journées, y compris son retour. (*Expéditions du Bureau des Finances de Rouen du 4 janv. au 29 juillet 1588*).

Dernier mois 1588. — « Jehan Saulmon, docteur en théologie, chanoine et théologal d'Evreux et député, pour l'Etat de l'Eglise de la province de Normandie, à porter et présenter au Roy le Cahier des remontrances des Estats de lad. province faict et résolu en la Convention desd. Estats tenue en la ville de Rouen le 15 oct. et autres jours ensuivans 1587, reconnaît avoir reçu de Michel de Bornes, trésorier des Etats, 79 écus sol, faisant le reste de 119 escus à lui taxés pour ses peines d'avoir vaqué avec les députés du pays, par l'espace de 34 jours, tant à porter led. Cahier qu'à solliciter la réponse de S. M. sur chacun article d'iceluy, qui est, à la raison de 3 écus 30 sous par jour, suivant la taxe de ce faite au Conseil privé de S. M. le 17 nov. 1587. (*Tab. de Rouen*, Meubles.)

Paiement à l'imprimeur du Cahier des Etats de Normandie. — 16 mai 1588. Vu le certificat du procureur des Etats, ordre par le Bureau des finances à Michel de Bornes, trésorier desd. Etats, de payer à Martin Le Mesgissier, libraire, 6 escus pour l'impression du Cahier de 1587, « ainsi qu'il a accoustumé d'avoir par chacun an. » (Expéditions du Bureau des finances.)

Insuffisance des revenus pour le paiement des charges. — 4 mai 1588. « Mandement du Roi du 29 mars dernier pour paier, des deniers tant ordinaires qu'extraordinaires du quartier de janvier, mesme de ceulx laissez en fondz par l'estat du Roy pour la descharge du païs de Normandie, à M⁹ Germain Le Charron, trésorier de l'Extraordinaire des

guerres, la somme de 4,091 escus faisant partie de 7,425 escus à luy ordonnez pour convertir et emploier au faict de son office, mesme au paiement de la solde et entretènement des gens de guerre tenans garnison en aucunes villes et places fortes du gouvernement de Normandie, estatz et appointemens des gouverneurs et officiers entretenus par S. M. èsd. garnisons pour 2 moys de la présente année. Ne peult led. mandement estre acquitté, attendu que les deniers, tant ordinaires qu'extraordinaires du quartier de janvier, revenans bons à l'Espargne, ont esté par le receveur général paiez, et que depuis qu'il nous a esté mandé de faire lever les deniers de lad. descharge, montant à 40,000 escus, qui est, pour la Générallité (de Rouen) 26,666 escus, sur la remonstrance faicte au Roy par les depputez et procureur des Estatz de Normandie, S. M. a, en son Conseil, ordonné que led. pays seroit deschargé de 12,000 escus suivant ses lettres-patentes du 7 avril dernier, et que desd. 40,000 escus il n'en seroit levé que 27,000 escus, qui seroit, pour la portion desd. 26,666 escus, 18,666 escus sur lesquelz le paiement des gaiges des officiers des Ellections nouvellement restablies est assigné, montant à plus de 15,000 escus, au moien de quoy tant s'en fault que le présent mandement puisse estre acquitté, que d'autre, montant 10,300 escus levés sur la mesme nature au nom dud. Le Charron, il ne s'en peult acquitter que ce qui restera desd. 18,000 escus, les gaiges desd. officiers paiés, qui pourront estre environ 3,000 escus. »
(Ibidem.)

ÉTATS D'OCTOBRE 1588.

I.

EXTRAITS DES REGISTRES DE L'HÔTEL-DE-VILLE DE ROUEN.

Lettres du Roi, datées de Chartres, 15 août 1588, fixant la réunion des États, à Rouen, au 1ᵉʳ octobre.

Assemblée à l'Hôtel-de-Ville de Rouen, sous la présidence du lieutenant-général du bailli. Prirent part à l'élection, après les quarteniers, 47 ecclésiastiques (pas un seul n'était de Rouen), quelques nobles (Richard de Martainville, seigneur du lieu, Jacques de la Rivière, sieur de Saint-Denis des Monts, Mathieu de Recusson, sieur de Gruchet, Jean de Croismare, sieur de Gréaulme, Franç. de Cormeilles, sieur de Tendos), plusieurs bourgeois, dont 10 seulement sont nommés. — Le député de Pont-de-l'Arche avait fait défaut, et on eut soin de le constater sur le registre.

On nomma, pour l'Église, Marin Le Pigny ; — pour la Noblesse, N. H. Jacques Du Bosc, sieur de Coquereaumont ;— comme conseillers échevins, nobles hommes Octovien Bigot, sieur d'Esteville, et Simon Le Pigny, sieur des Costes.

« De par le Roy,

« Notre amé et féal, pour aulcunes causes qui touchent le bien de notre royaulme, nous avons ordonné la Convencion et assemblée des gens des troys Estatz de notre païs de Normandie estre tenue en notre ville de Rouen au premier jour d'octobre prochain venant, où nous envoyrons aulcuns grandz et notables personnages pour leur dire et remonstrer les causes qui nous meuvent de ce faire. Sy vous mandons que vous faictes assembler les gens des troys Estatz de votre bailliage, et leur ordonnez bien et expressément de par nous que, audit lieu et jour, ils envoyent jusques au nombre de six personnes, c'est assavoir ung de l'Estat de l'Église, ung homme Noble et les aultres quatre de l'Estat commun, qui soient esleuz, ung pour chacune viconté respectivement de votre jurisdiction, ce que voullons estre faict en icelles vicontez, en la présence des Esleuz soubz la jurisdiction desquelz la plus part des habitans desd. vicontés seront contribuables actuellement à nosd. tailles et impostz, et qu'ils ellisent aussy deux conseillers de notre ville de Rouen, pour assister en lad. assemblée, garniz de pouvoir suffisant de la part desd. Estatz, et que aulcuns desd. delléguez, soient de l'estat de l'Église, de la Noblesse et de l'Estat commun, ne soient de noz officiers, ne leurs lieutenantz commis ou substitudz, advocatz, ne gens de pratique en aulcune manière, ainsi que plus amplement il vous a esté mandé aux précédentz Estatz ; et gardez qu'il n'y ayt faulte. Donné à Chartres, le quinziesme jour d'aoust 1588. Signé : HENRY ;

   Et plus bas : PINARD, ung paraphe.
   DANIEL (copie). »

« Messieurs, nous avons receu lettres du Roy pour la Convention et assemblée des troys Estatz de ce pays de Normandye, desquelles vous envoyons coppie approuvée, à ce que, icelle receue, vous la faciez lire, publier et enregistrer, et procéder à la nomination de l'un du tiers Estat de votre viconté et faire sçavoir à tous les ecclésiasticques en chef et gentilzhommes ayans domicilles en votre viconté, que vous ferez assigner en personne ou à domicille, avec rellation, à ce qu'ilz ayent à comparoir et eulx trouver en la grande salle de l'Hostel commun de ceste ville de Rouen, au mardi 27e jour de septembre prochain, une heure après midy, pour, ledict jour, avec les aultres gens d'Église et de la Noblesse et les députez du tiers Estat des autres vicontez, procedder à l'ellection et nomination de deux personnes, l'un de l'Estat ecclésiastique et l'autre de Noblesse de ce dict bailliage, pour assister à la Convention desditz Estatz, termez à tenir au premier jour d'octobre prochain, ainsy et en la forme qu'il est porté par lesd. lettres, et qu'il a esté observé et accoustumé par cy-devant; et à ceste fin nous renvoyerez en temps deu les procès-verbaulx des diligences qu'en aurez faictes, ce que nous vous prions faire à ce qu'il n'en advienne faulte. N'estant la présente à aultre fin, nous prierons Dieu,

Messieurs, vous tenir en sa saincte et digne garde. A Rouen, le samedy 20e jour d'aoust 1588.

> Vos confrères et bons amys les lieutenant général, advocat et procureur du Roy au bailliage de Rouen,   J. CAVELIER. »

« Jacques Cavelier, escuier, conseiller du Roy, lieutenant général au bailliage de Rouen, commissaire en ceste partie, aux sergeans royaulx de ceste viconté et à chacun d'iceulx, salut. Nous, pour l'exécution des lettres du Roy, données à Chartres le 15e de ce mois, vous mandons et commectons par ces présentes qu'aiez à vous transporter en chacune des parr. de voz sergeanteries, et illec signiffiez aux trésaieurs (sic pour trésoriers) desd. parroisses, qu'ilz aient à s'assembler à jour de dimenche, yssue de messe parroissial, eslire et nommer ung ou deux de leurs parroissiens pour assister, au prétoire de ce bailliage, à vendredy, 23e jour de septembre prochain, de matin, pour, avec les autres parroissiens des autres sergeanteries de ceste viconté, eslire et nommer ung delégué pour le tiers Estat pour assister à la convocation desd. Estats de ce païs, termée à tenir en ceste ville au premier jour d'octobre prochain; et lesquelz parroissiens qui seront nommez à l'issue desd. messes parroissiales apporteront ung bultin signé du curé, vicaire et tésauriers, qui contiendra comme ilz auroient esté nommez pour comparoir en cedit prétoire et celluy qu'ilz auront chargé de nommer pour dellegué ; et par mesme moien assignez les ecclésiastiques en chef, sçavoir est : les abbez, prieurs, curez et vicaires seulement, mesmes les gentilzhommes aians leurs domicilles en votre sergeanterie, en parlant à leurs personnes et domicilles, de se trouver à la grande salle de l'Hostel-commun de ceste ville de Rouen, au mardy 27ᵉ de septembre, une heure de rellevée, pour, ledit jour, avec les autres gens d'Église, de la Noblesse et députez du tiers Estat, tant de ceste viconté que des autres vicontez de ce bailliage, procéder à l'élection et nomination de deux personnes un de l'Estat ecclésiastique, et l'aultre de Noblesse de cedit bailliage pour assister à la convercion desd. Estatz au premier jour d'octobre, ainsy qu'il est accoustumé, vous enjoignant de vous représenter en personne ausd. jours 23ᵉ et 27ᵉ de septembre prochain ; et apportez procès-verbaulx des exploictz que aurez faictz, l'un pour la convencion dud. 23ᵉ septembre, et l'autre pour l'assemblée qui se fera audit Hostel-commun, le 27ᵉ dudit moys ; et ce à peyne de suspension de vos estatz et de 20 escus d'amende. Donné à Rouen, le 20ᵉ jour d'aoust 1588.

Signé : Daniel.

II.

NOTES DU PREMIER PRÉSIDENT GROULART.

Etats de 1588. — « Le Roy avoit termé la tenue des Estas le premier octobre 1588. La commission vint seulement le second, et fismes la proposition monsʳ de Carrouges et moy, le 3 dudit mois. Il y avoit pour commissaires messieurs de

Montpensier (1), Carrouges, Tillières, moi, le président Lizore, Bréauté, Mauteville, Plaimbos, La Barre (2), Novince l'aisné, Peloquin, Bretel, La Porte, Vauquelin, Dambray et Servian qui s'y trouvèrent, fors les sieurs de Montpensier, Vauquelin, Dambray et Servian.

Auparavant que d'entrer, M. de Lanquetot-Bretel, voyant que contre la teneur des autres commissions, èsquelles il avoit esté les années précédentes, on l'avoit, ceste année, mis après les Thrésoriers généraux, comme il vouloit en faire instance, les sieurs de Plaimbos et autres luy recongnurent qu'ils l'attribuoient à vice de clerc et au changement de garde des seaus et secrétaire des commandemens, et qu'ils lui céderoient sans qu'il fust question d'en faire plus grande instance; et, de fait, il marcha et s'assist devant eus; et si, en lisant la Commission, le greffier le mist avant lesdits Thrésoriers.

Les députés firent quelque instance du nombre des commissaires qu'ils vouloient estre réduyt; toutes fois cela se passa de ceste façon.

Par après ils rentrèrent, et firent remonstrance qu'il y avoit des Thrésoriers qui, contre l'opposition formée par le procureur des Estas, avoient ordonné que on lèveroit 15 fr. pour minot de sel d'augmentation, que telles gens ne pouvoient estre agréables aux Estats et qu'ils eussent à se départir. Fut dit par les dits de Plaimbos et La Barre que ce qu'ils en avoient fait estoit à cause d'un arrest du Conseil d'Estat qui avoit esté donné depuis lad. opposition, et qu'ils en feroient apparoir. Ils se contentèrent. Depuis encor, ils rentrèrent, et

---

(1) François de Bourbon, duc de Montpensier. Il avait été nommé, le 26 mai 1588, au gouvernement de Normandie, en remplacement du duc d'Epernon, qui avait succédé au duc de Joyeuse.

(2) Claude De La Barre, trésorier général de France au Bureau des finances de Rouen.

remontrèrent que ledit sieur De La Barre, en la recherche des Thrésoriers l'an 1584, avoit esté noté, et partant qu'il estoit incapable d'y assister. Leur fust dit qu'il y avoit arrest du Conseil, par lequel il avoit esté déclaré innocent, et, de fait, que depuis, assavoir l'an 1586, il avoit esté reçeu en son estat de Thrésorier général (car lors de la dite recherche, il estoit seulement greffier du Bureau), et que l'on avoit informé de sa vie et preud'hommie, suivant quoi y avoit esté reçeu et exerçoit. Ils s'en contentèrent aussi.

Lorsque nous fusmes entrez en la salle, il se trouva que, pour les bailliages de Caux et Caen, il n'i avoit point de Noblesse. Le procureur des Estas requist qu'il fust donné deffault à l'encontre d'eus, et, pour le profit d'icelui, qu'il fut procédé outre à la commission et tenue, et que ce qui y seroit arresté fût tenu et observé ausd. bailliages, aussi bien que s'ilz y eussent esté présens, et que mandement lui fust accordé pour faire adjourner pour venir dire les causes de leur refus ou absence : ce qui fust ordonné par les commissaires.

Il y eust aussi la chatelnie de Montereul à Alençon qui avoient député, mais il fust arresté que tant l'Ecclésiastique que le Noble sortiroient, et qu'ils ne seroient tenus du nombre des commissaires, attendu qu'ilz n'avoient accoustumé d'en élire.

Le lendemain, qui estoit le 4, les députés, s'estans assemblés au lieu ordinaire, déposèrent M. Jean Gosselin de l'estat de procureur syndic, et à l'heure mesme firent faire le serment à M. Thomas, advocat en la Court, lequel accepta la charge ; et, ayant sommé ledit Gosselin de leur rendre les letres et escritures concernans les affaires du païs, sur le refus qu'il en fit, députèrent quelques ungs d'entre eus, lesquels allèrent seeler la maison dudit Gosselin, et peu après se retirèrent par devers nous afin de contraindre ledit Gosselin, lequel s'estant trouvé déclara qu'il s'opposoit à la destitution qu'ils avoient faite, et empeschoit la délivrance des letres. Ils respondirent qu'ils ne nous vouloient congnoistre à juges sur l'opposition ; qu'ils pouvoient faire la destitution *pleno jure ;* que ce n'estoit qu'ung simple procureur, qui se pouvoit révoquer *ad nutum, etiam non expressâ causâ.* La-dessus s'en retournèrent, après leur avoir signifié que nous assemblerions après disner. Et, estans à S. Ouen, se seroient derechef présentés, et ledit Gosselin aussi, qui nous auroit présenté par escrit les causes de son opposition, qui estoient que, l'estat de procureur-syndic ayant esté baillé à feu son père dès l'an 1529 (1), qui l'auroit exercé jusques à son décès qui fust l'an 1569 (2), il fut esleu par les deputés en sa place, fit et presta serment ès mains des commissaires, et ce à la requisition des députés ; mesme du depuis qu'il avoit réitéré le serment ès mains du gouverneur, et après pris lettres de provision de S. M. ; que, tout s'estant si solennellement passé, que l'on ne pouvoit violer les formes ; qu'il y avoit deffectuosité en leurs pouvoirs, d'autant que, de quarante procurations qu'ils avoient, il n'estoit fait mention qu'en deus de ladite destitution ; qu'en ceste assemblée il s'en deffailloit deus de la Noblesse, en l'absence desquels cela ne se pouvoit faire, qu'il y avoit plusieurs qui estoient là, lesquelz n'avoient fait serment entre les mains des juges, comme il estoit requis, et partant qu'il y avoit manifeste nullité, comme aussi en ce

(1) Mᵉ Nicole Gosselin, avocat au Parlement, avait été nommé procureur de la ville de Rouen, dans une assemblée nombreuse, sur la recommandation de Pierre Le Goupil, sieur du Parquet, son parent, démissionnaire. Il est probable que Jean Gosselin, son fils, sieur de la Vacherie, procureur des États de Normandie, encourut la défaveur des Etats, à cause de son attachement au Roi et de son opposition aux principes de la Ligue.

(2) Décédé le 2 mai 1569 « dans un sinistre désastre ». Arch. comm. de Rouen. Délib. juin de cette année.

que la plus part avoient esté des députés de l'an passé, ce qui est deffendu ; que c'estoit une chose non ouye que l'on eust jamais destitué ung procureur-syndic d'une ville ni procédé à l'élection sans assemblée tenue exprès pour cest effect; que c'estoit manifestement abuser de l'autorité de S. M. en ce qu'ils avoient seelé sa maison, n'i ayant personne en France qui puisse prétendre ceste autorité, tout ainsi qu'au serment qui ne se pouvoit faire qu'en la présence du juge royal. Là-dessus les autres persistoient à dire qu'ils ne nous vouloient recongnoistre. La chose mise en délibération, y eust plusieurs advis, mais enfin fut résolu que l'on députeroit MM. de Lizores et de Bréauté pour leur aller remontrer combien toutes nouveautés estoient dangereuses et spécialement en ceste saison où beaucoup seroient très-aises de voir de la dissention entre MM. les commissaires et eus ; que nous ne voulions nous distraire de l'union générale ; qu'estant Normands et à bonnes enseignes, il n'i avoit celui d'entre nous qui ne fust marri de ne voir toutes choses aller selon qu'il est requis, mais qu'estans commissaires de S. M., nous ne pouvions laisser passer devant nos yeus chose qui touchast tant soit peu son autorité, ni laisser enfraindre aucunement les formes qu'il faloit observer en toutes choses ; que l'on ne vouloit mettre en doute la puissance des Estas, mais qu'ils devoient avoir procuration spéciale ; qu'ils faisoient une dangereuse ouverture pour l'advenir ; qu'à toutes assemblées on voudroit remuer et destituer les officiers, avant mesme qu'ilz eussent appris les affaires du païs, et que ce seroit introduire une grande confusion. Le 6ᵉ jour, qui estoit le jeudi, estant assemblés tant pour ouïr la response que pour délibérer sur ceste occurrence, d'autant qu'ils n'avoient voulu respondre une seule parole le jour précédent, nous mandasmes qu'ils vinssent nous trouver. Leur fust derechef remonstré combien il estoit mal séant qu'une compagnie, composée de telz personnages qu'eus, se montrassent aussi farouches et revesches, et que, plus tost que venir à ce point, ils devoient avoir pris tout autre chemin. Ils raportèrent de leur compagnie que résolument ils n'estoient point délibérés de faire la response, si on vouloit refuser celui qu'ils avoient esleu. Les voyant ainsi obstinés, et craignans que, par le scandale qui arriveroit, il n'i eust retardation au service du Roy, et que, d'autre part, cela pourroit émouvoir les Estas généraus, qui estoient alors à Blois, nous avisasmes que nous les irions ouïr, et qu'après leur response et la lecture du cayer, M. de Carrouges, ayant prononcé nostre ordonnance, s'adresseroit audit Thomas, et lui diroit ces termes : « Et vous qui avés fait lecture du cayer, sachés que nous ne vous recongnoissons pour procureur des Estas, ains au contraire vous faisons deffense de vous qualifier tel ni en faire aucun exercice, sur peine de nullité et de tous intérests en vostre propre et privé non, » et qu'incontinent on se lèveroit ; ce qui fust ainsi executé, dont ils furent fort estonnés. L'après-disner, ils retournèrent chez M. de Carrouges, protestans que si on ne se départoit de la sentence, qu'ils entendoient se porter pour appellans et mesmement nous prendroient à partie. Mais, d'autant qu'ils virent que nous prismes ces paroles comme trop insolentes, et que, de nouveau, c'estoit faire tort au Roy et à son autorité, et que, s'ilz avoient ceste charge, qu'ils nous l'apportassent signée de tous, que nous saurions bien poursuivre la prise à partie, ils respondirent que non, mais qu'on leur avoit donné charge de le dire ; et là-dessus entra Gosselin, lequel protesta de nullité de tout ce qu'ils pouvoient requérir et ordonner, et que, les Estas estans clos après la response, tout ce que l'on faisoit depuis estoit nul. Nous leur dismes en ung mot que, s'ils ne vouloient venir apporter le cayer, qu'ils se retirassent, que chacun de nous se départiroit. Cependant leur fismes entendre que nous avions ordonné que inventaire se fairoit par le greffier, en la présence d'ung des commissaires et de quelques ungs d'entre eus, des letres et escritures qui estoient chés Gosselin pour demeurer par après comme dépositaire d'icelles jusques à ce qu'autrement par le Roy eust été ordonné sur l'opposition. Du depuis, ils retournèrent et apportèrent leur cahier, qui fust respondu en l'absence tant dudit Gosselin que Thomas, que nous ordonnasmes se retirer. Nous escrivismes de tout au Roy. »

III.

NOMINATION DES DEUX COMMISSIONS POUR LE PORT DU CAHIER ET POUR L'AUDITION DES COMPTES.

« Du jeudi avant midi, 6 oct. 1588, passé au manoir archiépiscopal de Rouen.

Furent présents : Marin Le Pigny, curé de Sassetot, chanoine de Rouen, docteur en médecine, délégué pour les gens d'Eglise du bailliage de Rouen ; noble homme Jacques du Bosc, sieur de Coquereaumont, délégué pour les Nobles aud. bailliage ; Octovien Bigot, sieur d'Esteville, et Simon Le Pigny, sieur des Costes, conseillers eschevins de ceste ville de Rouen, délégués par la ville de Rouen ; Marin Petit, de la par. de Biennais, pour le tiers Estat de la viconté de Rouen (1) ; Etienne Dagoumer, recepveur d'Ailly, demeurant aud. lieu pour la viconté de Pont-de-l'Arche ; François Du Pin, de Tierville, pour la viconté de Pont-Audemer (2) ; Jeh. Maison, pour la viconté d'Aulge (3) ; — discrète personne Me Denis Jourdain, prestre, promoteur à Montivilliers, curé de Saint-Germain dud. lieu, pour les gens

---

(1) Nommé le 23 sept.
(2) Nommé le 9 sept..
(3) De Ramesnil ; nommé le 5 sept.

d'Eglise du bailliage de Caux ; Rob. Lefèvre, de la par. des Ifs, pour la viconté de Caudebec ; Jeh. Preud'homme, de la par. de Cuverville, pour la viconté de Montivilliers ; Pierre Blondel, de la par. Saint-Mards, pour la viconté d'Arques ; Jean Du Fresnay, pour la viconté de Neufchâtel ; Georges Langlois, sieur de Villers, demeurant à Villers, pour la viconté de Gournay ; — discrète personne Anthoyne Duval, chanoine et archidiacre de l'église de Bayeux, délégué pour les gens d'Eglise du bailliage de Caen ; Tassin Blouet, bourgeois de Caen, délégué par la maison de Ville de Caen ; Laurent Lieust, pour la viconté de Caen ; Charles Guerould, dict le Sénechal, de Livry, pour la viconté de Bayeux ; Loys de Courcymault, demeurant à Falaize, pour la viconté de Falaize ; Michel Le Metayer, demeurant à Vire, pour la viconté de Vire ; — discrète personne Georges Turgot, chanoine de Coustances, délégué pour les gens d'Eglise du bailliage de Costentin ; noble homme Loys de la Morissière, sieur de Viques, délégué pour la Noblesse dudit bailliage ; honneste homme Gilles Dorbet, délégué pour la viconté de Coustances ; Christophe Perion, demeurant à Carentan, pour la viconté de Carentan ; Georges Petit, pour la viconté de Valognes ; François Marette, bourgeois d'Avranches, pour la viconté d'Avranches ; Jacques Fortin-Restaudière, pour la viconté de Mortain ; — discrète personne Antoine Bouchard, chanoine de Lisieux, député pour les gens d'Eglise du bailliage d'Evreux ; noble homme Ch. de Clinchamp, sieur du Fay, délégué pour la Noblesse dud. bailliage ; honneste homme Michel De Hauteterre, bourgeois d'Evreux, délégué pour la viconté d'Evreux ; honneste homme N^{as} Berould, demeurant à Beaumont, délégué pour la viconté de Beaumont ; honneste homme Gilles Le Boisselier, délégué pour la viconté de Conches et Breteuil ; honneste homme Jeh. Mallet, sieur des Douaires, pour la viconté d'Orbec ; — discrète personne Mᵉ David Bourdon, chanoine d'Andeli, curé de Guiseniers, délégué pour l'Eglise du bailliage de Gisors ; noble homme Robert Le Bret, sieur de Menucourt, délégué pour la Noblesse dud. bailliage ; honneste homme Jean Le Cauchois, de Vernon, délégué pour la ville dud. Vernon ; honneste homme Hector Le Mercier l'aisné, demeurant à Andeli, délégué pour la viconté d'Andeli ; honneste homme Nᵃˢ Des Courtis, demeurant à Lions, délégué pour la viconté de Lions ; — discrète personne Mᵉ Guill. d'Evreux, doyen de Verneuil, délégué pour l'Eglise du bailliage d'Alençon ; noble homme messire Jeh. de Laval, sieur de Cartigny et Gournay, chevalier de l'ordre du Roy, délégué pour la Noblesse dud. bailliage d'Allençon ; honneste homme Franç. Hardi, bourgeois d'Allençon, délégué pour la viconté dud. Allençon ; honneste homme Symon D'Almenesches, de la par. d'Anjou, vicomte d'Exmes, délégué pour la viconté d'Argentan ; honneste homme Pierre Ruault, sieur de la Viardière, délégué pour la viconté de Dampfront ; honneste homme Michel Ballin, maire de Verneuil, délégué pour la viconté de Verneuil, nomment pour poursuivre vers la Majesté du Roy et Nosseigneurs de son Conseil, la responce et expédition des articles du Cahier, ce jour d'huy arresté et signé, Pigny, pour l'Eglise ; de la Maurissière, sieur de Vicques, pour la Noblesse ; Langlois, sieur de Villers, et Loys de Courcymault, pour le tiers Estat (1). »

Les mêmes nomment, pour assister à l'audition des comptes, Jourdain et Turgot, pour l'Eglise ; de Clinchamp, sieur du Fay, et Le Bret, sieur de Menucourt, pour la Noblesse ; Mallet, sieur des Douaires, et Franç. Hardi, pour le tiers Estat.

(1) « Le sieur Le Pigné, partant demain pour aller trouver S. M. pour lui porter le cayé des Estats, » dispensé *per totum* par le Chapitre de Rouen, lundi 10 oct. 1588. *Reg. capitulaires.*

Suivent les signatures.

« Et là où Me Jeh. Gosselin, naguères procureur desd. Estats ou autres s'ingéreront de débatre et empescher la nomination faicte par lesd. sieurs delléguez, mardi derrenier, de la personne de Me Jeh. Thomas pour procureur-syndic desd. Estats, lesd. sieurs députez ont aussi donné et donnent pouvoir spécial aux dits sieurs procureurs, desnommez, desd. Estats, soustenir lad. nomination dud. Thomas et destitution dud. Gosselin, comme estant bien par eulx faicte, soit par devers le Roy notre sire, son Conseil et par tout ailleurs..., et, sy besoing est, demander l'adjonction des députez des aultres provinces aux Estatz généraulx, pour, avec eulx, soustenir l'authorité et liberté de la séance desd. Estatz et desd. députez et de leurs successeurs, et obtenir toutes confirmations à ce requises et nécessaires. »

Suivent 9 signatures.

IV.

PIÈCES DIVERSES.

Nous n'avons pu retrouver le cahier des Etats de 1588, et nous n'en sommes qu'à moitié surpris, parce que, suivant toute probabilité, par suite des troubles qui éclatèrent après les Etats de Blois, il n'y fut pas fait de réponse par le Roi, et qu'il ne put être question de le faire imprimer.

Il est à croire que sa rédaction avait dû se ressentir des passions qui régnaient alors (1). Les événements de l'année

---

(1) L'agitation des esprits était accrue par la misère et par la contagion. «5 février 1588. Sur la requeste présentée par les paroissiens d'Oyssel à ce qu'il nous plaise, attendu la contagion, famine et autres incommoditez qui a régné en lad. par., de laquelle ils sont presque tous morts,

1588 sont assez connus. Il suffira de les rappeler en quelques mots. Fuyant devant les barricades de Paris dont le duc de Guise était devenu le seul maître, Henri III s'était réfugié en Normandie, et, afin de se procurer, à Rouen, un asile contre l'insurrection, il s'était empressé de donner satisfaction aux vœux du pays, en révoquant, par lettres datées de Vernon 6 juin 1588, la subvention de 28,000 escus ; — l'impôt des toiles, (12 d. pour livre du prix de l'achat de toiles, doubliers et canevas), janvier 1586 ; — la réappréciation des droits domaniaux en la viconté de l'Eau de Rouen, (Paris, janvier 1586) ; — en confirmant par de nouvelles lettres-patentes du 7 juin, les privilèges, droits et libertés de la province (1). L'abus des évocations avait été poussé si loin que ce fut un soulagement pour les bourgeois de Rouen, d'être assurés de n'avoir plus à plaider que devant leurs juges naturels. Enfin, le 19 juillet 1588, le Parlement publiait un édit « pour l'establissement d'un asseuré repos au faict de la Religion catholique et apostolique (2). »

Henri III prolongea son séjour à Rouen, du 13 juin au 21 juillet 1588.

Peu de temps après, il convoquait les Etats généraux à Blois. L'élection des députés se fit à Rouen, le 27 juillet 1588.

et les reschappez ont tout abandonné, les tenir quittes et deschargez de toutes tailles et impositions. » *Bureau des Finances de Rouen.*

(1) Lettres patentes du Roy en forme de chartre des Privileges, Droictz et libertez de la Province de Normandye. Avec les lettres patentes sur la confirmation d'icelles. — Ensemble l'Arrest de la Court de Parlement donné, les Chambres assemblées, sur la publication desdites Lettres. A Rouen. De l'Imprimerie de Martin le Mesgissier, libraire et Imprimeur du Roy, tenant sa boutique au haut des degrez du Palais, MDLXXXIX.

(2) Imprimé par le même Le Mesgissier.

Extraits des registres du Bureau des finances de Rouen. — 14 mars 1588. — « Sur les lettres-patentes, données à Paris, le 8ᵉ de ce mois de mars, par lesquelles S. M. nous mande faire lever, sur les contribuables aux tailles de cette Généralité, 7,000 escus aux quartiers d'avril, juillet et octobre pour l'entretènement de 5 compagnies de gens d'armes, Attendu les grandes levées de deniers faictes en l'année dernière et qui se font, la présente, en ceste Généralité, à cause desquelles aucuns receveurs des tailles, ne pouvant paier les deniers de leurs recettes pour la pauvreté du peuple, se sont absentez...., ne peult estre procédé à l'exécution desd. lettres. »

26 mars. — « Sur les lettres-patentes du Roy, données à Paris, le 20ᵉ de ce mois, par lesquelles nous est mandé que, sans nous arrester aux remonstrances du procureur des Estats de Normandie et à l'opposition par luy formée, laquelle sa dicte Majesté a levée et ostée, ayons à procéder à la levée du parisis des gages des visbaillis et prévost des mareschaulx de ceste Générallité pour l'augmentation d'iceulx gaiges à eulx ordonnés,... Ne peult estre pourveu à l'exécution desd. lettres jusques à ce que le procureur des Estats ayt esté oy en ses remonstrances. »

« Sur les lettres-patentes du Roy, données à Paris, le 18ᵉ jour de ce mois, par lesquelles nous est mandé faire lever sur chacun minot de sel la somme de 1 escu 40 sous pour les causes contenues ausd. lettres, Seront communiquées au procureur des Estatz de Normandie. »

6 avril 1588. — « Sur les lettres-patentes, données à Paris, le 18ᵉ jour de mars dernier, par lesquelles nous est mandé faire lever, sur les contribuables aux tailles du bailliage d'Allençon, la somme de 1,333 escus 1 tiers pour l'entretènement du sieur comte de Thorigny, gouverneur et lieutenant

général pour le Roy aud. bailliage, et icelle continuer à l'advenir, Sera lad. somme levée pour la présente année seulement, et à ceste fin seront envoyez mandemens aux Elleuz des Ellections dud. bailliage; et pour l'advenir, sy led. comte de Thorigny prétend la continuation d'icelle, la fera employer dans la commission qui s'expédie, chacun an, pour la Convention des Estats de Normandie, avec l'entretènement des autres gouverneurs et lieutenants généraulx pour le Roy en lad. province. »

9 avril 1588. — « Veue la responce du procureur des Estatz de Normandie sur la communication qui luy a esté faicte des lettres-patentes du Roy pour la levée des 7,000 escus, a esté dict ne pouvoir procéder à l'exécution desd. lettres. »

20 mai 1588. — André..., greffier des Etats de Normandie, demande taxe de ce qu'il lui convient, à cause du restablissement des Ellections cy-devant supprimez, faire 11 mandements pour l'assiette des tailles plus qu'il n'avoit accoustumé paravant led. restablissement. Le procureur des Etats s'oppose à cette taxe, « pour led. restablissement avoir esté faict contre la volonté du païs. »

Septembre 1588. — « Honorable homme Jehan Dehors l'aisné, procureur-syndic de la ville de Gisors et député pour le tiers Estat de la viconté dud. Gisors, reconnaît avoir reçu de noble homme Me Michel de Bornes, trésorier des Estats de ceste province, deux escus pour son remboursement de pareille somme par luy payée pour le pays au commys de M. Mandat, et 176 escus pour 98 journées par luy vacquées au voyage par luy faict exprès en court pour le service du pays. »

APPENDICE.

Mission d'un maître d'hôtel du Roi, près des échevins de Rouen, à la suite des Etats de 1578.

« Du vendredy, 20ᵉ jour de febvrier 1579, à Caen, en la maison de M. le bailly, se sont assemblez MM., etc., afin d'entendre le contenu au pacquet du Roy et la créance apportée par le sieur de Bouvricgues, maistre d'hostel de S. M. portée par les lettres closes données, à Paris, le 13ᵉ jour de ce dit moys, signées : HENRY, et plus bas : BRULART, ainsy qu'il ensuyt.

« De par le Roy.

« Chers et bien amez, nous vous avons dépesché le sieur de Bouvricgues, nostre conseiller et maistre d'hostel ordinaire, en nostre païs de Normandye, auquel nous avons donné charge de vous dire aucunes choses de notre part, desquelles nous vous prions le croire comme nous-mesme. Donné à Paris, le 13ᵉ jour de février 1579. Signé : HENRY, BRULART.

« Sur quoy, après lecture faite desd. lettres, ensemble d'autres lettres, envoiées par Mgr. de Matignon, et de la coppie des lettres du Roy, adressées à mondit sieur de Matignon, ledit sieur de Bouvricgues a exhibé la coppie de la responce faicte par S. M. aux déléguez des Estatz du païs de Normandye, dont par semblable a esté faict lecture ainsi qu'il ensuyt.

« Le Roy, pour respondre au contenu des remonstrances, etc. (1)

(1) Voir cette réponse au 1ᵉʳ vol., pp. 8-13.

« Et, ce faict, a esté dict que S. M. entendoit que le contenu en icelle responce fust entièrement accomply, advertissant lesd. sieurs qu'il eussent à y tenir la main quant à son endroit, ce qu'ils ont respectivement promis et en faire le devoir, suyvant la fidellité qu'ils ont toujours portée à S. M.

« Et, ce faict, a esté ordonné que lesd. lettres et la responce seront, ce jourd'hui, publiées à son de trompe par les carrefourgz, affin que la volonté du Roy soit notoire à ung chascun, à laquelle fin lesd. pièces ont esté mises ès mains de Lubin Collet, sergent. »

Lettre de M. de Matignon au bailli de Caen.

« Mons. le bailly, je vous envoie la coppie des deux lettres que S. M. a faictes aux Estatz, qu'il m'a envoyée pour la faire sçavoir et divulguer par tout mon gouvernement, comme vous pourrez plus amplement veoir par lesd. lettres. Et aussy touchant la compagnye du cappitaine Combellan, que l'on m'a dit estre desjà au pays d'Auge, vous prie bien faire de vous en informer, affin de m'advertir et mander, d'heure à autre, ce que vous en entendrez. Et sur tout je pryerai Dieu, après m'estre recommandé bien fort à vos bontés et à vos bonnes grâces, vous désirant, Mons. le bailly, en santé, bonne vye et longue. De Thorigny, ce 19 janvier 1579. »

Lettre du Roi à M. de Matignon.

« Mons. de Matignon, après avoir ouy les députés des Estatz de Normandye et veu la remonstrance qu'ilz m'ont présentée, je leur ai faict bailler ma responce que verrez par la coppie que je vous en envoye présentement. De laquelle je ne vous feray poinct de redicte par ce petit mot de lettre, mais seulement vous diray que je désire que suyvant icelle, vous tenez la main que la levée de mes deniers des tailles, creues et taillon, se face suivant les commissions particullières que j'en ay faict dépescher par les Elections, sans que la chose soyt retardée jusques au 15e jour de mars, que je leur ay permis de se rassembler de nouveau, ainsy qu'ilz m'en ont requis, désirant aussi que, avant led. temps, ma responce soyt congnue et divulguée au peuple, pour espérer qu'elle ne luy pourra estre que bien fort agréable et servir beaucoup à le retenir en bonne volonté et dévotion, puisqu'il verra par icelle que je le descharge du paiement du 20e de la taille, qui luy venoit à une grande charge, et que, d'ailleurs, en demandant l'exécution de mes commissions, creues des deniers contenus en icelles, je retiens à moy de pourvoir de descharges aux Elections particulières qui se trouveront le mériter pour avoir esté par trop affligées, telles qu'il a jà esté commencé en aulcunes. Au surplus, je vous dirai, Mons. de Matignon, que je vais délibérer et dépescher peult-estre quelzques personnaiges d'authorité à la nouvelle assemblée que feront lesdictz Estatz, pour leur remonstrer les choses qui pourront concerner le bien de mon service, pour lequel je vous prie de travailler ce pendant avec vostre soing accoustumé et regarder à maintenir toutes choses en votre gouvernement au meilleur estat qu'il sera possible, comme je m'en fye et repose entièrement sur vous, suppliant le Créateur, Mons. de Matignon, qu'il vous aye en sa saincte garde. Escript à Paris, le 10e jour de febvrier 1579.

» Signé : HENRY. Et plus bas : BRULART. » (1)

---

(1) Arch. de la ville de Caen, d'après la copie qui m'a été donnée par M. Boisguillot, ancien archiviste de cette ville.

Procuration donnée par les Chanoines de Lisieux à Thomas Chrétien, pour comparaître, en leur nom, comme député de l'Eglise du bailliage d'Evreux, à l'assemblée provinciale ; comme électeur, à l'assemblée du bailliage d'Evreux.

« A tous ceulx qui ces presentes lettres verront ou orront, le Chappitre de l'église cathédrale de Saint-Pierre de Lisieux, le doyen d'icelle églize absent, salut. Sçavoir faisons que nous, certiorez de la congrégation et assemblée des Estatz provinciaulx de Normandie, termez à tenir par le Roy nostre sire en sa ville de Rouen, au 25ᵉ jour du présent moys d'oct. et autres ; pour ce bailliage d'Evreux, en la ville dud. Evreux, au 21ᵉ dud. présent moys, Nous, confians au sens, prudence, science, légallité et providence de nostre confrère, vénérable et discrette personne Mᵉ Thomas Chrétien, prebstre, chanoyne dud. Lisieux, icelluy, pour ces causes, avons constitué, faict et depputé seul et singulier, constituons, ordonnons et depputtons par ces présentes notre procureur général et certain messager spécial, auquel nous avons donné et donnons plain pouvoir, puissance et auctorité de comparoir auxd. lieux, et ailleurs où il appartiendra, et estre présent à l'élection des autres qui seront depputez dud. bailliage ou province de Normandie pour comparoir ausdictz Estatz et consentir lesd. depputez, s'il veoit que bon soit ; pour y ouyr, délibérer, proposer, requérir et conclure, avec les autres depputez dud. bailliage et pays de Normendie, sur ce qui sera proposé par le Roy nostre sire ou commissaires par luy envoiez et depputtez à iceulx Estatz tenir, pour l'utilité de l'Estat ecclésiastique et autres Estatz dud. pays de Normendie, ou autrement, ce qu'il verra estre nécessaire, suivant la teneur des lettres envoiez par le Roy nostre dict sieur à lad. fin, et générallement faire, dire et conclure en toutes choses ce qui sera à faire, et procurer ce qui sera utile et profitable pour led. Estat ecclésiasticque et pays, promettans tenir et avoir agréable ce qui sera dict, faict, requis et proposé par led. Chrétien, chanoyne, sur l'obligation des meubles et héritages, présens et advenir, de nostre dict Chappitre. En tesmoing desquelles choses, avons faict mettre à ces présentes le sceau de nostre dict Chappitre, et icelles faict signer du seing manuel de nostre scribe ou notaire, soubzsigné. Donné en lad. église cathédralle, où estions congrégez et assemblez, ce vendredy, 12ᵉ jour d'oct., l'an 1576. Ainsi signé : G. Morisset, ung merc ou paraphe.

« Collation faicte à l'original en parchemin, estant au greffe des Estatz du pays de Normendie, le 29ᵉ jour d'oct. 1576.

« N. de Bauquemare. »

« Monsieur, suyvant ce que Messieurs du Chappitre de Lisieux m'ont faict cest honneur de m'avoir nommé, depputé et constitué leur procureur général et spécial pour comparoir à l'assemblée des Estatz provinciaulx, termez par le Roy, nostre sire, en sa ville de Rouen, au 25ᵉ de ce moys, an présent, pour ouir, respondre et conclure, avecques les aultres députez du bailliage d'Evreux et pays de Normendie, sur ce qui sera propozé par le Roy notre dict sieur ou Messeigneurs ses commys, et aultrement y faire et procurer ce que sera nécessaire pour l'utilité de l'Estat ecclésiastique et aultres dud. pays de Normendie, Dieu aydant, Monsieur, je ne failliray à me rendre aud. lieu de Rouen, led. 25ᵉ d'oct., pour satisfaire, à mon pouvoir, à ce qui deppend de ma charge et commission, que j'ay baillée à ce présent porteur, pour estre enregistrée en votre greffe et en avoir lettre, ce que je vous supplie permectre, ainsy qu'il est accoustumé. »

Coppie d'une semblable lettre envoyée à M. Le Doulx,

lieutenant-général au bailliage et siège présidial d'Evreux, en dabte du 19ᵉ oct. 1576, avecques une commission en forme de procuration spécialle de Messʳˢ du Chappitre faicte à Mᵉ Thomas Crestien du 12ᵉ oct. 1576. Signé : Morisset, et sellée sur simple queue. »

Procuration du même Chapitre de Lisieux au même pour comparaître aux Etats de Normandie.

« A tous ceux qui ces présentes lettres verront ou orront, le Chapitre de l'église cathédrale Saint-Pierre de Lisieux, le doien dud. lieu absent, salut. Sçavoir faisons que nous, certiorez de la congrégation et assemblée des Estatz provinciaux de Normendie, termez à tenir par le Roy, notre sire, en sa ville de Rouen, au 15ᵉ jour du mois de nov. prochain venant, nous confians aux sens, science.... de nostre confrère, Mᵉ Thomas Chrétien, icelluy avons constitué notre procureur,... auquel avons donné et donnons plain pouvoir.... de comparoir aud. lieu de Rouen et ailleurs où il appartiendra, pour ouyr, délibérer et requérir sur ce qui sera proposé par le Roy, notre dit sieur ou commissaires, par luy depputez et envoiez à iceulx Estats tenir, et, en ce, faire et négocier ce qu'il verra à faire pour le bien, profit et utilité de l'Estat ecclésiastique et pays de Normendie, etc.

« Donné en lad. église cathédralle, où estions congrégez et assemblez à la fin dessus dicte, ce mercredy, 15ᵉ jour d'oct., l'an 1578. Signé : Morisset, ung seing, merc ou paraphe. »

« L'an de grâce 1578, le dimence, 9ᵉ jour de nov., à Evreux, en la salle commune et maison de ville des bourgeoys, manantz et habitantz dud. lieu d'Evreux, Nous, Adrien Le Doux, escuier, conseiller du Roy et de Mgr. le duc, lieutenant général au duché, bailliage et siège présidial dud. lieu, en procédant, en la présence de honnorable homme Me Robert Despaigne, Esleu en l'Eslection de ce lieu, David Hérichon, Nicolas de Launoy et Thomas Du Vivier, conseillers advocats et procureur du Roy et de mondit sieur aud. bailliage et siège présidial, et de plusieurs autres notables personnages, à faire ellection et nomination de six personnages, sçavoir est l'ung de l'Estat de l'Eglise, l'autre de l'Estat de Noblesse, et les quatre autres de l'Estat commun, ainsy qu'il est accoustumé et porté par les lettres missives du Roy, données à Fontainebleau, le 21e jour de sept. dernier passé, pour assister aux Estatz de Normendie, termez à tenir en la ville de Rouen, au 15e jour du présent mois, s'est présenté vénérable et discrette personne, Me Thomas Chrétien, presbtre, chanoine en l'église cathédral Saint-Pierre de Lisieux, lequel a faict apparoir de procuration passée au Chappitre dud. Lisieux, le 15e jour d'oct. dernier, signée Morisset, et seellée de cire vert en placart, comme il avoit esté délégué par les autres chanoynes et Chappitre dud. lieu pour l'Estat de l'Eglise, pour assister ausd. Estatz aud. lieu de Rouen, avec pouvoir, à luy donné, de faire, dire et déclarer telles remonstrances requises et nécessaires pour led. Estat, et de consentir et accorder l'élection et nomination qui seroit faicte des personnes de l'Estat de Noblesse et du Tiers Estat, nous requérans lettres de la présentation, ce que luy avons accordé pour luy valler et servir ce qu'il appartiendra. Faict comme dessus. Signé : ROUSSEL, un saing, merc ou paraphe. »

« Collation faicte aux originaulx en parchemin ci-dessus transcriptz, par moy, soubz-signé, greffier des Estats du païs et duché de Normendye, à la requeste dud. Me Thomas Chrétien, presbtre, chanoine à Lisieux, y denommé, pour luy valloir et servir qu'il apartiendra. Ce 10ᵉ jour de nov. 1578. LIGEART (1). »

TAXES DES DÉPUTÉS DE LA PROVINCE.

Coppie. Mandement au receveur des tailles en l'Election d'Evreux, pour payer à M. Chrétien, chanoine, 53 livres pour son assistance aux Etats, tenus à Rouen, au mois de novembre 1578, avec la quittance dudit délégué.

« Les Commissaires ordonnez et députez par le Roy à tenir la Convention des Estatz de Normandie en ce présent mois de nov., pour le faict des tailles et creues de l'année prochaine finissant 1579, à Mᵉ.............., receveur des tailles en l'Ellection de Evreulx ou son commis, salut. Nous vous mandons que, des deniers de votre dicte recepte, provenantz du principal de la taille et du premier terme d'icelle payable au 1ᵉʳ jour de janv. prochainement venant, vous paiez, baillez et délivrez comptant, deux moys après led. terme escheu passé, à discrette personne Mᵉ Thomas Chrétien, chanoyne de Lisieux, la somme de 53 liv., à luy ordonnée pour avoir assisté, en lad. convention, comme délégué par les gens d'Eglise du bailliage dud. Evreulx; et, par rapportant cesd. présentes, avec quicance dud. Chrétien, sur ce suffisante, tant seullement, lad. somme de 53 l. sera passée et allouée en la despence de voz comptes et rabatue des deniers de votre dicte recepte par tout où il apartiendra, En mandant au premier huissier ou sergent roial que, en votre refus de luy paier et bailler lad. somme aud. temps, que il vous contraigne réaulment et de faict, comme

(1) Arch. du Calvados, F. du Chapitre de Lisieux.

pour les propres deniers du Roy notre dict seigneur, auquel pour ce faire donnons pouvoir par ces dictes présentes, nonobstant opposition ou appellation quelconque, pour laquelle ne sera par luy différé, en vous fournissant et baillant ladicte quictance et ces dictes présentes seullement pour votre descharge, et ce suyvant l'ordonnance de ce par nous faicte à la requeste des déléguez desd. Estatz. Donné en ladicte Convention tenue, à Rouen, le 20e jour de novembre, l'an 1578. Ainsi signé par lesdits sieurs Commissaires : LIGEART, ung seing ou paraphe. »

« L'an 1579, le 10e jour de sept., devant Olivyer Carrey et Jehan De Bray, tabellions royaulx à Lisieux, fut présent vénérable et discrette personne Me Thomas Crestien, prebstre, chanoine prébendé en l'église cathédralle Saint-Pierre de Lisieux, lequel confesse et recongnoist avoir eu et receu comptant, de Me Jehan Guillart, recepveur des tailles de l'Ellection d'Evreux, par les mains de Me Jehan Creppeau, son commis, la somme de 53 livres aud. sieur Crestien ordonnée par les sieurs Commissaires ordonnez et depputez à tenir la Convention des Estatz de Normandie au moys de nov. 1578 (1). »

Quittances données, par devant les tabellions de Rouen, à Michel de Bornes, trésorier des Etats, par les députés dont les noms suivent :

22 nov. 1581. Pierre Langloys, délégué pour la vicomté de Conches, 8 ecus sol; — Sébastien Duval, pour la vicomté d'Orbec, 8 écus 2 tiers; — Guillot Guillebert, pour la vicomté de Beaumont-le-Roger, 8 écus sol; — Guillet Laignel, pour la vicomté de Falaise, 13 écus 1 tiers, ainsi « qu'il leur a esté taxé par les Commissaires par le Roy depputez

---

(1) Arch. du Calvados, F. du Chapitre de Lisieux.

pour tenir les Estatz par leur ordonnance de la veille » ; — honorable homme Lazare Le Roy, pour le tiers Etat de Verneuil, 11 écus 2 tiers; — Georges Langlois, pour la vicomté de Gournay, 9 écus d'or 1 tiers.

23 nov. Léon Frotté, sieur de Vieupont, délégué pour la Noblesse du bailliage d'Alençon, 22 écus d'or sol.

24 nov. Pierre de Pelletot, sieur de Fréfossé, délégué pour la Noblesse du bailliage de Caux, 13 écus; — Guillaume Gerard de la Vallette, demeurant à Avranches, délégué pour la vicomté dud. lieu, 16 écus 2 tiers. Le même donne quittance, le même jour, à Pierre Alorge, frère et héritier de Guillaume Alorge, sieur de Hardenville, ancien trésorier des Etats, de 80 écus sol, à lui taxés pour avoir précédemment assisté à l'audition des comptes des Etats.

25 nov. Jacques Le Rogeron, chanoine d'Avranches, délégué pour l'Eglise du bailliage de Cotentin, 26 écus 2 tiers; — noble homme Jacques Le Roy, sieur du Jarrier, pour la Noblesse du bailliage d'Evreux, 17 écus sol 2 tiers;—Pierre Sanson, de Saint-Lô en Cotentin, pour la vicomté de Carentan, 15 écus sol, et, de plus, 14 écus pour avoir assisté à l'audition des comptes.

26 nov. Honorable homme Jehan Quillet, délégué pour la vicomté d'Alençon, 14 écus pour 7 journées employées à l'audition des comptes.

27 nov. Gervais Chollet, curé d'Alençon, délégué pour l'Eglise du bailliage d'Alençon, 18 écus sol; — noble homme Antoine Martel, sieur de la Vaupalière, délégué pour la Noblesse du bailliage de Rouen, 17 écus sol; — Pierre Nicole, député pour la vicomté de Coutances, 15 écus sol; — Jean Quillet, sieur de la Chapelle, pour la vicomté d'Alençon, 12 écus 2 tiers.

17 janv. 1582. « Michel de Bornes, trésorier et receveur des Etats de Normandie, s'oblige de bien et deubment soy gou-

verner au faict de sa charge et receptes, en rendre compte à chacune Convention générale des Etats et en payer le reliquat suivant qu'il est porté et contenu en sa commission, donnée de MM. les déléguez desd. Estatz, du lundi, 20e jour de novembre dernier passé. »

Cartes et tarots.

L'édit des cartes et tarots est du 20 mai 1583. Bien qu'il fût surtout fiscal, il n'y est question que de l'intérêt de la morale. « Chacun voit par expérience que les jeux de cartes, tarotz et dez, au lieu de servir de plaisir et de récréation, selon l'intention de ceulx qui les ont inventez, ne servent à présent que de dommage notoire et scandalle public, estans jeux de hazart, subjectz à toute espèce de fripperie, fraudes et déceptions, apportans grande despences, querelles, blasphèmes, meurdres, débauches, ruynes et perdition de familles. » En conséquence, ordre était donné aux façonniers et ouvriers d'apporter les moules sur lesquels ils gravaient leurs marques et armoiries, pour qu'ils fussent rompus et lacérés; un impôt était établi sur les cartes, qui ne purent à l'avenir être distribuées que dans des conditions strictement déterminées. L'impôt fut diminué par lettres du 23 sept. 1585, et réduit, pour le jeu de tarots, à 20 d.; pour le jeu de cartes françaises fines et maîtresses, à 10 d.; pour le jeu de cartes, marque des pays d'Espagne, Flandre et Angleterre, tant fines que maîtresses, à 8 d.; pour le jeu de cartes de Portugal, fines et maîtresses, qui étaient de moindre calibre, à 6 d.; pour le jeu de cartes de Suisse, qui étaient les plus petites, à 3 d. La balle de dés était fixée à 10 d. — *Mémoriaux de la cour des Aydes.*

Un bourgeois de Paris, Antoine Trigallot, fut autorisé à établir pour la perception du nouveau subside des bureaux dans les villes de Normandie. Les oppositions et les appellations furent retenues par le Roi.

Lettre relative à l'établissement à Rouen d'une Chambre ecclésiastique.

A Messieurs, Messieurs les Doyens, Chanoines du chappitre de l'église de Lysieux et deputez du clergé de leur dioceze.

Messieurs, je ne doubte point que n'ayez sceu comme dès le moys d'octobre les vicaires de Monseigneur le cardinal, interpellez de plusieurs du clergé de ceste province, avoyent adressé lettres en chacun diocèse pour exhorter messieurs les évesques, leurs vicaires, leurs chapitres et députez dud. clergé, de trouver bon d'envoyer icy, envyron la séance des Estatz, pour éviter aux fraiz, quelqu'ung ayant charge pour eulx de nommer certains personnages en nombre compétent et tel que ceulx qui viendroyent adviseroient ensemblement estre expédient et nécessaire pour tenir la jurisdiction du Bureau, qui nous a esté accordé pour ceste dite province, à quoy il n'auroit encores esté satisfaict d'autant que peu ou point de procureurs pour lesd. diocèses comparurent au dit temps; et néanmoyns chacun jour se présentent icy des personnes qui nous sollicitent de procurer lad. nomination, affin qu'il soit procédé au jugement de certaines causes qu'ilz avoyent devant Messieurs les sindicz généraulx establys à Paris et aultres qui s'y sont intentez depuis leur destitution, qui est occasion, aprez en avoir prins advys de Messieurs les députez du clergé de ce diocèse, que j'ay pensé que le jour Saint Mathieu 24ᵉ de février seroyt fort à propos pour procéder à lad. nomination, si tant estoyt qu'il nous pleut faire trouver quelqu'ung de votre part, ainsi que je croy feront les aultres diocèses, ausquelz, en l'absence des aultres vicaires de mon dict seigneur, j'escriptz pareille lettre que la présente, qui ne servira que d'exciter le zèle que je sçay que vous portez au bien dud. clergé. Je me suys laissé dire qu'il y a quelques-ungs particuliers qui négligent l'establissement dud. Bureau, craignans qu'il n'oblige le clergé, ainsi que peuvent avoir fait lesd. sieurs sindicz, lesquelz n'avoyent puissance seullement de décider les causes qui estoyent dévolutes devant eulx, ains de manier et ordonner des aultres affaires du clergé; mais quand vous donnerez puissance bien restraincte à ceulx que vous nommerez d'exercer lad. jurisdiction, il ne fauldra point craindre qu'il en vienne inconvénient, et ne seroyt raisonnable que, pour l'oppinion desd. particuliers, le clergé en général perdît le privilège qui lui est acquys par l'érection dud. Bureau, selon les lettres patentes du Roy vériffiez, enregistrez en la Court de parlement, joinct que le clergé général de France ensemble a trouvé estre chose très utile et nécessaire, de peur que, s'il convenoyt plaider pour les décimes en la Court des Aydes et rendre les comptes des receptes en la Chambre des Comptes, on tirast en conséquence que la subvention que nous payons au Roy, pour quelques années, ne print nature de taille ordinaire, et aultres considérations qui seroyent trop longues à déduyre. Par lesd. lettres patentes il est dict qu'on jugera souverainement audict Bureau, pourveu qu'on soyt en nombre de sept pour le moyns, qui faict penser qu'il sera bon de nommer jusques à neuf ou dix personnes, à cause des maladies, récusations ou absences qui peuvent survenir. C'est pourquoy il semble bon que celui qui aura povoir de vous de procéder, avec les aultres diocèses, à la nomination desd. personnes, ayt pareillement puissance de convenir du nombre qui sera advisé pour le mieux. Vous y saurez fort bien adviser et vous souvenir que l'intention du clergé n'est point que ceulx qui seront nommez ayent aulcuns gaiges, ains qu'on choisisse des personnes qui, de bonne volonté, se veuillent employer au bien de l'Eglise, synon que les diocèses ne vouloient prendre des gens residentz en ceste ville, ains en envoyer d'aultres, auquel cas ce seroyt aux despens et fraiz de chacun diocèse qui les y envoyeroyt. Je suys peult-estre plus long au discours de ceste lettre qu'il ne seroyt besoing, mays il m'a semblé pour mon debvoir que je debvoys toucher les poinctz contenus cy-dessus, ainsi que en toute aultre chose je me réputeray bien heureux de vous povoir faire service, quand Dieu m'en prestera l'occasion, lequel je supplye vous donner,

Messieurs, très longue et heureuse vie. De Rouen, ce 22ᵉ de janvyer 1581.

Votre bien humble et obéissant serviteur,

Marian de Martimbos (1).

Elections.

Rien ne fait mieux juger des embarras du gouvernement et des variations perpétuelles de l'administration, que les changements introduits dans les tribunaux d'Election, où l'on créa, supprima et rétablit des charges, et toujours dans un but fiscal.

Par un édit du mois de décembre 1580, vérifié en la Chambre des Comptes le 8 avril suivant, le Roi avait supprimé un certain nombre d'officiers d'Elections. C'était donner satisfaction aux Etats de Normandie, qui se plaignaient sans cesse du nombre d'officiers *supernuméraires et inutiles*, à charge aux contribuables. Mais, en même

---

(1) Archives du Calvados, F. du Chapitre de Lisieux.

temps, pour reprendre d'une main ce qu'on laissait échapper de l'autre, on pressa l'exécution d'un édit de mars 1578, lequel attribuait aux Elus, procureurs, greffiers et receveurs des tailles aux Elections, des augmentations de gages, en les soumettant à des taxes forcées, véritable objet de l'édit, dont on s'empressa de traiter avec un partisan nommé Mutin.

Opposition fut formée par les Elus que les Etats de Normandie ne manquèrent pas de soutenir dans cette circonstance. De leur côté, les Elus et autres officiers supprimés firent valoir les raisons particulières qu'ils avaient à invoquer pour n'être pas assujettis au paiement de ces taxes. Le Roi enjoignit à la Chambre des Comptes de lever les restrictions faites sur les prétendues réquisitions des Etats et sur les oppositions des Elus, procureurs et autres officiers des Elections (27 déc. 1581), et réussit à faire enregistrer ses lettres-patentes à la Chambre des Comptes, le 20 mars 1582. Par d'autres lettres, du 7 avril 1582, il se décida à dispenser des taxes nouvelles les Elus supprimés, dont le remboursement n'avait pu être encore effectué, faute de fonds nécessaires. Ces lettres furent enregistrées le 5 mai 1582.

Une mesure plus importante et qui répondait mieux aux vœux maintes fois exprimés par les députés de la province, ce fut, en vertu de lettres-patentes données à Saint-Germain-en-Laye, nov. 1583, la suppression des Elections qui avaient été érigées en 1572. On rendait à celle de Rouen, Pont-Audemer et Pont-de-l'Arche; à celle d'Arques, Neufchâtel; à celle d'Evreux, Conches; à celle de Lisieux, Pont-l'Evêque; à celle de Gisors, Andely, Lyons, Chaumont et Magny; à celle d'Alençon, Argentan, Domfront et Mortagne. Ordre était donné aux Commissaires députés à la tenue des Etats, ainsi qu'aux Trésoriers-Généraux de France, de n'avoir plus à envoyer, pour l'imposition des deniers, de mandements ni de commissions aux officiers des Elections supprimées. On mettait en avant l'intérêt public et cette vérité, une fois de plus vérifiée par l'expérience, que « plus il y a d'officiers qui ont la charge et esgard sur l'imposition, levée et maniement des deniers, plus le peuple et sujets en sentent de foule et d'oppression. » Ces lettres furent publiées en la Convention des Etats de Normandie. Naturellement les officiers supprimés qui n'avaient pas obtenu leur remboursement demandèrent à être maintenus provisoirement en possession de leurs offices. Il y eut aussi divergence de vues entre les députés de certaines vicomtés, qui voyaient avec peine la suppression de sièges à portée des justiciables, et la majorité de l'assemblée provinciale, préoccupée surtout de la question d'économie. Ainsi s'expliquent les lettres du 22 décembre 1583, où le Roi, revenant sur une décision antérieure, déclare n'avoir compris dans l'édit de suppression les Elus des bureaux d'Argentan, Domfront, Verneuil et Pont-l'Evêque. L'édit fut euregistré avec cette modification à la Chambre des Comptes, le 7 août 1584, nonobstant les oppositions du délégué de la vicomté d'Auge, du comte de Montpensier, vicomte héréditaire de cette vicomté, des Elus de Lyons, Conches, Pont-Audemer, Pont-de-l'Arche, Neufchâtel, Mortagne, Alençon, Neufchâtel, Chaumont et Magny. Le remboursement de tous les officiers supprimés avait été effectué, non sans peine et sans de longs retards, lorsque, par un revirement complet, on se décida, pour se procurer de l'argent au moyen de ventes d'offices, à rétablir les présidents, Elus, contrôleurs, avocats du Roi, procureurs du Roi et receveurs des Aides aux anciennes Elections; à augmenter le nombre de ces fonctionnaires, en rendant les présidents et Elus alternatifs, en créant, dans les sièges d'Election, un lieutenant de robe longue et un greffier. On rétablit aussi les Elections supprimées (voir art. XXXIIII du Cahier de novembre 1586; art. XVII du Cahier d'octobre 1587); non seulement rien ne restait des concessions qui avaient été accordées aux Etats de Normandie, mais ils avaient lieu de regretter l'administration telle qu'elle était du temps de Charles IX.

Même variation en ce qui concernait l'Election de Châteauneuf en Thimerais, qui avait été distraite de celle de Verneuil par l'édit de 1572.

Les Etats de Normandie, par l'art. XXXV de leur Cahier de 1580, en avaient demandé la suppression, et le Roi la leur avait accordée par lettres-patentes données à Blois en décembre de cette même année.

Ces lettres n'ayant pas été vérifiées, les députés s'adressèrent de nouveau au Roi (art. XXI du Cahier de 1581). Sur ce, nouvelles lettres du Roi adressées à la Cour des Aides et aux Trésoriers généraux de France pour qu'ils eussent à vérifier ladite suppression, ainsi que celle du prévot et du vice-bailli de Châteauneuf, nonobstant les lettres-patentes obtenues, le 3 avril 1581, par le roi de Navarre et par les habitants dudit Châteauneuf, sans que les gens des trois Etats eussent été ouïs, ni leur procureur syndic, auxquels défenses étaient faites à cette Cour et au Bureau des finances de procéder à la vérification de la suppression.

Le remboursement de la finance des officiers de ce siège fut effectué au moyen d'une imposition particulière sur les habitants du bailliage d'Alençon (lettres-patentes du 28 décembre 1581 et du 5 avril 1582, vérifiées à la Cour des Aides le 16 mai même année). Dans le Cahier des Etats d'octobre 1587, art. XXII, les députés constatèrent avec peine qu'on faisait revivre l'Election de Châteauneuf en Thimerais.

TAXES POUR LES PAUVRES.

23 novembre 1581. — « Sur l'advertissement donné par Mons. le chantre de ce que, aux Estats derniers, la Noblesse et le tiers Estat, s'estant joinctz ensemble, avoient présenté requeste tendant à fin que les Ecclésiasticques soient contrainctz à ayder de la tierce partie de leur revenu en dixmes et aultre revenu pour la nourriture des pauvres, et qu'il avoit débatu à son pouvoir, et toutte foys ne désisteront de continuer leur requeste au privé Conseil, à quoy est besoing y resister, duquel advertissement ledit sieur chantre a esté remercyé, et, allant porter le Cahier des Estatz, a esté prié continuer, en ce regard, sa bonne volonté et en advertir l'agent du clergé pour se joindre avec luy (1). »

REFORMATION DE LA COUTUME DE NORMANDIE.

La réformation de la Coutume de Normandie fut ordonnée par Henri III, conformément au vœu exprimé par les députés de la province, aux Etats de Blois, en 1576. Les actes publiés par les divers commentateurs, et, en premier lieu, par G. Lambert, président présidial et lieutenant général civil et criminel au bailliage du Cotentin, font connaître assez clairement de quelle manière on parvint à la rédaction définitive, d'abord de la Coutume, en second lieu des Coutumes locales.

Les articles, rédigés « après un long travail, dispute et conférence, furent communiqués aux députés des Etats de chaque bailliage et vicomté, et ensuite accordés en pleine assemblée des Etats de la province. »

La rédaction de la coutume paraît avoir été l'œuvre principalement de Jacques de Bauquemare, premier président,

---

(1) Arch. de la Seine-Inférieure, F. du Chapitre de Rouen.

d'Emeri Bigot, président, de Robert Le Roux et Marian de Martimbos, conseillers au parlement, de Guillaume Vauquelin, premier avocat du Roi en la même cour, et, sans doute aussi, de G. Lambert, qui fut l'éditeur de cette Coutume, et qui, dans sa dédicace à Mgr de Joyeuse, déclare « qu'il y fut appelé et employé par les Commissaires depuis le commencement jusques à la fin. »

La Coutume, consentie par les Etats en juillet 1583, fut homologuée par le Roi, le 7 oct. 1585, suivant la réquisition du procureur des Etats, sans approbation toutefois du contenu en un certain nombre d'articles.

La rédaction des Coutumes locales fut l'œuvre d'une Commission composée de Claude Groulart, premier président, de Pierre Le Jumel, de François Anzeray et Raoul Bretel, présidents au parlement, de Marian de Martimbos, conseiller, et de Nicolas Thomas, avocat du Roi en la même cour. Elle fut achevée en 1586.

L'assemblée des Etats, à laquelle fut soumis le texte de la Coutume réformée en 1583, fut convoquée en même temps que l'assemblée des Etats de la province; mais elle n'était pas la même quant à sa composition. Les délégués du tiers Etat, peu au fait des questions judiciaires, y furent remplacés par les juges des localités.

TABLE DES MATIÈRES

Adjoints d'enquêteurs, II, 47, 119.

Adjudication des fermes, II, 90, 91.

Affranchis des paroisses, I, 50, 102, 157, 402, 403, 405; II, 268, 269.

Aisés des paroisses (exécution sur les), II, 218.

Allemands, funestes à la France, I, 216.

Amasurés dans les forêts, II, 133.

Amendes pour délits dans les forêts, à percevoir dans le délai d'un an, II, 226.

Amiral, en contestation avec les Prieurs consuls, II, 14, 15.

Amirauté, II, 56, 58, 125.

Amnistie accordée par le Roi, I, 202, 203.

Anoblissements moyennant finance; leur abus; on en demande la révocation; I, 50, 157, 227, 242, 245, 292, 295, 349, 351, 402; II, 45, 66, 73, 112.

Apanages, I, 362.

Archers de la vènerie, I, 101; — des gardes du Roi, du prévôt de l'Hôtel, *Ibid*.

Armées entretenues par le Roi, I, 204, 220, 283, 414, 420.

Arrière-ban, I, 16, 31, 32; II, 113, 208, 209, 317, 322.

Assassinats fréquents, I, 273.

Asséeurs ou assietteurs, collecteurs des tailles, II, 64, 95, 137, 138.

Assemblée de Saint-Germain, II, 289.

Assemblée du clergé de France à Melun, I, 85, 86, 132; II, 6, 110, 307. — du clergé du diocèse de Rouen, I, 207; II, 306.

Assesseurs de vicomtés, II, 11, 47, 81, 119, 121, 177, 215.

Audienciers contrôleurs et secrétaires des chancelleries, II, 27, 30; remboursés, II, 249, 258.

Aveux à bailler pour les fiefs, II, 21.

Avocats doivent être licenciés; signer les cas posés aux consultations, II, 121. — de la vicomté de Vire, II, 177. Avocats subalternes, II, 11.

Baillis (lieutenants généraux des), II, 81, 111, 119, 169, 215, 237.

Bénéfices changés en commanderies et chevaleries, I, 28, 29, 325. — abandonnés, II, 279.

Bêtes rousses et noires (capitaine et gardes des), II, 80.

Bistrade (droit nommé la), I, 147.
Bois (vente des), II, 84.

Cabarets, hôtelleries et tavernes, II, 81, 118.
Catholiques associés, I, 154. — unis, I, 100.
Cahiers des Etats (voir Etats).
Capucins à Andely, II, 207.
Cartes et tarots, II, 9, 88, 123, 157, 351.
Causes provisoires ne doivent être appointées au Conseil, II, 88.
Chambre de l'Edit, II, 48, 49; comment doit être composée, I, 36.
Chambre des comptes de Normandie, I, 423, 424; rétablie contre le vœu des Etats, I, 106, 107. Chambre des comptes à Caen, II, 314.
Chambre ecclésiastique établie à Rouen, II, 352.
Chambre royale à Paris pour la correction des abus, II, 81.
Chapitre de Rouen, II, 271; offre par lui de présents au maréchal de Montmorency, I, 329; sa séance à l'Hôtel-de-Ville de Rouen, I, 240, 280.
Charrois, corvées, guet, exigés sur le peuple, I, 156.
Charte normande, violée, I, 7, 11, 32, 33, 55, 76, 99, 134, 337. — confirmée, I, 126, 129. — invoquée, II, 47, 50, 71, 86, 223.

Chasse et port d'armes réservés aux nobles, II, 46.
Châteaux de Normandie, I, 7, 116; leurs réparations, I, 165; II, 24, 67, 98, 101, 143, 232, 255; exactions à cette occasion, I, 49.
Cherté des blés, II, 165, 224, 231.
Chevaux des laboureurs (ne faire exécution sur les), II, 218.
Cinq sols pour muid de vin, I, 43, 60, 135.
Clercs de greffes, I, 147; II, 11, 47, 80, 119.
Clergé; assemblée générale du — déclarée inutile, I, 30, 31. Bureau du clergé à Rouen, I, 337, 352. — en conflit avec les deux autres ordres, I, 436, 437. — soumis à des impôts excessifs, I, 25, 85; ses privilèges, I, 337; subsides qu'on en exige, I, 325; II, 6, 76, 77; sa séance aux assemblées de ville, I, 238, 239; son temporel aliéné, I, 25, 206, 207, 218; syndics généraux du —, II, 352.
Clocher (levée de 15 écus par), II, 225.
Collecteurs, II, 11, 64, 218.
Collège établi à Caudebec, I, 246.
Colombiers (édit des), moulins, volières et pressoirs, II, 80.
Commissaires du Roi, II, 167; — à nommer pour informer des crimes que les juges ordinaires n'osent punir, I, 154. — des

aides, tailles et décimes; offices supprimés, I, 183; II, 214, 218. — des gabelles, qui ont malversé, II, 83. — envoyés pour la réformation générale, II, 38; par le Roi, dans les provinces, II, 243; pour la séance des Etats, I, 20, 57, 73, 83, 118, 196, 197, 391; II, 25, 67, 76, 102, 107, 144, 145, 196, 203, 232, 233, 234, 281, 328, 329; leur nombre devrait être réduit, I, 167; II, 329. — pour le régalement des tailles, II, 63. — et contrôleurs pour la montre des vice-baillis, II, 229, 233. — politiques dans les villes, nouvel office, II, 198.

Commission du Roi pour la levée des tailles, I, 372, 388. — pour la recherche des comptes des maladeries, II, 46. — pour celle des terres vaines et vagues, II, 271. — pour la réformation des forêts; supprimée, I, 344, 347; citée, II, 50, 51 (voir Bodin). — pour le port du Cahier, II, 250-253, 290, 302-305, 311, — pour les décimes, adressées indûment aux juges des lieux, II, 151, 152. — pour les places frontières, II, 101.

Commissions extraordinaires à proscrire, I, 34, 65, 161; II, 21, 42, 80, 88, 225; doivent être vérifiées aux cours souveraines, II, 137, 166.

Committimus, I, 99; II, 62.

Communes aliénées, I, 7, 11, 43, 44, 56, 67, 90, 91, 160, 285; II, 19, 66, 71, 139, 160.

Concile provincial de Rouen; on en demande l'exécution, I, 37, 109, 231.

Confidentiaires à poursuivre, II, 108, 206.

Confitures offertes, en présent, à MM. du Conseil, II, 294.

Contagion, II, 82. — à Rouen, II, 265, 295.

Conseil du Roi; comment devrait être composé, I, 33.

Contrat de Melun (voir Assemblée du clergé).

Contrôleur alternatif des aides établi en chaque Election, I, 241. Contrôleur des titres, I, 147; II, 11, 119, 212. Contrôleurs et audienciers, II, 58, 95, 134, 174. Contrôleurs ordinaires, II, 136. Contrôleur sur la marchandise des cuirs, impôt nouveau, II, 165.

Cour des Aides de Rouen, I, 66, 152, 188, 193; II, 310; sa compétence, II, 55, 56, 58, 91, 138, 164; inspire une faible confiance aux Etats, II, 167, 317; justifiée par le Roi, II, 167.

Courtiers; leur ministère doit être facultatif aux marchands, II, 92, 159.

Coutume de Normandie; réformée, I, 434, 435; II, 97, 229, 239, 302, 358, 359; hâter sa rédaction, I, 36, 154.

Coutumes locales de Normandie, II, 229, 359.
Crimes impunis, II, 48, 49.
Cures dont le patronage est laïque, I, 27.
Curés; leur rôle pour les élections de délégués de paroisses, II, 327, 328.

Dace des procès, I, 157; fermier de la dace et abbréviation des procès, I, 98; II, 11.
Daces, II, 119.
Débauche de menu peuple, II, 157.
Décimes sur le clergé, I, 10, 25, 26, 27, 85, 86, 207, 208, 337, 369; II, 6, 77, 151, 279; leur département fait indûment par officiers royaux, I, 133, 151, 152.
Délai pour le paiement des tailles et décimes, II, 18, 19, 63, 94.
Démagogues, II, 284, 285.
Déprédations en mer, I, 273.
Dîmes ne doivent être données à ferme à nobles ni à gens de justice, I, 29, 30. — non payées, II, 279.
Discipline ecclésiastique à rétablir, I, 272.
Domaine du Roi, II, 273. — aliéné, I, 218, 279, 362, 371; II, 113, 242. — forain, II, 9.
Douenne, II, 262.
Draperie (imposition sur la), II, 10, 59, 123, 212, 270.
Draps de soie, II, 270.

Droits de coutume dans les villes et bourgades doivent être uniformes et affichés, I, 111.

Eaux-et-forêts, I, 38; réclamation contre les droits de chauffage accordé aux officiers des —, I, 69, 100; contre la création de nouveaux offices dans les —, II, 168.
Ecclésiastiques; leurs privilèges et immunités, II, 109, 273; tenus à résidence, II, 37, 277; contraints aux taxes des pauvres, II, 358; leurs plaintes, II, 205; réclament une place de conseiller en chaque présidial, I, 156, 157; séance honnête aux présidiaux, II, 178. Procès criminels contre les ecclésiastiques pour les cas privilégiés, I, 86. Lesquels d'entre eux prennent part aux élections de députés, II, 328.
Ecoles, I, 272.
Edits de Blois, I, 145, 156, 191. de — pacification, I, 99, 153, 328; II, 169. Edits révoqués, II, 298.
Eglise; dignités et prélatures données à gens indignes, I, 25, 84; II, 37, 76, 109, 151; plaintes de ce que le Roi en dispose contre les constitutions canoniques, I, 325.
Eglises démolies, II, 225.
Elections, II, 354-357. Dénombrement des —, II, 29, 227. — nouvelles, I, 392, 400, 401,

404, 405; II, 215. — rétablies, II, 310, 324, 340. — supprimées, I, 173; II, 353, 354. Officiers des —, I, 88, 89, 109, 145, 146, 240; II, 11. Officiers des nouvelles —, supprimés, I, 143, 183, 187, 189, 193; remboursés, I, 113; rétablis, II, 214, 215. Lieutenants de robe longue aux —. II, 198. Présidents aux —, I, 68, 88, 89, 113; II, 214.

Elus, I, 150, 151; II, 135, 138; créés en 1575, I, 223; rétablis contre le gré des Etats, II, 172, 173; leurs exécutoires, I, 66, 152; leur juridiction, II, 176; leurs fonctions, II, 228. Doivent continuer de connaître de la cotisation des tailles, II, 63. Ne doivent bailler à ferme les deniers des aides et octrois des villes, I, 63.

Emprunts sur les officiers, I, 51, 52. — sur les villes closes, II, 186, 201, 221, 227, 248, 310, 317.

Epices des conseillers, II, 62.

Etapes, I, 94, 107, 142, 392; II, 12, 13, 61, 129, 178, 179, 210, 211, 240. Commissaires pour les —, II, 314. Comptes des — doivent être rendus devant les députés des Etats, I, 47, 161, 229.

Etats de Bourgogne, I, 307, 308, 327.

Etats de Normandie; temps à régler pour leur session, I, 54, 62; II, 64, 95. Doivent être tenus à Rouen, I, 211; temps de deux jours leur est donné pour la réponse, II, 301, 302. Réponse des —, II, 332, 333. Récit de leurs actes, I, 309 —, justifiés, I, 23, 24; leur opposition à l'érection d'offices, I, 405; doivent être appelés à donner leur consentement aux impositions, I, 44, 45, 54, 55, 76, 104, 134, 347, 349; II, 17, 38, 71, 166, 187, 217; aux érections d'offices, II, 166; donnent leur consentement à une imposition locale, I, 245; décharge par eux obtenue, II, 324. Préséances aux —, II, 297. Cahiers des —; frais pour leur impression, II, 323; commissions nommées pour les porter au Roi, I, 336, 409; II, 64, 268, 323, 334, 336; doivent être lus en la présence du Roi, I, 36. Ceux qui auront porté le Cahier pourront, avec le procureur des Etats, gérer les affaires de la province dans l'intervalle des sessions, I, 45, 104. Greffiers des —, I, 20, 74, 394, 395. Huissiers des —, II, 293, 313. Procureur syndic des —, I, 45, 104, 116, 147, 165, 193, 276, 351, 395; II, 252, 294, 322; son intervention, II, 263; son opposition à la vérification d'édits, I, 226, 227; ses remontrances, II, 262, 266; son rôle au Bureau des finances, II, 339; doit être appelé aux vérifications d'impositions et de commissions extraordinaires, II, 137; ses pouvoirs limités par les députés, II, 306; déposé par les Etats, II, 330; par qui peut être élu, II, 130, 334. Trésorier des —, I, 39, 115, 144, 334, 396; II, 265, 267, 309, 322, 323, 350, 351; doit être nommé par les Etats, I, 163. Députés; élection et listes de —, I, 209, 295, 296, 394, 399, 412-419, 425; II, 344, 347; ordre à suivre pour leur élection, I, 46, 47. Contestation pour élection de députés entre la ville de Rouen et le bailliage de Rouen, I, 249, 250, 274; entre la ville et les nobles et les ecclésiastiques du même bailliage, I, 355 et suiv. Nombre de ceux à envoyer par ledit bailliage, II, 325, 326. Caen représenté par un député particulier, II, 314. Contestations entre ceux de diverses vicomtés, I, 169, 173. Salaire de leurs procurations, I, 81. Leurs taxes, I, 410, 412, 422, 436; II, 100. Régulièrement, on ne pouvait être nommé député deux années de suite, II, 332. Information contre députés annulées, I, 344. Députés du tiers Etat doivent être appelés au département des tailles, I, 151 (voir Commissaires des Etats).

Etats généraux; leur convocation demandée, I, 54, 57; leur adjonction à solliciter par les Etats de la province, II, 337.— de Tours, I, 278. — d'Orléans, I, 101, 104, 224. — de Blois, I, 6, 19, 54, 59, 62, 84, 104, 133, 134, 233, 247, 250, 274, 416, 419; II, 12, 110, 111, 150, 172, 333, 358; ceux-ci rendus inutiles, I, 278.

Etrangers, I, 273.

Evocations (contre les), I, 7, 11, 34, 35, 99, 153, 273; II, 47, 48, 87, 169, 221, 338.

Exactions des Hollandais, II, 112, 164.

Famine, II, 6, 38.

Finances insuffisantes pour le paiement des charges, II, 323.

Foi et hommage, II, 114, 153.

Foires, II, 15, 16; ne doivent se tenir aux jours de fêtes, II, 231. Marchandises acquittées en —, II, 57, 125, 163. — de Guibray, II, 190, 191. — de Rouen, II, 164.

Forêts; dépeuplées de haut bois, I, 273; ruinées, II, 225. Droits dans les —, II, 86. Grand maître des —, II, 152. Réformation des —, II, 85, 133, 154.

Fouage et monnéage, II, 95.

Garde des sceaux dans les présidiaux, II, 119, 190.

Gardes-nobles, II, 96, 113, 153.

Gardes notes, II, 47, 112.

Gendarmerie, I, 393, 418, 433 ; II, 6, 12.

Généralités de Normandie, I, 330, 331.

Généraux surintendants, receveurs des deniers communs des villes, révoqués, II, 122.

Gens d'armes (levée de), II, 43, 129. Fonds pour l'entretien de compagnies de —, II, 339.

Gens de guerre (logement des), II, 109, 142. Solde des —, II, 324.

Gentilshommes ; doivent avoir, à mérite égal, la préférence pour les offices de judicature, I, 34 ; la soie leur est réservée, I, 64 ; doivent avoir séance honnête aux présidiaux, II, 178, les capitaineries et gouvernements des villes et châteaux, I, 31, remplir les compagnies de gens d'armes, II, 112 ; leur réserver les charges honorables, II, 152 ; imposés à tort, II, 112 ; les disputes qui surviennent entre eux pour fait d'armes devraient être interdites aux juges ordinaires, I, 32, — usagers aux forêts, II, 152 ; acquéreurs de terres vaines et vagues, II, 33 ; assignés pour les élections de députés, I', 328 ; se dispensent d'assister aux assemblées, I, 179 ; II, 32, 330 ; ne devraient être fermiers des dimes, I, 29, 30, ni donner asile en leurs maisons aux gens de guerre, II, 130.

Goujars, II, 13.

Gouverneurs et lieutenants généraux de Normandie, I, 74, 92, 104, 119, 140, 167, 391 ; II, 26, 67, 76, 102, 144, 232, 258, 339 ; leurs fonctions, II, 129.

Grands jours, II, 101.

Greffiers des bailliages et vicomtés, I, 81.

Greffiers des paroisses, office nouveau, à supprimer, I, 108, 113, 114, 147, 225, 226 ; II, 40, 80, 119, 189.

Greffiers des présentations, office nouveau, à supprimer, I, 108, 147, 148 ; II, 11, 47, 80, 119.

Greniers à sel, II, 121, 264, 265 ; adjugés, baillés à ferme au rabais, I, 228, 229 ; II, 200. Contrôleurs des —, I, 287, 292. Fourniture des —, II, 181, 182. Officiers des —, à la dévotion des partisans, II, 185.

Guerres civiles, I, 432.

Hautes justices (érection de), II, 191.

Homme vivant et mourant, pour les paroisses, II, 40, 94 (voir Paroisses).

Hôpitaux et léproseries ; leurs comptes, I, 273 ; II, 46, 110 ; ruinés, II, 277.

Hôtel-de-Ville de Rouen ; séances, II, 301, etc.

Imposition foraine, I, 42 ; II, 15, 16. — locale, I, 245.

Impositions de la Normandie, I, 19, 71-76, 115, 121, 163, 237, 238; II, 22-30, 143, 193, 194, 231-233, 248. — exagérées, II, 54. — nouvelles, II, 8, 198. Forme à observer dans le département des —, I, 169, 170.
Impôt sur le papier, II, 270.
Inventaire des biens des mineurs, II, 136.

Jauges et mesures de Normandie doivent être conservées, II, 52.
Judicature (charges de), données à des gens incapables, I, 16, 33.
Juges; leurs taxes, I, 101. — ordinaires dont la juridiction doit être maintenue, II, 49.
Justice (abus dans l'administration de la), II, 47.
Juridictions royales (mixtion de), dans les paroisses, II, 230.
Justice; son excellence, II, 243, 245. — à rétablir en son intégrité, II, 22.

Lépreux, II, 206.
Léproseries et Maisons-Dieu, II, 181, 206; dilapidées, I, 27, 28.
Lettres de jussion; leur abus, II, 208. — de marque, II, 57, 165. — de naturalité, I, 273.
Levées de pionniers et de chevaux d'artillerie, I, 104. — extraordinaires, I, 104, 139, 140; doivent être vérifiées aux cours souveraines, II, 137; —

pour les gens de guerre à pied dans la Généralité de Rouen, II, 188.
Libraires et imprimeurs ne doivent imprimer ni vendre des livres hérétiques, II, 108.
Licence (degré de) ne doit être donné qu'à ceux qui auront suivi les cours pendant deux ans, II, 122.

Maître des ports, II, 16, 17, 91, 126, 163.
Marchandise par mer, dans le bailliage du Cotentin, I, 50, 68.
Maréchaux de France, I, 32, 33.
Meuniers (exaction des), II, 219.
Misère de la Normandie, I, 114, 163, 323 et suiv.; II, 6, 8, 66, 114, 154, 161, 193, 224, 231, 232, 278.
Monnaies, I, 282, 283.
Monnayeurs; abus de leurs privilèges, I, 162; laisser la nomination des — aux villes, au lieu de rendre leurs charges héréditaires, II, 51, 52.
Mortepaies, II, 132.

Navigation abandonnée, II, 8.
Noblesse, I, 418. — appauvrie, II, 208; intervient pour le tiers Etat, II, 43, 44, 208; ses privilèges méconnus, II, 17, 43, 77; révoquer la commission pour la recherche de la —, comme des plus pernicieuses, II, 186, 187. Séance de la — à l'Hôtel-de-Ville de

Rouen, II, 240. Usurpation de —, I, 64 (voir Gentilshommes).

Notaires, II, 119.

Offices, créés perpétuels, I, 366;— multipliés à l'excès, I, 5, 10, 16, 17, 33, 37-39, 60, 61, 87, 115, 143, 164, 215, 229, 233; II, 20, 23, 47, 71, 147, 354. — nouveaux attaqués par les Etats, I, 218, 273, 405; II, 166; — supprimés, II, 99, 112, 139, 141, 142, 201, 267; — remboursés, I, 113, 144, 160, 164; II, 123, 142, 173, 235. — à ramener au nombre où ils étaient sous Henri II, II, 11, 119, 361, 366. Inventeurs d'— doivent être traités comme criminels de lèse-majesté, II, 39.

Officiers; plaintes contre eux, I, 7, 8, 10, 11, 37, 38, 40, 41, 55, 155, 367, 368. Chambre établie au parlement pour informer de leurs malversations, I, 336, 338-343. — mal payés de leurs gages, I, 159; II, 14. — des forêts et bois, II, 84, 120.

Paix faite par Henri III, I, 291, 299.

Parisis, terme odieux, I, 115, 122, 164, 421; II, 144, 145; II, 24, 30, 68, 72, 102, 233. — des épices, II, 80, 103, 119, 190, 212.

Parlement, II, 88, 166. On y crée de nouvelles charges de conseiller, II, 222. Y expédier les causes par bailliages et par rôles, I, 36, 65, 100. Président au —, II, 101.

Paroisse (impositions d'une), II, 269.

Paroisses, contraintes d'acheter la vingtième partie des tailles et crues pour en jouir la vie d'un homme vivant et mourant, I, 102, 151, 152; II, 135, 175, 200; en armes contre les gens de guerre, II, 135. — pauvres, II, 225.

Partis absorbent le meilleur des impositions, II, 41.

Partisans, attaqués, II, 42, 79, 116, 211, 212.

Pauvres, abandonnés, II, 37; en grand nombre, II, 161, 165; doivent être nourris dans leur paroisse, I, 31; contributions et taxes en leur faveur, I, 436, 437; II, 358.

Peste, I, 44; II, 6, 38, 43, 66, 71, 193, 201, 231, 253.

Pied-fourché (impôt du) dans le bailliage de Cotentin pour les gages des officiers du présidial, I, 110; II, 19, 135, 175, 226.

Pirates, II, 56, 93.

Places frontières (vivres et munitions aux), II, 180.

Poids à mettre aux moulins, II, 219.

Poisson; marchands, vendeurs de —, II, 160. Taxe sur les

24

marchands de — salé, II, 213.
Polices d'assurance, cause principale de l'érection des prieur consuls de Rouen, II, 15.
Ponts et chaussées, à réparer, I, 111; II, 96, 134, 135, 174, 175, 223, 226. Pont de Rouen, II, 227.
Porteur et distributeur de paquets venant de l'étranger, II, 138.
Postes, I, 166; II, 23, 67, 102, 144, 232, 255.
Précepteurs pour l'instruction de la jeunesse, I, 30, 62; II, 206.
Présentations (droits de) de clercs de greffe, II, 190, 212.
Présidiaux, I, 156, 157; II, 135, 175. Offices nouveaux créés aux —, II, 169. Séances aux —, II, 178. Conseiller ecclésiastique laïcisé au présidial de Caen, II, 111. Présidial du Cotentin, II, 19, 135, 175, 226. Présidial de Rouen, II, 237.
Prévôt des maréchaux, I, 389, 390.
Prévôté (service de) dans les fiefs; comment doit être banni, I, 49.
Prieur consuls, II, 57; leur juridiction à conserver contre l'amiral, II, 14.
Prieurés conventuels devenus simples, II, 277.
Prisonniers enlevés des prisons, II, 48, 87, 122.
Privilège Saint-Romain, I, 336; doit être réservé aux Normands, II, 230.

Privilégiés de la suite de la cour, II, 62.
Prix de toutes choses, augmenté, I, 362.
Procuration; pour prendre part à l'élection des députés, II, 253. — donnée par les députés, I, 405.
Procureurs communs, II, 11, 119.
Procureurs du Roi aux Elections, retablis, I, 224, 225; érigés aux sièges particuliers, I, 89.
Protestants; permettre aux maîtres de navire qui sont de cette religion de rentrer en France, nonobstant les édits, II, 126, 127. Règlement pour la taille des —, II, 127.
Pruneaux (édit ou dace des), II, 9.

Quatrième des boissons, I, 43, 59, 164; II, 10, 171.
Quêteurs et contrôleurs, I, 242.
Quittances des impositions, II, 288.

Réappréciation des marchandises, II, 14, 89, 90, 124, 212, 270, 338. L'édit qui l'ordonne, déclaré abominable, II, 158.
Receveurs collecteurs dans les paroisses, office à supprimer, II, 59, 137, 138, 189. Receveurs et dépositaires des deniers, II, 162, 214. Receveurs des consignations, II, 119. Receveurs généraux des finances, I, 399,

403; l'un d'eux en fuite, II, 139, 140. Receveurs généraux des sièges présidiaux, II, 119. Receveurs des tailles, II, 11; receveurs des tailles alternatifs, rétablis, I, 241, 242.

Réduction des villes de la Généralité de Caen, I, 22.

Réformation générale promise, I, 328; II, 287.

Régalement des tailles, I, 123; II, 21, 63; II, 310. Commission pour cette opération, II, 200.

Regratiers, II, 72.

Reîtres en France, I, 220; leur paiement, I, 135; II, 101, 197, 199.

Religion (unité de), à prescrire, I, 272; II, 108, 131, 143, 204, 338.

Rentes constituées sur le domaine, I, 363; sur les recettes générales, I, 112; II, 221, 222, 295; non payées, I, 51, 103, 158; II, 14, 84, 115, 155, 219, 222.

République; ses formes, II, 283, 284.

Requêtes du Palais à Rouen, II, 223.

Resve et haut passage, I, 136, 137.

Révolte en Normandie, I, 197, 279.

Romaine, II, 213. Réappréciation de la —, II, 163.

Royauté; son origine, II, 282, 283.

Sceau de la justice ordinaire, I, 60; II, 119, 212.

Sceau des draps, subside, I, 60, 98; II, 60, 80.

Sceau de la chancellerie, II, 134, 174.

Secrétaires, II, 58.

Sel; abus dans les condamnations à l'amende pour le fait du —, II, 185, 200. Augmentation des droits de gabelle, II, 293, 329. — baillé par impôt, I, 95, 139; II, 7, 8, 52, 53, 116, 117, 185, 189, 200, 205. Crues sur le —, II, 267. Demi-parisis sur le —, I, 104. Impôts sur le —, I, 41, 60, 138; II, 220. — insalubre, II, 182. Parti général du —, II, 182. Prix excessif du —, II, 220, 221. Rentes sur le —, à racheter, I, 95. — transporté par les marchands de Dieppe et de Rouen, I, 96. Voiture du —, II, 184.

Séminaires (vote en faveur des), II, 231.

Serge d'Italie, II, 270.

Sergents, II, 136. — à cheval, office supprimé, I, 183. — des tailles et gabelles, II, 47. — des villages, II, 11. — traversiers aux forêts, II, 47.

Simoniaques, à poursuivre, II, 108, 206.

Soldats; leurs exactions et leurs ravages, I, 7, 17, 47, 48, 64, 72, 91-95, 114, 141, 142, 163, 164, 273, 305, 323, 324; II, 6, 12, 38, 61, 66, 71, 128,

129, 130, 131, 154, 155, 178, 193, 205, 207, 210, 211, 224, 231, 240, 279.

Solde de 50,000 hommes, I, 60, 363; II, 115, 156, 270.

Stérilité en Normandie, II, 43, 66.

Subsides sur les marchandises, II, 88; sur le vin, II, 9, 10, 60, 90.

Subventions sur les villes closes, II, 83, 115, 156.

Suisses (alliance avec les), I, 134; II, 197, 199, 201, 248.

Syndics du clergé (contre les), I, 273.

Table de marbre (contre les officiers de la), II, 15, 56, 92, 125.

Tailles, I, 102, 103; à réduire, I, 87; II, 65, 78, 79; à ramener au taux du règne de Louis XII, I, 361, 365; II, 38. Abus au département des —, I, 39, 40, 87. Commission pour le règlement des —, I, 123. Décharge du vingtième des —, II, 343. Département des —, 338, 405; II, 8, 228. Forme du département des —, I, 150. Rôle de l'assiette des —, II, 73.

Taillon, II, 27; receveur général du —, I, 393.

Taxes des députés, II, 321, 322, 323, 348-350. — pour la vente de boissons en détail, II, 117; sur les officiers ordinaires, II, 192.

Toiles et canevas (impôt sur les), II, 212, 338.

Terres, à non-valeur par suite des subsides, II, 43, 208.

Terres vaines et vagues (recherche des), II, 270.

Traite des blés, à défendre, I, 160; II, 18, 65, 126, 322.

Traite foraine et domaniale, I, 42, 60, 97, 136, 137; II, 9, 10, 54, 89, 124, 269, 270.

Trésoriers de paroisses; leur rôle dans la délégation d'électeurs, II, 327, 328.

Trésoriers généraux de France, I, 111, 174, 188, 193; plaintes contre eux aux Etats, II, 329.

Trésors et fabriques d'églises, II, 110, 225; leurs comptes ne doivent être soumis aux Elus, I, 62, 63, 89.

Université de Caen, I, 101, 273; II, 20, 28, 61, 121, 259-261.

Usuriers (recherche des), II, 181, 222.

Vénalité des offices de judicature, II, 246.

Vice-baillis de Normandie, I, 72, 109, 116, 165, 389; II, 24, 46, 65, 67, 101, 122, 188, 210, 229, 232, 255, 273, 339; leurs fonctions et leurs gages, I, 94; soumis à comparaître, chaque année, devant les Etats et à leur remettre leurs procès-verbaux, I, 80.

Vicomté (droit de), II, 11. Assesseurs des vicomtés, I, 89, 149.

Villes; baux des aides et octrois des —, I, 63, 89. Subvention sur les — closes, II, 197, 201, 263. Contre les particuliers qui se retirent dans les — franches, II, 182. Permettre aux — et bourgs, qui n'ont ni deniers communs ni octroi, de lever sur leurs habitants des impositions pour les réparations de leurs murs, ponts et portes, II, 184.

Vins, II, 9, 262.

TABLE DES NOMS DE LIEU (1)

ALENÇON, I, 192, 328, 402. Délégués du bailliage d' —, I, 435, 436. Echiquier d' — supprimé, II, 293. Election d' —, II, 265.
AMBOURVILLE (curé d'), I, 310.
ANDELY; Capucins, II, 207. Chanoine, II, 336. Château, II, 65. Cure de N.-D., I, 291. Election, II, 227, 228. Gouverneur, II, 309. Habitants, II, 85.
ANGIENS, sie, II, 290.
ANGLETERRE; artisans français émigrés en —, II, 270. Cartes d' —, II, 352. Déprédations commises par ceux de ce pays, II, 128. Trafic avec l' —, II, 9.
ANQUETIERVILLE (curé d'), II, 246.
ARGENTAN, I, 190, 191. Grenier à sel d' —, II, 264. Réclame la conservation de ses deux receveurs des aides et tailles, I, 175.
AUBIGNY, sie, II, 297.
AUGE; vicomté d' —, II, 239, 356. Domaine de cette vicomté, II, 113.
AUMALE (duc d'), II, 233.
AUXAIS, sie, II, 312, 313.
AUZEBOSC (curé d'), II, 311.

BLANCMESNIL, sie, II, 271.
AUZOUVILLE, sie, I, 229.
AVRANCHES, I, 50. Chapitre, II, 291, 304, 306, 319, 350. Doyen, I, 406, 411.

BAYEUX; archidiacre, II, 335. Election, I, 75, 328.
BEAUCHESNE, sie, I, 411.
BEAUMONT, sie, I, 196, 264; II, 250, 270.
BEAUMONT-LE-ROGER (prieuré de), II, 295.
BECTHOMAS, sie, I, 210, 297, 310; II, 308.
BELLE-ÉTOILE (abbé de), II, 251.
BERNIÈRES (habitants de), I, 66, 153.
BOIS (le), sie, II, 291.
BOIS D'ENNEBOURG, sie, II, 238, 250.
BOISEMONT, sie, II, 251.
BOISGUILLAUME, sie, II, 239.
BONFOSSÉ, sie, II, 304, 305.
BONNEBOS, sie, I, 311.
BORDEAUX, II, 16.
Bosc (le), sie, II, 315.
BOSC-RENOULT-EN-ROUMOIS (curé du), I, 353.

---

(1) Les lettres sie, ajoutées aux noms, indiquent les seigneuries.

BOULLINGES (les), s^{ie}, I, 335.
BOULOGNE, II, 128, 164.
BOURSES, s^{ie}, II, 320.
BRÉSIL (commerce au), II, 15.
BRÉVIANDE, s^{ie}, II, 309.
BREZOLLES (châtellenie de), I, 390.
BRISELIÈRE (la), s^{ie}, II, 313.
BUCAILLE (le), s^{ie}, I, 275.

CAEN, I, 328, 331, 333; II, 319. Arrière-ban, II, 322. Bailliage, II, 188. Bureau des finances, II, 297. Chanoine de Caen, I, 406, 409; du Saint-Sépulcre, II, 319. Château, I, 14, 119. 167; II, 67, 257. Député particulier pour cette ville, II, 314, 335. Echevins, I, 247. Election, I, 22. Fortifications, II, 97. Garnison, I, 12; II, 26. Généralité, I, 22, 144. Présidial, I, 110; II, 111, 117, 135, 175. Université, I, 105; II, 259, 261. Vice-bailli, I, 92. Caen, désigné pour les acquits à prendre pour la marchandise par mer dans le bailliage de Cotentin, I, 50.
CALAIS, II, 16, 128, 164.
CANARIE (île de), II, 128.
CANY (juridiction de), II, 176.
CARENTAN, I, 50, 331. Armée de —, I, 123. Prise de —, I, 197, 198.
CARTIGNY, s^{ie}, II, 336.
CAUDEBEC; collège, I, 246. Election, II, 175.
CAUMONT, s^{ie}, II, 303.
CAUX (bailliage de), réclame contre le privilège des habitants du Havre, I, 69.
CHAILLOUÉ (maison de), II, 310.
CHAMPAIGNE (la), s^{ie}, II, 251.
CHANTELOU, s^{ie}, I, 311.
CHAPELLE (la), s^{ie}, II, 317.
CHARITÉ (ville de la), I, 283.
CHARLEVAL, I, 402. Ses exemptions, II, 21, 261.
CHATEAU-GAILLARD (gouverneur du), II, 309.
CHATEAUNEUF-EN-THIMERAIS, I, 72, 183, 189, 190; II, 257, 259, 265. Election créée à —, I, 109, 147, 188, 193, 390, 391, 393; rétablie, II, 218. Prévôt et vice-bailli à —, I, 109, 117, 166; II, 25, 216, 357.
CHERBOURG; garnison de —, I, 12, 137. Marchandise par mer à —, I, 50.
CHEVALERIE (la), s^{ie}, II, 250.
CIRFONTAINE, s^{ie}, II, 312.
CIVIÈRES (cure de), II, 251.
CLÈRES (baronnie de), II, 294.
CLOS, s^{ie}, II, 319, 321.
CONCHES ET BRETEUIL, I, 171.
CONDÉ, au bailliage d'Alençon (cure de), II, 320.
CONNELLES (curé de), I, 276.
COQUEREAUMONT, S^{ie}, I, 276; II, 325, 334.
COSQUEVILLE, s^{ie}, II, 319.
COSTES (les), s^{ie}, II, 225, 334.
COTENTIN; bailli de —, II, 19, 175. Présidial du — uni à celui de Caen; on demande la suppression de l'impôt établi pour

les gages des officiers de ce siège, I, 52, 110; II, 135, 358.
COULONAS (baronnie de), II, 312.
COUTANCES (chanoines de), I, 310; II, 251, 312.
CRESNAY, s^{ie}, I, 410.
CRESPON, s^{ie}, II, 297.
CROISSET, s^{ie}, II, 281, 290, 293.
CUISSEL, s^{ie}, I, 398, 407.

DAUBEUF (curé de), II, 300.
DIEPPE, I, 96. Citadelle de — réédifiée contre le gré des Etats, II, 76. Garnison de —, I, 12.
DINAN, II, 191.
DOMFRONT, I, 191, 192, 331. Armée contre —, I, 123. Prise de —, I, 197, 198. Privilèges prétendus pour la vicomté de — en fait de sel, II, 183.
DOUAIRES, s^{ie}, II, 335, 336.
DRANCY, s^{ie}, II, 309.

ECOUEN, I, 329, 333.
ECOUIS (curé d'), 304, 320.
EMANVILLE, s^{ie}, I, 232.
ERNAINVILLE, s^{ie}, I, 253.
ESPAGNE, II, 128. Cartes d' —, II, 352.
ESQUAY, s^{ie}, II, 297.
ESTEVILLE, s^{ie}, I, 210; II, 325, 334.
ÉTRÉPAGNY (curé d'), I, 310.
EU; archidiacre d' —, II, 306. Comté d' — du ressort du parlement de Paris, II, 122, 317. Peste à —, II, 265.
EVREUX, I, 79, 80. Bailli d' —, II, 272. Chapitre d' —, II, 291,
304, 306, 320. Assemblée pour la nomination d'un député, II, 344. Election d' —, I, 145. Maison de ville d' —, II, 346. Présidial d' —, II, 346. Pénitencier d' —, I, 398, 406. Receveur des tailles à —, II, 349.

FALAISE, I, 91, 113; II, 317. S. Jean de —, I, 436; II, 310, 313. Vicomté de —, II, 183.
FAY (Le), s^{ie}, II, 335, 336.
FÉCAMP, II, 56.
FÈRE (La), I, 414.
FERTÉ (baronnie de la), II, 291.
FLANDRE (commerce avec la), II, 10.
FLEXINDES (habitants de); leurs exactions, II, 128.
FONTAINES, s^{ie}, II, 280, 290.
FOREST (La), s^{ie}, II, 311.
FOSSE (La), s^{ie}, II, 304.
FOURGES (curé de), I, 397, 407.
FRANQUEVILLE, s^{ie}, I, 232, 286; II, 308, 311.
FRETTEMEULE, s^{ie}, II, 239.

GAILLON, I, 209.
GALLEVILLE, s^{ie}, I, 286.
GENESTAY, s^{ie}, I, 232; II, 301, 303.
GISORS, II, 251, 292. Bailliage de —, II, 297. Election de —, I, 67; II, 227, 228. Procureur syndic de la ville de —, II, 321, 340.
GORGEVILLE, s^{ie}, I, 311.
GOSTIMESNIL, s^{ie}, I, 311; II, 303.
GOURNAY; vicomté de — annexée

à l'Élection d'Andely, II, 227, 228.
GOURNAY, s^{ie}, II, 336.
GRANVILLE; garnison, I, 12; II, 137. Marchandise par mer à —, I, 50.
GRAINVILLE-LA-TEINTURIÈRE, s^{ie}, I, 232.
GRAINVILLIER (grenier à sel de); quelques villages de la vicomté de Neufchâtel en dépendaient, II, 183.
GRÉAULME, s^{ie}, II, 325.
GRÉMONVILLE, s^{ie}, II, 302.
GRUCHET, s^{ie}, II, 325.
GUIBRAY (foire de), II, 55, 190.
GUINÉE (commerce avec la), II, 15.
GUISENIERS (curé de), II, 336.

HARDENVILLE, s^{ie}, I, 334, 411.
HATENTOT, s^{ie}, I, 396; II, 406.
HAULLE (la), s^{ie}, I, 426.
HAVRE DE GRACE (le), I, 402; II, 56. Garnison du —, I, 12. Habitants déchargés des tailles, I, 69, 109.
HAYE (la), s^{ie}, II, 291.
HERTRÉ, s^{ie}, II, 252.
HEUGUEVILLE, s^{ie}, I, 232.
HOGUE (la), II, 56.
HOLLANDAIS (exactions des), II, 128.
HOLLANDE, II, 164, 165.
HONFLEUR, II, 83.
HOUETTEVILLE, s^{ie}, II, 291, 292.

ISSOIRE, I, 283.

JARRIER (le), s^{ie}, II, 251.

LAMBERVILLE, s^{ie}, II, 291.
LISIEUX, II, 83. Chapitre de —, I, 310; II, 251, 253, 255, 277-279, 312, 335, 344, 345, 347, 352.
LANDE (la), s^{ie}, II, 304.
LONDE (la), s^{ie}, I, 256; II, 301, 303.
LONGUERUE, s^{ie}, I, 229.
LONGUEVILLE (vallée de) près Vernon, II, 178.
LOUVIERS (grenier à sel de), II, 264.
LYON, II, 16. Marchands de —, II, 162.
LYONS (forêt de), II, 228.

MARESTS (les), s^{ie}, II, 251.
MAROMME, s^{ie}, I, 210, 258, 259, 273.
MARTAINVILLE, s^{ie}, II, 325.
MASSY (curé de), I, 406.
MAUTEVILLE, s^{ie}, I, 232.
MENUCOURT, ailleurs Nucourt, s^{ie}, II, 291, 293, 320, 336.
MÉRESVILLE, s^{ie}, I, 197.
MOIGNEVILLE, s^{ie}, I, 335.
MONTAGNY, s^{ie}, I, 232.
MONT-St-MICHEL, I, 50; II, 137.
MONTIVILLIERS; curé de St-Germain de —, II, 334. Habitants de —, I, 69. Vicomté de —, II, 181.
MONTREUIL (châtellenie de), II, 330.
MORTAGNE, I, 191, 192.
MORTAIN (domaine de), aliéné, II, 113.

Moulin-Chappel (le), s^{ie}, I, 398, 407, 409.

Néhou (baronnie de), I, 219.
Neucourt, v. Menucourt.
Neufchatel; doyen et curé de N.-D. de —, II, 318. Curé de St-Jacques de —, II, 290. Echevins de —, II, 290. Vicomté de —, II, 122, 183.
Néville, s^{ie}, I, 196.
Nogent-le-Rotrou (châtellenie de), I, 390, 399.
Normandie, dénuée de blés, II, 9; surchargée d'impôts, I, 325. Son parlement, II, 293. Confirmation de ses privilèges, II, 338.
Norwège (pêcherie en), II, 160.

Oissel (contagion à), II, 337.
Orbec (assemblée à), II, 277, 278.

Paris; barricades à —, II, 338; peste à —, I, 421.
Parquet, s^{ie}, II, 331.
Perche (prévôt du), I, 72, 117, 165; II, 24, 255.
Plainbosc, s^{ie}, I, 232.
Pommanville, s^{ie}, I, 398.
Pont-Audemer, I, 171. Election de —, I, 113. Grenier à sel de —, II, 265. Vicomté de —, I, 183, 218, 239.
Pont-Autou, I, 171.
Pont-Bellenger, s^{ie}, I, 311.
Pont-de-l'Arche, I, 171; II, 253. Election de —, I, 113; II, 131.

Ponts, halles, cohue, moulin de —, I, 109, 110. Vicomté de —, I, 218.
Pont-l'Evêque, I, 171. Election de —, I, 113.
Pontoise, II, 267; prétend se soustraire à l'Élection de Gisors, I, 67. Contrôleur des tailles à —, I, 120.
Pontorson, I, 50; II, 137, 191. Pont à —, II, 141. Réparations à —, II, 99.
Pont-S.-Pierre, s^{ie}, I, 232, 256, 280.
Portugal (cartes du), II, 351.
Posville, s^{ie}, I, 414.
Poullinière (la), s^{ie}, II, 320.

Quenouville, s^{ie}, I, 232.

Raffetot, s^{ie}, II, 318.
Rampan (curé de), I, 310, 334; II, 312.
Rençon (curé de), I, 246.
Rochelle (pacification à la), I, 197.
Rouen, I, 96, 328, etc. Sa dignité, I, 269. Bailliage de —, II, 296, 301, 308, 327; en contestation avec la Ville pour l'élection des députés, I, 249-274. Chambre ecclésiastique établie à —, II, 352. Chapitre de —, I, 413, 425, 436, 437; II, 290, 317. Curés de Ste-Croix-S.-Ouen, I, 354; de St-Maclou, II, 294; de S.-Vivien, II, 316. Draperie de — en décadence, II, 270. Echevins de

—, II, 84, 95. Election de —, I, 113. Exemption de S.-Cande-le-Vieux, II, 306. Foires de —, II, 164. Hôtel archiépiscopal, II, 395. Hôtel-de-Ville, assemblées, II, 291, 301, 308, 315, 316, 325. Port de —, II, 227. Rente sur le domaine vendue à la Ville de —, I, 218. Subvention sur la Ville de —, II, 156.

ROULLE (le), s^{ie}, I, 414.

SAYNEVILLE, s^{ie}, I, 210.
S.-ARNOULT, I, 246.
S.-BONNET, s^{ie}, II, 317.
S.-BRISSON, s^{ie}, II, 309.
S.-DENIS-DES-MONTS, s^{ie}, II, 325.
S.-DÉSIR, s^{ie}, II, 308.
S.-GEORGES-SUR-FONTAINE-LE-BOURG, II, 268.
S.-GERMAIN-EN-LAYE (assemblée de), II, 289.
S.-GERMAIN-LANGOT, s^{ie}, II, 303.
S.-GERMAIN-SUR-CAILLY, II, 269.
S.-JUST, s^{ie}, II, 308.
S.-JUST, s^{ie}, II, 311, 313.
S.-Lô, I, 331. Camp de — en 1574, I, 123, 169; II, 26. — pris, I, 197, 198. Siège vicomtal établi à —, I, 19, 20. Pont de Vire à —, II, 135.
S.-MARTIN, s^{ie}, I, 275.
S.-PIERRE-LANGER, s^{ie}, I, 311.
S.-SAUVEUR-LENDELIN (bailliage de), aliéné, I, 218, 219.
S.-SAUVEUR-LE-VICOMTE (bailliage de), aliéné, I, 218, 219.

S.-SYLVAIN (juridiction de), I, 352; II, 230.
SAUQUEVILLE (collégiale de), II, 303.
SÉEZ; abbaye de S.-Martin de —, II, 306. Chapitre de —, I, 310, 335; II, 303, 313. Evêque de —, II, 305. Official de —, I, 315.
SENERPONT, s^{ie}, I, 229.
SEQUEPAIX, s^{ie}, II, 197.
SEURVYE, s^{ie}, II, 305.
SILLY, s^{ie}, II, 296.
SOUCY, s^{ie}, II, 271.
SUISSES (cartes), II, 352.

TACONNIÈRES, s^{ie}, II, 239.
TENDOS, s^{ie}, II, 318, 325.
TERRES-NEUVES (pêcheries aux), II, 160.
TERTRE (le), s^{ie}, II, 305.
THIBERMESNIL, s^{ie}, I, 197, 258, 273.
THORIGNY, II, 342.
TILLIÈRES, s^{ie}, II, 296.
TOUFFREVILLE, s^{ie}, II, 318.
TOULOUSE, II, 16.
TOURELLE (la), s^{ie}, II, 313.
TRÉPORT, I, 402.
TRESVÉES, s^{ie}, I, 406, 408.

VACHERIE (la), s^{ie}, I, 276, 412, 426; II, 354.
VARAVILLE ou Varville, s^{ie}, I, 406, 411.
VARNEVILLE, s^{ie}, II, 239.
VAUPALIÈRE (la), s^{ie}, I, 425.
VERDUN (construction de la citadelle de), II, 233.

Verdun, s^{te}, II, 308.
Vergemont, s^{ie}, II, 250.
Verneuil, I, 191, 192. Député de —, II, 336. Maire de —, II, 336. Tour grise de —, II, 216.
Vernon, II, 292, 320. Curé de Ste-Geneviève de —, II, 312. Prieuré de l'hôpital de —, II, 177.
Viardière (la), s^{ie}, II, 336.
Vicquemare (curé de), II, 250.

Vicques, s^{ie}, II, 292, 335, 336.
Vietz, s^{ie}, II, 320, 321.
Villers, s^{ie}, II, 304, 335, 336.
Vire (vicomté de), II, 177.

Yémois (archidiacre d'), I, 407.
Yvetot (principauté d'), I, 69, 402, 405.

Zélande (exactions des habitants de), II, 128, 165.

TABLE DES NOMS D'HOMMES (1)

Abraham (Guill.), sr des Boullinges, d., I, 211, 335.
Acart (Ch.), d., I, 312.
Alain d'Andely (capitaine), II, 65.
Allain (Louis), curé de Vicquemare, d., II, 250.
Allègre (baron d'), I, 354, 358.
Alorge (Guill.), sr de Hardanville, trésorier des Etats, I, 334, 396, 410, 411; II, 350.
Alorge (Pierre), frère du précédent, II, 350.
Alorge, sr de Saynaeville, d., I, 210.
Angier (Michel), d., II, 291.
Anjou (duc d'), I, 293, 381; son apanage, I, 121; II, 258; payement de 500 h. de guerre à pied dans la ville de son apanage, I, 168; II, 26, 67, 248.
Anzeray (Franç.), sr de Courvaudon, conseiller, puis président au parlement, I, 339, 342; II, 271, 302, 359.
Anzeray (Jacq.), sr de Courvaudon, conseiller au parlement, commissaire pour la réformation de l'université de Caen, I, 105.

Auber (Guill.), échevin de Rouen, I, 229, 230.
Aubin (Pierre), d., II, 320.
Auger (Jacq.), d., I, 311.
Autriche (Élisabeth d'), veuve de Charles IX, I, 362, 381.

Badin (Rob.), d., I, 311.
Badmaire, ailleurs Badoire et Badoyes (Lucas), d., I, 248, 312; II, 320.
Ballin (Mich.), d., II, 336.
Ballue (Adrien), chanoine de Rouen, I, 239, 259; d., I, 125, 413; II, 240.
Ballue (Jean-Pierre), maître en la Chambre des Comptes, II, 239.
Ballue (Marie), femme de Mathieu Poullain, II, 239.
Basiret (Mich.), huissier des Etats, II, 313, 316.
Bassompierre (Christ. de), acquéreur des vicomtés de S. Sauveur-Lendelin et S. Sauveur-le-Vicomte, I, 218, 219.
Baudain (Gaultier), d., II, 318.
Bauquemare (Jacq. de), sr de Bourdeny, premier président, I, 218, 287, 329, 338, 342, 372;

(1) La lettre d., ajoutée aux noms, indique les députés.

ses harangues, I, 196-208, 211-212, 232-238, 276-285, 298-306, 359-372, 414-422, 426-435; II, 241-249, 281-288, 358.

BAUQUEMARE (Nas de), sr de Franqueville, greffier des Etats, I, 20, 233, 276, 286; II, 345.

BEAULLART (Pierre), d., I, 311, 315; II, 198, 201, 312, 313.

BEAUNAY (de), d., I, 125.

BELLENGER (Jacq.), d., I, 312; II, 252.

BELLIÈRE (Georges de la), sr de S. Pierre-Langer, d., I, 311.

BELLIÈVRE, conseiller d'Etat, commissaire du Roi, I, 15, 28, 55, 310, 315, 316, 321, 329, 333, 345.

BELLIN (Martin), chanoine d'Avranches, d., II, 291.

BENARD (Ch.), chanoine de Coutances, d., II, 251, 253, 271.

BEROULD ou Beroult (Nas), d., II, 320, 335.

BEUZEBOSC (Louis), vicaire de S.-Arnoult, I, 246.

BEUZELIN, assesseur du bailliage de Rouen, II, 239.

BEZUQUET (Jean), doyen de S.-Cande-le-Vieux, député à l'Assemblée du Clergé, II, 306.

BIGARDS (Antoine de), sr de la Londe, député aux Etats de Blois, I, 256; à ceux de Normandie, II, 301, 303, 305.

BIGOT (Emery), sr de Thibermesnil, 1er avocat du Roi au parlement, commissaire du Roi aux Etats, I, 119, 195, 196, 276, 287; II, 241, 281, 359. Député aux États de Blois, I, 258, 273, 274, 298, 312, 414, 426.

BIGOT (Lanfranc), chanoine de Rouen, I, 196, 209.

BIGOT (Octovien), sr d'Esteville, d., I, 210; II, 325, 334.

BIGUES (Jean), sr de S.-Désir, grand vicaire de l'archevêque de Rouen, I, 297, 425; II, 308.

BIRAGUE (cardinal de), I, 388.

BIRON (armée de Guyenne au maréchal de), I, 414.

BLAINVILLE (Marin de), d., I, 125, 413.

BLANC-MESNIL, maître des Requêtes, II, 249.

BLANCPAIN (Jean), d., I, 397, 406.

BLONDEL (Pierre), d., II, 335.

BLOUET (Tassin), d., II, 335.

BODIN (Ch.), d., I, 397, 406, 411, 412.

BODIN (Jean), qualifié grand perturbateur et infracteur des lois du pays, I, 34, 35, 65; commissaire pour la réformation des forêts, I, 344, 357; II, 50, 51, 85, 133, 154.

BOILEAU, d., II, 317.

BOISLEVESQUE (de), greffier du parlement, I, 129, 343.

BONACORCY (Pierre de), général des finances, commissaire du Roi aux Etats, I, 196, 232, 245, 276, 287, 312, 313.

BONGARD (Franç.), d., I, 413.

BONHOUMET (Gilles), d., II, 251.

BORDEAUX (Louis de), baron de Coulonces, d., II, 312.

BORNES (Mich. de), trésorier des Etats, II, 263, 265, 267, 268, 309, 322, 323, 349, 350, 351, 363.

BOSC-REGNOULD (Toussaint du), curé du Bosc-Regnould, d., I, 353, 355.

BOUCHARD (Ant.), chanoine, d., II, 335.

BOUCHER (Jean), avocat du Roi à S.-Sylvin, I, 352.

BOUJU (Mich. de), chanoine de Rouen, député à l'Assemblée du clergé, II, 306.

BOULLENC (Raoul), chanoine d'Évreux, d., II, 304, 306.

BOULLENGER (Jacq.), d., II, 313.

BOULLOCHE (Jean), d., II, 305.

BOULLON (Franç.), d., II, 291.

BOULLON (Jean), d., II, 319.

BOURBON (Ch. de), cardinal, I, 207, 208, 293, 337; II, 233.

BOURBON (Franç. de), duc de Montpensier, gouverneur de Normandie, I, 204, 293; II, 329; commande l'armée de Poitou, I, 220; engagiste du domaine de Mortain, II, 113; vicomte héréditaire d'Auge, II, 356.

BOURDON (David), curé de Guiseniers, d., II, 336.

BOURGOUAIN ou Bourgouing ou Bourguain, d., I, 312, 399, 407; II, 252, 313.

BOUVRICGUES, maître d'hôtel du Roi, II, 341.

BOYVIN (Rob.), sr de Galleville, trésorier des Etats, I, 286.

BRADECHAL (Jean), d., I, 397, 407; II, 292.

BRÉAUTÉ (Adrien de), sr de Néville, bailli de Gisors, commissaire du Roi aux Etats, I, 196, 276, 298, 312, 320, 359, 414, 426; II, 241, 281, 297, 309, 316, 329, 332.

BRÉAUTÉ (Rob.), d., II, 250.

BRETEL (Raoul), sr de Grémonville, conseiller au parlement, I, 339, 342; II, 301, 359.

BRETEL, sr de Lanquetot, commissaire du Roi aux Etats, II, 297, 309, 329.

BRÈVEDENT (Jacq. de), président au présidial de Rouen, II, 237.

BRÈVEDENT (Jean de), lieutenant général au bailliage de Rouen, I, 211, 230, 250, 253, 258, 259, 260, 261, 352, 356.

BRÈVEDENT (de), président au parlement, office supprimé, I, 222.

BRIÈRE (Jean), d., I, 407.

BRIFFAULT (Jean), d., II, 311.

BRILLY (Martin de), curé d'Auberville-la-Campagne, I, 246.

BRINON (Nas), conseiller au parlement, I, 339, 343.

BRISART (Jean), d., II, 292.

BROUCEL (René), sr de Cuisel, d., I, 398, 407.

BRULART, secrétaire d'Etat, I, 13, 53, 56, 178, 342, 345, 349, 351, 359, 388; II, 197, 199, 282, 341.

Brullé (Nas), d., II, 291.
Brunel (Claude), huissier des Etats, II, 293.
Buret (Nas), curé de S.-Vivien de Rouen, d., II, 316-318.
Burnel (Nas); receveur des tailles, I, 175.
Busquet, chanoine de Rouen, I, 207.

Caiget (Rob.), sr de Loriers, d., II, 252.
Caillot (Nas), conseiller au parlement, I, 339, 343.
Camus (Jean), sr de S.-Bonnet, commissaire du Roi, II, 317.
Canouville (Ant. de), sr de Raffetot, d., I, 247; II, 267, 318.
Canterel (Jacq.), chanoine de Rouen, député à l'Assemblée du clergé, I, 208.
Canterel (Pierre), curé de Rençon, I, 246.
Caron (Pierre), d., I, 311, 335.
Carrel (Mich.), d., I, 231, 248, 249.
Carrey (Olivier), tabellion, II, 277, 349.
Catherine de Médicis, I, 218, 328.
Caumont, chanoine de Rouen, I, 275.
Cavé (Pierre), receveur des tailles, II, 269.
Cavelier (Jacq.), sr d'Auberville, procureur du Roi, puis lieutenant général au bailliage de Rouen, I, 195, 231, 259, 296, 354, 412; II, 237, 327.

Cavelier (Jourdain), de Bourdainville, I, 256.
Champaigne (Nas de la), conseiller au parlement, I, 339, 342.
Champin (J.-B.), partisan, II, 267, 293.
Champrepus (Jean), d., I, 311.
Chappuys (Claude), chanoine de Rouen, I, 229, 230.
Charles IX décharge le peuple d'une partie des impôts; ses dernières paroles, sa mort, son éloge, I, 197-199; fait construire un château à Charleval, II, 261.
Chastes (commandeur de), II, 269.
Chaudon, ailleurs Chandor, commissaire du Roi, II, 317.
Chavignac (Aymar de), chantre du Chapitre de Rouen, I, 336; d., I, 176, 425, 436.
Chérie (Christ.), d., I, 311.
Chefdeville (Franç.), d., II, 250; appelé par erreur Geneville; II, 29.
Cheverny (Hurault de), garde-des-sceaux, I, 388.
Chollet (Gervais), d., II, 350.
Chrétien (Thomas), chanoine de Lisieux, d., I, 310; II, 251, 254, 255, 277, 344, 346-349.
Clerel (Nas), chanoine de Rouen, I, 208, 209, 259, 340, 354, 413; d., I, 275, 297, 309, 310, 312, 314, 315 et suiv.; son discours à l'Assemblée des Etats de 1578, I, 323-327; sa

taxe, I, 333, 334; porte le cahier, I, 336.

Clères (Jacq., baron de), nommé député, II, 294, 295.

Clinchamp (Ch. de), sr du Fay, d., II, 335, 336.

Collardin (Ch.), sr de la Champagne, d., II, 28, 251, 252.

Collet (Lubin), sergent de Caen, II, 342.

Colombières, tué en défendant Saint-Lô, I, 198.

Combellan (capitaine), II, 342.

Cormeilles (Franç. de), sr de Tendos, d., II, 316, 318, 325.

Cossart, chanoine de Rouen, II, 271.

Cossé, sr de Brissac (embarquement de), II, 269.

Costil (Ant.), I, 297, 311.

Cottard (Jean), d., I, 276.

Coipel, vraisemblablement pour Crespet, d., II, 29.

Couppel (Pierre), sr de la Paullinière, d., II, 305, 320.

Creppeau (Jean), commis d'un receveur des tailles, II, 349.

Crespet (Gilles), d., 29, 251.

Croismare (Jean de), sr de Gréaulme, II, 325.

Croismare (Jean de), sr de S.-Jean-du-Cardonnay, d., I, 354, 394, 405, 425.

Daclainville (Jacq.), d., I, 426.

Dadré (Jean), d., II, 73.

Dagoumer (Et.), d., II, 300, 334.

D'Almenesches (Simon), d., II, 312, 336.

Dambray (Henri), receveur général, I, 403, 414; II, 241, 267, 309, 329.

Dampierre (Rob.), d., II, 311.

Daniel, greffier du bailliage de Rouen, II, 326, 328.

Daumesnil (Marc), avocat du Roi à S.-Sylvin, I, 352.

Daupelley (Pièrre), d., II, 304.

D'Auzebourg ou Audebourg (Jean), I, 297, 311.

David (Martin), d., II, 320.

De Beaumont (Pierre), d., I, 196.

De Beauvoyr (Jean), d., II, 312.

De Bray (Jean), tabellion à Lisieux, II, 277, 349.

De Cléry (Franç.), d., II, 312.

De Cléry (Jean), curé de N.-D. de Neufchâtel, d., II, 318.

De Courcymault (Louis), d., II, 291, 335, 336.

De Hauteterre (Mich.), d., II, 335.

Dehors (Jean), d., II, 198, 201, 300, 304, 305, 313, 320-322, 340.

Dehors (Nas), I, 402.

De la Barre (Claude), trésorier général de France, II, 329, 330.

De la Follie (Louis), d., I, 311; II, 291.

De la Grèverie (Ch.), abbé de Belle-Etoile, d., II, 251.

De la Haye (Jean), sr de Chantelou, d., I, 70, 311.

De la Lande (Jean), d., II, 304, 306.

De la Mare (Simon), curé d'Écouis, d., II, 304, 320.

De la Porte (Georges), sʳ de Montagny, procureur général au parlement, I, 232, 276, 287, 298, 359, 414; II, 141, 281, 297, 309, 317, 329.

De la Roche (Pierre), d., II, 291, 293, 304, 306.

Delauney (Jean), d., I, 275.

De la Vache (Rob.), conseiller au parlement, I, 339, 342.

De Laval (Toussaint), curé de S.-Vivien de Rouen, d., II, 30, 238, 250.

De Laval (Et.), d., II, 252, 308, 311.

Denise (Louis), d., II, 311.

De Pessy (Jean), d., I, 195.

De Quièvremont (Thibault), d., II, 312.

De Quinchie (Jean), d., II, 312.

Desabris (Abraham), d., II, 318.

Desbois (Alexis), I, 398, 407.

Descourtys (Nas), d., II, 305, 336.

Des Essarts (Claude), prieur de la Gènevraye, d., II, 252, 253.

Desfontaines (Guill.), d., I, 406.

Deshaies (Jean), d., II, 268.

Desloges (Jean), sʳ de Chauvigny, d., I, 286.

Despaigne (Rob.), Élu à Evreux, II, 347.

Desperroys (Jean), sʳ de Cirfontaine, d., II, 312.

Des Planches (Barthélemi), imprimeur, I, 327.

Dessier (Simon), d., I, 311.

Dorbet (Gilles), d., II, 335.

Dormy, partisan, II, 117.

Du Bosc (Guill.), d., I, 396, 406.

Dubosc (Jacq.), sʳ de Coquereaumont, d., I, 276; II, 325, 334.

Du Bosc (Ric.), affranchi, II, 268.

Du Bosc (Ysembart), sʳ du Bois-d'Ennebourg, d., II, 238, 250.

Duboys (Jacq.), d., I, 399, 407.

Duchemin (Guill.), d., I, 406.

Duchemyn (Jean), d., II, 251.

Du Fay (Pierre), vicomte de Pont-Audemer, II, 239.

Dufay (Rob.), chanoine de Rouen, député à l'Assemblée du Clergé, I, 208.

Dufour, greffier de la Cour des Aides, I, 187, 193, 351.

Dufour (Ch.), d., II, 280, 290.

Dufour (Franç.), Élu supprimé à Argentan, I, 113.

Dufour (Jacq.), d., I, 414.

Dufour (Nas), sʳ de Longuerue, receveur de la ville de Rouen, I, 229, 230.

Du Fresnay (Jean), d., II, 335.

Duhamel (Jacq.), 2ᵉ avocat du Roi au présidial d'Alençon, I, 436.

Du Mesle (Ant.), chanoine de Caen, d., I, 406, 410.

Dumoustier (Jacq.), d., II, 319, 324.

Duparc (Franç.), sʳ des Tresvées, d., I, 406, 410.

Dupin (Franç.), d., II, 334.

Duplis (Hubert), d., II, 250, 252, 290.

Dupont (Mathieu), d., I, 297.

Dupont (Thomas), d., I, 196, 297, 311; II, 310, 318.

Dupré (Rob.), curé de Fourges, d., I, 397, 407.

Dupuys (Antoinette), affranchie, II, 269.
Durand (Jean), d., II, 319.
Durant (Louis), curé d'Etrépagny, d., I, 310.
Durant (Simon), d., I, 425.
Duval (Ant.), chanoine de Bayeux, d., II, 335.
Duval (Et.), sr de Mondreville ou Mondrainville, receveur du taillon en Normandie, I, 229, 393; II, 67, 102, 144, 232, 259.
Duval (Marin), d., I, 312; II, 292.
Duval (Réné), sr d'Estors, 1er président à la Chambre des Comptes, II, 241, 281, 297.
Duval (Sébastien), d., II, 320, 349.
Duval (Simon), curé d'Ambourville, d., I, 310.
Du Vallet (Jean), d., I, 311.
Du Vivier (Ph.), d., II, 304.
Du Vivier (Thomas), officier du Roi au bailliage d'Évreux, II, 347.

Engren (Jacques), d., II, 303, 319.
Epernon (duc d'), gouverneur de Normandie, II, 329.
Erouard, trésorier des fortifications de Champagne, II, 98.
Esneval (baron d'), II, 295, 296.
Espinac (Pierre d'), archevêque de Lyon, II, 50, 71, 72, 145, 233, 249, 271, 272, 276.
Estienne (Nas), d., II, 290.

Evreux (Guill. d'), doyen de Verneuil, d., II, 336.

Féron (Mich.), d., I, 275.
Ferrare (duc de), engagiste du Domaine, II, 113.
Ferrière (Jacq.), d., I, 275.
Feudrix (Jean), curé de Massy, d., I, 396, 406.
Filleul, élu à Lisieux, I, 113.
Fitte (Pierre de), sr de Soucy, conseiller au grand Conseil, II, 249, 271, 272, 276.
Fleury (Franç.), Élu à Falaise, I, 113.
Fortin-Restaudière (Jacq.), d., II, 251, 335.
Foubert (Laurent), d., II, 313.
Foubert (Pierre), curé de Civières, d., II, 251, 252, 312.
Fournel (Jean), d., I, 407.
Fournier (André), procureur du Roi à Pontoise, II, 267.
Freret (Jacq.), d., II, 312.
Fresnel (Jacq.), sr du Bois, d., II, 291.
Froissart (Jean), d., II, 303.
Frotté (Léon), sr de Vieupont, d., I, 179, 435; II, 32, 350.
Fumechon (Ph. de), d., I, 125.
Fumichon (Franç. de), sr de Gorgeville, d., I, 311.
Furault (Nas), d., I, 175, 305, 399, 407, 435; II, 392.

Garin (Franç.), d., I, 276.
Gayant (Adrien de), sr de Secquepaix, commissaire du Roi aux Etats, I, 196, 197, 218.

Gérard de la Valette (Guill.) lieutenant du bailli d'Alençon. I, 436; d., I, 125, 406, 411 412; II, 304, 350.

Givry (Anne de), évêque de Lisieux, député à l'Assemblée du Clergé, II, 307.

Gobelin (Balthazar), trésorier des guerres, II, 142.

Gordes (des), commandant de l'armée du Dauphiné, I, 210.

Gosse (Rob.), d., II, 303.

Gosselin, d., I, 125; II, 198.

Gosselin, secrétaire du chapitre de Lisieux, II, 279.

Gosselin (Jean), s^r de la Vacherie, procureur syndic des Etats de Normandie, fils du suivant, I, 53, 76, 212, 173, 182, 226, 227, 276, 351, 354, 395, 426; II, 233, 252, 253, 263, 292, 293, 305, 313, 337; destitué par les Etats, II, 330-334.

Gosselin (N^{as}), procureur syndic des Etats de Normandie, II, 331.

Gostimesnil (Ch. de), d., I, 311.

Gostimesnil (Gilles de), d., II, 303, 306.

Gouel, s^r de Posville, d., I, 414.

Gourfaleur (Rouland de), d., II, 304, 305.

Graindorge (Etienne), conseiller-partisan au présidial de Caen, II, 117.

Grantrue (de), commissaire du Roi aux Etats, I, 196.

Grenesai (Raoul), d., II, 319.

Grèverie (de la), abbé, d., II, 28.

Grimouville (Pierre de), s^r des Marests, d., II, 251.

Grippière (Louis), chanoine de Lisieux, d., I, 335.

Grisel (Rich.), s^r de Franqueville, d., II, 308, 311.

Groulart (Claude), s^r de la Cour, premier président au parlement, II, 296, 297, 298, 301, 302, 308-311, 316, 317, 328-334, 359.

Grumel (Pierre), curé, d., II, 290.

Guérard (Claude), d., II, 250.

Guérard (Denis), chanoine de Rouen, d., I, 195, 196; promoteur, I, 209; II, 295.

Guérard (Louis), chanoine de Rouen, d., II, 240.

Guernyer (Franç.), prieur de Beaumont-le-Roger, chanoine de Rouen, promoteur, d., II, 295, 301, 302, 305; député à l'Assemblée du clergé, II, 306.

Guernot (Jean), d., II, 290.

Gueroul (Ch.), dit le Sénéchal, d., II, 335.

Gueroul (Jean), curé de Rampan, d., I, 10, 312, 334.

Guesbert (Jean), chanoine d'Evreux, d., I, 79, 80, 398, 408, 410; député à l'Assemblée du clergé, II, 306.

Guillard (Hervé), d., II, 312.

Guillart (Jean), receveur des tailles en l'élection d'Evreux, II, 349.

Guillebert (Guillot), d., II, 349.

Guillebert (Jean), d., I, 354, 405, 410.

Guillots (Pierre), sr de Touffreville, d., II, 316, 318.
Guillotte (Louis), sr d'Auxais, d., II, 198, 312, 313.
Guise (cardinal de), I, 293, 388.
Guise (duc de), I, 293; II, 317; commandant de l'armée de Champagne, I, 229.
Guittery, défenseur de Carentan, I, 198.

Hallé (Barthélemy), sr de la Haulle, d., I, 426.
Hally, président au parlement, office supprimé, I, 222.
Hanyvel (Rob. de), sr de la Chevalerie, d., II, 239, 250.
Hardy (Franç.), d., II, 292, 293, 320, 336.
Hays (Pierre), d., I, 354, 398, 406.
Hébert (Médard), d., II, 319.
Helley (Jean), d., II, 303.
Henaudaye (M. de la), commandant de l'armée du Poitou, I, 414.
Hennot (Jean de), sr de Cosqueville, d., II, 319.
Henri III, appelé à la couronne, son éloge, I, 200, 201. A Paris, 18 août 1573, I, 227; à Châlons, nov., I, 227. A Lyon, 20 oct. 1574, I, 207. A Reims, fév. 1575, I, 241; à Paris, sept., I, 225, 226; à Lyon, oct., I, 241. A Paris, juin 1576, I, 245; 16 sept., I, 230; 7 oct., I, 252; à Dollanville, 7 nov., I, 274; à Angerville, 14 nov., I, 274. A Blois, 20 janv. 1577, I, 295; à Poitiers, 15 sept., I, 275; à Paris, dern. nov., I, 290; 26 déc., I, 292. A Paris, 18 avr. 1578, I, 342; à Fontainebleau, 20 sept., I, 296; à Paris, 16 déc., I, 327. A Paris, 8 fév. 1579, I, 13, 18 avr., I, 345, 347, 349, 351; 13 août, I, 388; 27 déc., I, 78. A S.-Maurdes-Fossés, juill. 1580, II, 269; à Blois, 29 déc., I, 123, 125, 187. A Blois, 24 fév., 20 avr. 1581, I, 193; II, 261; à Paris, 18 déc., I, 178. A Fontainebleau, 6 août 1582, II, 237, 238; à S.-Maur-des-Fossés, 28 et dern. août, II, 264; à Paris, 8 déc., II, 31. A Paris, 4 mars, 18 nov. 1583, II, 266, 267; à S.-Germain-en-Laye, 18, 20 déc., II, 70, 73. Ibid, 13 oct., 11 déc. 1584, II, 280, 105. A Paris, 22 déc. 1585, II, 147. Ibid, 15 janv., 10 nov. 1587, II, 197, 235. A Rouen, 1588, II, 338; à Chartres, 15 août, II, 325. Lettre de Henri III à Matignon, II, 342, 343. Autre lettre pour l'élection des députés, II, 326.
Henry, sr des Vietz, d., II, 320.
Hérambourg (Guill.), premier huissier de la Chambre des Comptes, I, 182; II, 34.
Hérault (Jean), d., I, 176, 396, 406; II, 250, 290.
Herbelyne (Mich.), chanoine de Bayeux, député à l'Assemblée du clergé, II, 306.

Hérichon (David), officier du Roi au bailliage d'Evreux, II, 347.
Héron (Nas), d., II, 319.
Houdemare (Guill. de), échevin de Rouen, I, 297, 311.
Hue (Pierre), d., II, 304.
Huillart (Jean), d., II, 313.
Hulline (Franç.), II, 315.
Huraut, maître des requêtes, I, 329.

Jacques (Germain), prieur de Sorbonne, d., II, 293, 296.
James (Pierre), recev. des tailles, I, 175.
Jobart (Guill.), d., II, 304.
Jourdain (Jean), d., II, 251.
Jourdain (Denis), curé de S.-Germain-de-Montivilliers, d. II, 334, 336.
Jove (Mr), commissaire du Roi, I, 155.
Joyeuse (Anne, duc de), gouverneur de Normandie, II, 76, 281, 289, 296, 297, 298, 309, 316, 359.
Juvigny (Bernard de), doyen d'Avranches, d., I, 406, 411.

Labbé (Jean), d., II, 294, 295, 300.
L'Abessey ou la Bessée, trésorier général des finances, commissaire du Roi aux Etats, I, 196, 232, 312, 330.
Laignel (Guill.), d., II, 349.
Laillet, procureur du Roi au bailliage de Rouen, II, 301, 308.

Lambert (Guill.), d., I, 406; II, 312.
Lambert (Guill.), président du bailliage du Cotentin, II, 358.
Lambert (Pierre), chanoine de Rouen, I, 195, 207.
Langlois (Georges), sr de Plainbosc, trésorier général de France à Rouen, commissaire du Roi aux Etats, I, 232, 287, 312, 414; II, 241, 271, 281, 297, 309, 317, 329.
Langlois (Georges), sr de Villiers, d., II, 250, 290, 303, 312, 319, 335, 336, 350.
Langlois (Gilles), d., II, 319.
Langlois (Guill.), sr d'Angiens, d., II, 290.
Langlois (Nas), sr de Mauteville, trésorier général de France à Rouen, plus tard 1er président de la Chambre des Comptes, I, 232, 312, 313, 414; II, 271, 297, 309, 329.
Langlois (Pierre), d., I, 173, 398; II, 291, 304, 320, 321, 349.
La Niepce ou La Nyesse (par erreur la Mepée), d., II, 28, 251.
La Rue (capitaine), I, 92.
Laumosnier (Ant.), d., II, 319.
Launoy (Nas de), officier du Roi au bailliage d'Evreux, II, 347.
Laurens (Olivier), d., II, 304.
Laval (Jean de), sr de Cartigny, d., II, 336.
Le Barbier (Ant.), avocat à Pont-l'Evêque, député aux Etats de Blois, I, 257.

Le Blanc (Nas), sr de la Saussaye, avocat à Pont-de-l'Arche, député pour la réformation de Coutume, II, 239.

Le Boisselier (Gilles), d., II, 335.

Le Boullenger (Guill.), d., II 312.

Le Boullenger (Nas), d., II, 290.

Le Bret (Rob.), sr de Nucourt ou Menucourt, d., II, 291, 293, 320, 336.

Le Brument (Jean), d., I, 311, 335.

Le Brun (Etienne), d., II, 300, 313.

Le Brun (Jean), chanoine de Rouen, I, 209.

Le Brun (Jean), d., I, 196.

Le Chanteur (Marin), d., II, 318, 321.

Le Charron (Germain), trésorier de l'extraordinaire des guerres, II, 323.

Le Chien (Jacq.), d., I, 231.

Le Clerc (Alonce), sr de Croisset, d., II, 28, 290, 293.

Le Clerc (Guill.), d., II, 303.

Le Clerc (Jean), d., I, 247, 251.

Le Conte (Pierre), d., I, 311; II, 312.

Le Conte de Draqueville (Jean-Paul), commissaire du Roi, I, 196, 232, 312, 321.

Le Coq (Pierre), d., I, 231; II, 311.

Le Cordier (Nas), conseiller au parlement, I, 339, 342.

Le Coustellier (Franç.), sr de Bonnebosc, d., I, 125, 311.

Le Coustelier (Guill.), sr de Bourses, d., II, 320.

Le Couturier (Nas), procureur du Roi au bailliage de Rouen, II, 239.

Le Cyrier (Franç.), président à Paris, I, 161.

Le Doux (Adrien), lieutenant-général au bailliage d'Evreux, II, 345-347.

Le Fay, commissaire pour le sel, II, 266.

Le Fèvre (Guill.), d., II, 173, 425.

Le Fèvre (Jacq.), chanoine de Rouen, I, 329.

Le Fèvre (Jacq.), d., II, 318.

Le Fèvre (Rob.), d., II, 335.

Le Fieu (Guill.), sr de Méresville, receveur général, commissaire du Roi aux Etats, I, 196, 197, 232, 276, 287, 312, 359, 372; maître en la Chambre des comptes, II, 241, 271.

Le Fournier (Franç.), sr de Vergemont, d., II, 250.

Le François (Ch.), d., I, 425.

Le Galloys (Simon), prévôt du chapitre de Séez, d., II, 303.

Le Gay (Jean), curé de Daubeuf, d., II, 300.

Le Gendre (Claude), d., I, 311, 341.

Le Gendre (Marc), d., II, 312.

Le Got (Jean), d., II, 320.

Le Got (Olivier), chanoine d'Avranches, d., II, 304.

Le Got (Vincent), archidiacre de Mortain, d., II, 309; député à l'Assemblée du Clergé, II, 306.

Le Goupil (Pierre), sr du Parquet, procureur syndic des Etats, II, 331.

Le Goys (Pierre), curé d'Anquetierville, I, 246.

Le Grand, officier du Roi à Orbec, II, 278.

Le Grand (Claude), d., II, 290.

Le Gras (Rob.), avocat-pensionnaire de la Ville de Rouen, I, 239, 353.

Le Jardinier (Louis), official de Séez, d., I, 315, 335.

Le Jumel (Pierre), sr de Lisores, président au parlement, I, 338, 342, 344, 346, 347; II, 296, 298, 302, 309, 316, 329, 332, 359; commissaire pour la réformation de l'université de Caen, I, 105.

Le Maistre (Guill.), d., II, 312.

Le Marchant, avocat général à la cour des Aides, I, 295.

Le Marchant (Jacq.), d., II, 291.

Le Matinel (Nas), chanoine de Coutances, II, 312.

Le Mareschal (Thomas), d., I, 407; II, 320.

Le Menuysier (pour le Menuysier), substitut à Cany, II, 76.

Le Mercier (Guill.), 1er avocat au présidial d'Alençon, I, 436.

Le Mercier (Hector), d., II, 251, 336.

Le Mercier (Jean), d., II, 311.

Le Mesgissier (Martin), imprimeur du Roi à Rouen, I, 13, 53, 56, 78, 81, 125, 129, 182, 188, 193, 343; II, 34, 73, 105, 147, 202, 263, 323, 338.

Le Mettayer (Mich.), d., I, 311, 335.

Le Moigne (Franç.), d., I, 406.

Le Moulinier (Rob.), receveur des tailles en l'Élection d'Alençon, II, 265.

Le Moyne (Nas), d., II, 320.

Le Normant (Andrieu), d., II, 303.

Le Normant (Guill.), d., I, 311, 335, 406; II, 317, 319.

Le Normant (Simon), d., II, 251, 292, 304, 306, 313.

Le Noul (André), prieur de S.-Martin à l'Assemblée du clergé de Séez, d., II, 306.

Le Painteur (Imbert), d., II, 312.

Le Painteur (Jacq.), d., II, 291.

Le Paulmier (Thomas), d., I, 275.

Le Pelletier (Nas), d., I, 303, 406, 410.

Le Pigny (Marin), chanoine de Rouen, d., II, 308, 309, 311, 313, 325, 334, 336.

Le Pigny (Simon), sr des Costes, d., II, 325, 394.

Le Pilloys (Olivier), d., II, 29, 250.

Le Portier (Emon), d., II, 251.

Le Prestre (Guill.), trésorier de France au Bureau des finances de Rouen, II, 317.

Le Presbtre (Hervé), d., II, 291.

Le Quesne (Emery), d., II, 304.

Le Rogeron (Jacq.), chanoine, d., II, 350.

Le Roux (Médéric), caution de Mussart, II, 140, 265.

Le Roux (Rob.), conseiller au parlement, I, 339, 342; II, 359.

Le Roy (Jacq.), sr du Jarrier, d., I, 179; II, 32, 251, 253, 350.

Le Roy (Lazare), d., I, 435; II, 252, 253, 291, 350.

Le Sage (Christ.), d., I, 413.

Le Saunier (Gilles), d., I, 406.

Lescluze (Rich. de), prêtre, d., II, 292.

Le Seigneur (Jacq.), sr de Maromme, d., I, 210; député aux Etats de Blois, I, 258, 259, 273, 274.

Lesselie (Jean de), évêque de Rosse, député à l'Assemblée du clergé, II, 306.

Le Sueur (Jean), chanoine de Rouen, I, 210.

Le Sueur (Nas), conseiller au parlement, II, 222.

Le Temple (Jean), d., II, 29, 251.

Le Tessier (Franç.), d., II, 305.

Le Tuillier (Mathias), greffier du grand-maître des eaux-et-forêts, II, 98.

Leury (Alexis), avocat du Roi à S.-Sylvain, I, 352.

Le Vasseur (Jean), d., II, 305, 313.

Le Vavasseur (Ph.), chanoine, d., II, 319.

Le Veneur (Diane), femme de Jacq. de Rouville, sr de Grainville-la-Teinturière, I, 232.

Le Veneur (Jacq.), comte de Tillières, lieutenant général du Roi au bailliage de Rouen, II, 281, 296, 309, 316, 329.

Le Veneur (Tanneguy), sr de Carrouges, lieutenant général du Roi en Normandie, I, 21, 57, 83, 118, 131, 196, 211, 238, 253, 258, 259, 276, 298, 312, 313, 315, 318, 320, 321, 329, 356, 359, 372, 375, 391, 404, 414, 426; II, 5, 22, 35, 107, 149, 203, 241, 269, 281, 296, 301, 309, 310, 316, 329, 333.

Le Viconte (Jacq.), d., II, 251, 253.

Le Villain (Martin), asséeur de la taille, II, 208.

Le Villain (Pierre), d., II, 304.

Lhermitte (Jacq.), procureur de la Ville de Rouen, I, 195, 210, 229, 230, 231, 259, 277, 355, 413, 425.

Lieust (Laurent), d., II, 335.

Ligeart (André), greffier des Etats, I, 78, 81, 123, 176, 178, 372, 394, 395; II, 29, 30, 31, 33, 69, 104, 146, 196, 234, 348, 349.

Lointier (Jean), d., I, 312.

Lorel (Rob.), promoteur de Séez, député à l'Assemblée du clergé, II, 305, 306.

Lorraine (Ch. de), duc de Mayenne, I, 308.

Lorraine (cardinal de), I, 207, 208.

Lossendière (Jacob de), d., II 291.

LOUCHEL ou Loucher (Jacq.), huissier des Etats, I, 395; II, 293, 313.

LOUIS XII; on demande que les tailles et impositions soient ramenées à ce qu'elles étaient de son temps, I, 8, 9, 43, 59, 60, 361; qu'on supprime les offices de judicature et de finances qui n'existaient pas sous son règne, I, 37, 60, 87, 143.

LOUVEL, commis de la Cour des Aides, I, 295.

LOUVEL (Guill.), d., II, 292.

LUDE (armée de Mr de), I, 414.

LUCAS (Jean), d., II, 250.

LYMOGES (Barthélemy de), sr de S.-Just., d., II, 198, 308, 311, 313.

LYMOGES (Georges de), sr d'Ernainville, I, 253, 297.

MACAIRE (Jean), d., II, 290.

MAHIEL (Rob.), sr du Bosc, commis pour les étapes, II, 315.

MAILLARD, commis pour la vente des greffes des paroisses, I, 147; II, 189.

MAILLARD (André), d., II, 251.

MAILLARD (Jean), d., I, 397, 407.

MAINE (duc de), I, 283, 293.

MAISON (Jean), d., II, 334.

MALLET (Jean), sr des Douaires, d., I, 335, 336.

MANDET, commis de Pinart, secrétaire d'Etat, I, 394.

MANSEL (Alexis), d., I, 196.

MARC (Tulles), procureur au parlement, I, 334.

MARETTE (Franç.), d., I, 311; II, 335.

MARGUERITTE (Alexandre), d., II, 304.

MARSOLLET (Rich.), d., II, 303.

MARTAINVILLE (Rich. de), sr du lieu, II, 325.

MARTIMBOS (Marian de), chanoine de Rouen, conseiller au parlement, I, 275, 336, 337, 339, 342, 350; II, 271, 354, 359; nommé député aux Etats de Blois, I, 256; à l'Assemblée du Clergé, II, 306, 307.

MARTEL (Ant.), sr de la Vaupalière, d., I, 425; II, 350.

MARTEL (Pierre), sr de Hatentot, I, 312, 396, 406.

MARTIN (Eustache), sr d'Emanville, chanoine de Rouen, d., I, 232, 239.

MATIGNON (Jacq. de), maréchal de France, lieutenant général en Normandie, I, 21, 22, 74, 78, 182, 218, 238, 388, 414; II, 34, 258, 341-343; prend Domfront, S.-Lo et Carentan, I, 198, 199, 200; imposition pour son entretien de lieutenant général en Normandie, II, 340.

MAUCORPS (Edmond), d., II, 305.

MAUDUYT (Jacq.), d., II, 304.

MAYNET (Hélie), sr de la Tourelle, d., II, 312.

MAYNET (Thomas), avocat du Roi au bailliage de Rouen, I, 209, 232, 275, 296, 354, 413.

Maze (capitaine), I, 413, 425.
Médyne (Jean de), lieutenant au bailliage de Rouen, I, 195, 209.
Mérille (Nas), chanoine de Rouen, d., I, 209, 210, 275.
Mesgnet (Jean), sr du Fay, d., II, 251, 291, 304.
Mesgriny (de), commissaire pour le régalement des tailles, I, 123.
Mesnil (Jean du), sr de la Bucaille, I, 275.
Millet (Ph.), d., I, 311.
Montbrun (capitaine de), défait, I, 220.
Montgommery, pris et exécuté, I, 197, 198.
Montluc, sr de Ballagny, I, 91.
Montmorency (maréchal de) commande une armée en Languedoc, I, 414; envoyé en Normandie, I, 15, 55, 329, 330, 331, 333, 345.
Montmorency (Franç. de), sr de Hauteville, I, 341.
Morel (Nas), collecteur des tailles, II, 268.
Moret (Jean), d., I, 312.
Morisse (Jacq.), d., I, 413.
Morisset, secrétaire du Chapitre de Lisieux, II, 345, 346.
Morissière (Louis de la), sr de Vicques, d., II, 73, 292, 335, 336.
Motte-Fénelon (de la), envoyé en Normandie, II, 249, 271.
Mouchy (Mich. de), archidiacre d'Eu, vicaire général, II, 301; député à l'Assemblée du clergé, II, 306.

Mouchy (Jean de), sr de Senerpont, ayant épousé Françoise de Vaulx, I, 229.
Mouton (Jérome), sr de Pommanville, archidiacre d'Yémois, d., I, 398, 407.
Moy (Ch. de), sr de la Mailleraye, lieutenant général en Normandie, I, 21, 238, 375, 391, 404; II, 296.
Musnyer (Pierre), d., I, 397, 407.
Mussart (Nas), receveur des finances, en fuite, II, 139, 140, 265.
Mutin, partisan, II, 355.
Myraumont, commissaire du Roi en Normandie, I, 328.

Néel (Louis), Élu à Bayeux, office supprimé, I, 75, 78, 377.
Nicole (Jean), d., II, 318, 321.
Nicolle (Pierre), d., II, 350.
Nivernois (duc de), I, 388.
Nouvel (Jean), d., I, 354, 397, 405.
Novince (Anne de), sr d'Esquay, trésorier de France à Caen, II, 297.
Novince (Guill. de), sr d'Aubigny, trésorier général à Caen, commissaire aux Etats, I, 196, 197, 232, 276, 312, 313, 333, 359, 372, 414; II, 241, 281, 297, 329; commissaire pour le régalement des tailles, I, 123.
Novince (Pierre de), commissaire pour les réparations de Pontorson, II, 99.

O (Franç. d'), surintendant des finances), I, 307.
O (Franç. d'), commandant en Basse-Normandie, I, 375, 376.
Oillenson (Thomas d'), sr de S.-Germain-l'Angot, d., II, 303.
Oinville (Ph. d'), baron de la Ferté, d., II, 73, 291, 292.
Olivier (Yon), marchand de Bretagne, II, 57.
Orglandes (Ch. d'), d., I, 179; II, 32.
Ozenne (Jean), d., II, 251.

Pagalde (Pierre), receveur général, commissaire du Roi aux Etats, I, 196, 197, 232, 276, 287, 312, 359, 372; II, 160, 309, 310.
Panygrolle (Emond de); lettre de lui à un seigneur de Bourgogne, I, 309, 327.
Parmentier (Jacq.), sr de Caumont, d., II, 303.
Paulmier (Rob.), d., II, 313.
Paysant (Jean), chanoine de Coutances, d., I, 310.
Pellé (Rob.), curé de N.-D d'Andely, d., II, 291, 293.
Pellerin (Ant.), d., I, 297, 311.
Pelletot (Pierre de), sr de Fréfossé, d., II, 350.
Pelloquin (Denis), II, 83, 329; attaqué par les Etats, II, 299.
Pelloquin (Nas), receveur des tailles à Evreux, I, 402.
Penon ou Perion (Christ.), d., II, 312, 335.

Percy (Jean de), sr de Clos, d., II, 319.
Péricard (Guill.), chanoine de Rouen, I, 209, 336; II, 271.
Pernelle (Pierre), d., II, 312.
Petit (Georges), d., II, 335.
Petit (Marin), d., II, 334.
Petit (Nas), trésorier de Sauqueville, II, 303.
Piau (Pierre), d., I, 399, 407, 435.
Picot (Guill.), II, 315.
Pillavoyne (Barthélemy de), sr de Boisemont, d., I, 179; II, 32, 251, 253.
Pinard, secrétaire d'Etat, I, 78, 123, 187, 252, 394; II, 31, 70, 73, 105, 147, 235, 326.
Pipperey (Jean), conseiller au parlement, I, 339, 343.
Plantou (Thom.), I, 182; II, 34.
Pommereul (Nas de), sr du Moulin-Chappel, I, 398, 407, 410.
Pont-Bellenger (Jacq. du), baron de Montbray, d., I, 70, 311, 315.
Postel (Guill.), chanoine d'Évreux, d., II, 73, 291, 292.
Potier de Blancmesnil (Nas), maître des requêtes, II, 271, 272, 276.
Poullain (Mathieu), sr du Boisguillaume, avocat, I, 353; député pour la réformation de la Coutume, II, 239.
Pouterel (Mathieu), d., II, 28, 251.
Preudhomme (Jean), d., II, 335.
Puchot (Jean), échevin de Rouen, d., I, 354, 359, 394, 405.

Pyennes (Simon de), sr de Moigneville, d., I, 335.

Quatresols (Guill.), d., II, 29, 250.
Quesné (Pierre du), cons. au parlement, I, 339, 343.
Quesnel (Louis), affranchi, II, 269.
Quesnel (Rich.), I, 335.
Quesnot (Jean), d. I, 354, 398, 406.
Queuilly, capitaine, I, 91.
Quillet (Jean), d., II, 350.
Quintanadoines (de), chanoine de Rouen, I, 209; II, 271.

Rames (compagnie du sr de), I, 91.
Rassent, conseiller au parlement, II, 222.
Rassyne (Nas), d., I, 311, 335, 397, 407.
Ravent (Guill.), d., II, 251, 252.
Réaulté (Jacq.), d., II, 319.
Recusson (Mathieu de), sr de Gruchet, II, 325.
Regnault (Ant.), sr de Montmor, trésorier de France, à Caen, commissaire du Roi aux États, I, 196, 276, 414; II, 297, 317.
Repichon (Mich.), trésorier de France, à Caen, II, 309; commissaire pour le régalement des tailles, I, 123.
Restoult (Nas), sr de Fontaines, d., II, 280, 290.
Retz (comte de), I, 388.
Richer, I, 187.

Rivière (Jacq. de la), sr de S. Denis-des-Monts, II, 325.
Robillart (Rob.), d., I, 312.
Rocheguyon (de la), d., justifié, I, 70.
Rochepot (compagnie du sr de), I, 91.
Romé de Laigle (Georges), échevin de Rouen, d., I, 196, 354, 359, 394, 405; II, 294.
Roncherolles (Pierre de), baron du Pont-S.-Pierre, d., I, 232, 256; II, 280.
Roque (Pierre), sr du Genestay, échevin de Rouen, d., I, 232, 259; II, 301, 303.
Roque (Ch. de la), vicaire général de l'archevêque de Rouen, député à l'Assemblée du clergé, II, 306.
Rouillé (Christ.), d., II, 320.
Rouville (Jacq. de), sr de Grainville-la-Teinturière, lieutenant général en Normandie, I, 20, 73, 167, 232, 276, 287, 298, 312, 320, 359, 414, 426.
Rouvray (Ch.), d., II, 251, 292.
Rozet (du), établi vice-bailli en la vicomté de Vire, II, 188.
Royer (Ch. de), sr de la Brisellière, d., II, 313.
Ruault (Pierre), sr de la Viardière, d. II, 336.
Rupierre (Franç. de), sr de Seurvye, d., II, 305.

Saffrey (Jacq. de), sr de Varville ou Varaville, d., I, 406, 410, 412.

S. Denys (René de), sr de Hertré, d., II, 252.

S. Léger (Jean de), ci-devant prévôt général, office supprimé, I, 389; II, 24.

S. Martin (Franç. de), sr de la Haye, d., II, 291.

S. Yray (le sr de), I, 310.

Ste Agathe (capitaine), I, 92.

Salmon (Franç.), d. I, 231.

Salmon ou Saulmont (Jean), prêtre, d., II, 312, 320.

Sanson (Pierre), d., II, 291, 319, 350.

Sanzay (de), d., I, 179; II, 32.

Séguier (Jérôme), sr de Drancy, grand-maître des eaux-et-forêts, II, 309; commissaire pour le régalement des tailles, I, 123.

Sequart (Adam), grand vicaire de l'archevêque de Rouen, I, 195, 231.

Sequart (Claude), chanoine de Rouen, d., I, 354, 358, 394, 405, 411.

Sequart (Pierre), chanoine de Rouen, curé de S. Maclou, d., II, 271, 294, 295.

Servient (Enemond), receveur des finances de Rouen, II, 309, 329.

Sevestre (Franç. de), sr de Beauchesne, d., I, 397, 407, 410, 412.

Sonnoye (Nas), d., II, 251, 292.

Sorteval (de), député aux États de Blois, I, 247.

Stuart (Marie), I, 362, 381.

Taboureau (Guill.), d., I, 312, 335, 399, 407.

Taconnières (de), II, 239.

Taffin (Jean), d., II, 291.

Telles (Louis), d., II, 312.

Terrier (Jean), I, 119.

Tessier (Franç.), sr du Tertre, d., II, 305.

Testu, chanoine de Rouen, I, 329.

Thiboult (Bernard), d., II, 73, 290, 292, 300.

Thiron (Rob.), député pour la réformation de la coutume, II, 239.

Thomas, sr de Verdun, 1er avocat du Roi au parlement, II, 308.

Thomas (Jean), avocat, procureur-syndic des États, II, 330, 333, 337, 359.

Thorel (Guill.), sr de St Martin, I, 275.

Thou (président de), I, 307.

Tiremois, 2e avocat du Roi au bailliage de Rouen, I, 255.

Touchet (Louis du), sr de Beneauville, II, 131.

Tourneroche (Jean de), d., I, 311.

Tourville (de), Général en la Généralité de Rouen, I, 276, 312, 313, 317, 319, 359.

Toustain (Eust.), sr du Roulle, d., I, 414.

Toustain (Rob.), chanoine, d., II, 198, 201, 312, 313.

Trencart (Jean), d., II, 301, 303.

Trigallot (Ant,), partisan, II, 352.

Turgot (Georges), chanoine de Coutances, d., II, 335, 336.

Usez (d'), commandant de l'armée de Languedoc, I, 220, 388.

Varin, I, 258.
Vanguille (Henri), flamand, porteur de paquets venant de l'étranger, II, 138,
Varneville (de), II, 239.
Vatherie (Claude), d., II, 320.
Vaudesart (de), I, 297.
Vaulx (Franç. de), veuve de Louis de Vieupont, mariée à Jean de Mouchy, I, 229.
Vauquelin, avocat du Roi au parlement, I, 296; II, 309.
Vauquelin de la Fresnaye, lieutenant général au bailliage de Caen, II, 297, 311, 317, 329.
Vavasseur (Thomas), d., II, 312.
Ver (de), chanoine de Rouen, I, 210.
Viart (Laudon), I, 175.
Vicquelin (Thomas), clerc au greffe des Etats, I, 395.

Vieupont (Claude de), abbé de S. Jean de Falaise, d., I, 436; II, 198, 201, 310, 313.
Vieupont (Louis de), sr d'Auzouville, I, 229.
Villebon (de), II, 296.
Villequier (René de), ministre, I, 307.
Villerets (de), maître des Requêtes, commissaire du Roi aux États, I, 276.
Vion (Et.), curé, d., II, 311.
Vippart (Guill.), sr de Silly, d., II, 296.
Vippart (Nas), baron du Bec Thomas, d., I, 210, 297, 309, 310.
Voisin (Jean), sr de Guenouville, échevin de Rouen, d., I, 232.
Votyer ou Botyer (Georges), d. I, 173, 425.
Vymont (Jean), sr de Beaumont, échevin de Rouen, I, 196, 253, 259, 260, 264, 273; II, 238, 250, 278.

Ygoult (Nas), chanoine de Rouen, d., I, 354.

TABLE DU DEUXIÈME VOLUME

	Pages	
Cahier des Etats d'octobre 1582	1	à 34
— de novembre 1583	35	73
— de novembre 1584	75	105
— d'octobre 1585	107	147
— de novembre 1586	149	202
— d'octobre 1587	203	235
Docum. relatifs aux États d'octobre 1582	237	279
— — de novembre 1583	280	294
— — de novembre 1584	294	300
— — d'octobre 1585	300	307
— — de novembre 1586	308	315
— — d'octobre 1587	315	324
— — d'octobre 1588	325	340
Appendice	341	359
Tables	361	401

www.ingramcontent.com/pod-product-compliance
Lightning Source LLC
Chambersburg PA
CBHW052041230426
43671CB00011B/1744